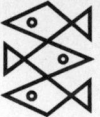

W0171434

Die hier versammelten Aufsätze sind psychoanalytische Essais im besten Sinne des Wortes: Gelehrt, aber niemals belehrend, offen für Literatur, Kunst und Philosophie, ohne je die Sache der Psychoanalyse aus dem Blick zu verlieren, werden die »Grenzen des Analysierbaren« ebenso erkundet wie der »Möglichkeitsraum«, den das Kind für seine Entwicklung braucht, aber auch die Psychoanalyse für ihre Praxis. Ein Denken aus einem Zwischen heraus, das liebgewonnene Gegensätze von innen her in Frage stellt und neue Einsichten über die Geschlechterdifferenz und den Hermaphroditen, über das Kind als Frage, den Traum als Erfahrung, die Illusion als kreative Potenz, über den psychischen Schmerz und den Tod im Leben zu gewinnen erlaubt.

J.-B. Pontalis, Philosoph und Psychoanalytiker, ehemaliger Präsident der »Association psychanalytique de France«, gibt im französischen Verlag Gallimard die »Nouvelle revue de psychanalyse« und verschiedene Buchreihen zur Psychoanalyse heraus. In deutscher Übersetzung liegen vor: ›Ins Beginnen verliebt‹ (1989), ›Aus dem Blick verlieren‹ (1991), ›Zusammenfassende Wiedergaben der Seminare IV–VI von Jacques Lacan‹ (1998) und – zusammen mit J. Laplanche – ›Das Vokabular der Psychoanalyse‹ (1973).

Im Fischer Taschenbuch Verlag sind erschienen: ›Die Macht der Anziehung‹ (Bd. 10976) und – zusammen mit J. Laplanche – ›Urphantasie. Phantasien über den Ursprung, Ursprünge der Phantasie‹ (Bd. 6647).

J.-B. Pontalis

Zwischen Traum und Schmerz

Aus dem Französischen
und mit einem einleitenden Essai von
Hans-Dieter Gondek

Fischer
Taschenbuch
Verlag

Bei dem vorliegenden Band handelt es sich um eine Auswahl
aus den in der französischen Originalausgabe
»Entre le rêve et la douleur« enthaltenen Studien.

Deutsche Erstausgabe
Veröffentlicht im Fischer Taschenbuch Verlag GmbH,
Frankfurt am Main, Juli 1998

Titel der französischen Originalausgabe:
›Entre le rêve et la douleur‹
© 1977 Éditions Gallimard, Paris
Für die deutsche Ausgabe:
© Fischer Taschenbuch Verlag GmbH, Frankfurt am Main 1998
Gesamtherstellung: Clausen & Bosse, Leck
Printed in Germany
ISBN 3-596-13477-3

Inhalt

Hans-Dieter Gondek
J.-B. Pontalis – zwischen Sartre und Lacan

»Die Malerei packt mich ohne Vorankündigung in plötzlichen Schwindeln, in aufeinanderfolgenden, stets von weiterher kommenden Wellen. Aber ich verweile nicht lange in ihr. Dann nehmen mich die Wörter beim Wort, und damit hat mich auch die Aufteilung von Zeit, Verpflichtungen und Sinn wieder, die mich der Gewalt der Malerei entreißen, auch ihrer Ausgeglichenheit, denn in ihr finde ich das Gegensätzliche vereint.«[1]

»Zwischen Sartre und Lacan« hat J.-B. Pontalis sich 1993 in einem Postskriptum zur Neuausgabe seiner ersten Sammlung von Aufsätzen, *Après Freud*, selbst verortet.[2] Damit sind nicht nur zwei Lehrer gemeint, die er in recht unterschiedlichen Phasen seines Lebens kennengelernt hat: Sartre bereits 1941, als Pontalis noch Schüler am Gymnasium ist;[3] Lacan in den fünfziger Jahren, als er von ihm

---

1 J.-B. Pontalis, *L'amour des commencements*, Paris 1986, S. 60; dt. *Ins Beginnen verliebt,* übersetzt von Barbara Wahlster, Tübingen 1989, S. 58.
2 »Post-scriptum (1993): Entre Sartre et Lacan«, in: *Après Freud*, Paris 1993, S. 377-383. *Après Freud* war erstmals 1965 und danach 1968 in einer um zwei Aufsätze erweiterten Ausgabe erschienen. Die deutsche Ausgabe – *Nach Freud*, übersetzt von Peter Assion, Hermann Lang, Eva Moldenhauer, Anette und Georg Roellenbeck, Frankfurt am Main 1968, 1974 – ist seit langem vergriffen.
3 Vgl. die Darstellung in *L'amour des commencements*, S. 43-58; dt. S. 41-56. *L'amour des commencements* ist keine Autobiographie im herkömmlichen Sinne, sondern das reflexive Zurückgehen auf wesentliche Szenen und Ereignisse aus dem Leben des Autors. Mit »reflexiv« ist hierbei eine selbst für einen Psychoanalytiker exzeptionelle Herangehensweise gemeint, auch wenn er nichts anderes tut, als in die Selbstbetrachtung einzubeziehen, was er in der Ausübung der Psychoanalyse im allgemeinen und über sich gelernt hat: das (Re-)Konstruktive aller Pflege des Gedächtnisses, die Unwillkürlichkeiten der Erinnerung, den narzißtischen Grundstrom eines jeden Schreibens, aber auch das stets eingeforderte nicht-

zum Psychoanalytiker ausgebildet wird und an seinem Seminar teilnimmt, einige Jahre hindurch sogar als Verfasser einer (teilweise) autorisierten und publizierten Mitschrift.[4] Der konkrete Ort, an dem dieses Zwischen über Jahre hinweg auszuhalten war, sind die Redaktionsräume der Zeitschrift *Les Temps Modernes* gewesen, in der Pontalis von der Geburt der Zeitschrift 1945 bis 1969 mitgearbeitet hat.[5]

Erstaunlicherweise geht Pontalis in *L'amour des commencements* auf die Zusammenarbeit mit Sartre in *Les Temps Modernes*, der von Sartre herausgegebenen Zeitschrift, nicht ein. Und auch *Après Freud*, dessen Artikel ja weitgehend aus *Les Temps Modernes* stammen, ist das Sartresche Gewicht kaum (mehr) abzulesen. Lacan dagegen ist äußerst präsent:[6] Eine Würdigung Freuds, die Pontalis 1956, also im Jahre von Freuds 100. Geburtstag, in *Les Temps Modernes* in drei Teilen veröffentlicht, gerät zugleich zu einem Manifest der strukturalen Revision der Freudschen Psychoanalyse. Man kann sie auch heute noch als eine Einführung in den Lacan der fünfziger Jahre lesen.[7]

Wenn also Pontalis im 1993er Postskriptum zu *Après Freud* eine

instrumentelle Verhältnis zur Sprache, das es Pontalis gestattet, über sich selbst schreibend eben nicht zum Berichterstatter, sondern zum Schriftsteller zu werden. *L'amour des commencements* ist mit dem Prix Femina Vacaresco ausgezeichnet worden.

4 Pontalis' *Zusammenfassende Wiedergaben der Seminare IV-VI von Jacques Lacan* liegen inzwischen, übersetzt von Johanna Drobnig und herausgegeben von Hans-Dieter Gondek und Peter Widmer, auf deutsch vor (RISS-extra 3, Zürich 1998). Sie sind ursprünglich im *Bulletin de psychologie*, Bd. X-XIII, 1957-1960, erschienen.

5 Vgl. zu dieser Mitarbeit Howard Davies, *Sartre and ›Les Temps Modernes‹*, Cambridge 1987, v. a. S. 51-61, 110-115 und 164-171. Pontalis meint allerdings, daß Davies seine Mitarbeit zu zielgerichtet und zu strategisch dargestellt habe; vgl. »Post-scriptum (1993)«, S. 379, Anm. 5.

6 Wie Howard Davies festgestellt hat, sind bei der Überarbeitung der ursprünglich in *Les Temps Modernes* publizierten Artikel von Pontalis die Sartreschen Anklänge weitgehend getilgt worden. Vgl. Davies, *Sartre and ›Les Temps Modernes‹*, S. 52: »Many of Pontalis's articles [...] are later collected in the volume entitled *Après Freud*, and it is noticeable that significant emendations stress the Lacanian position while eliminating all Sartrean resonances.«

7 Freilich nicht in der häufig ungenauen deutschen Übersetzung von Hermann Lang, wobei die Unsicherheiten in der Übertragung der Lacanschen Terminologie noch die verständlichsten, damals kaum vermeidbaren Fehlgriffe sind.

Parallele zwischen Sartre und Lacan zu ziehen versucht, als zwei Heilige (»sacré Sartre«, »sacré Lacan« …) und zwei »große Verführer, denen es jedoch nie gelungen ist, sich zu verführen«[8], dann trifft das vielleicht die als situativ identisch verspürte Notwendigkeit einer Loslösung. Doch zugleich ist diese Parallele unzutreffend und ungerecht. Man kann das an dem Konflikt sehen, der Pontalis dazu brachte, 1969 *Les Temps Modernes* endgültig den Rücken zu kehren. *L'homme au magnétophone* war der Fall eines ausgebrochenen Psychiatriepatienten, der seinen ehemaligen Analytiker aufsuchte und ihn, mit einem Tonbandgerät »bewaffnet«, befragen und zur Rede stellen wollte.[9] J.-B. Pontalis und Bernard Pingaud, die zu der Zeit beide dem Herausgeberkomitee der Zeitschrift angehörten, verwahrten sich gegen den Abdruck dieses Dokuments. Doch Sartre setzte sich durch und sorgte zudem dafür, daß außer den von Sartre, Pingaud und Pontalis gezeichneten Stellungnahmen das abgedruckte Dokument immer wieder von einem Kommentar der Herausgeberschaft unterbrochen wurde, der darauf abzielte, das Opfer der Attacke des Mannes mit dem Tonbandgerät zusätzlich lächerlich zu machen. Für Pontalis war dies Ausdruck des »zwiespältigen Verhältnisses, gemacht aus einer gleichermaßen tiefen Anziehung und Zurückhaltung, das Sartre seit dreißig Jahren zur Psychoanalyse unterhält«.[10] Im folgenden Jahr beendet Pontalis seinen nicht ganz so lange währenden Kampf um die Anerkennung der Psychoanalyse innerhalb von *Les Temps Modernes* und verläßt die Zeitschrift.[11]

Die schon angesprochene Tilgung Sartrescher Spuren aus den vormals in *Les Temps Modernes* erschienenen Texten anläßlich ih-

---

8 »Post-scriptum (1993)«, S. 380.

9 »L'homme au magnétophone, dialogue psychanalytique«, in: *Les Temps Modernes,* Nr. 274, April 1969; dt. in: *Kursbuch*, Nr. 29, Herbst 1972, S. 27-34.

10 Pontalis, »Réponse à Sartre«, in: *Situations IX*, S. 360, zitiert nach Davies, *Sartre and ›Les Temps Modernes‹*, S. 170. Vgl. auch Elisabeth Roudinesco, *Histoire de la psychanalyse en France.* Bd. 2, Paris 1986, ²1996, S. 625 f.

11 Daß er sich daraufhin von Sartre als Bourgeois beschimpfen lassen mußte, ist typisch Sartre. Vgl. Davies, *Sartre and ›Les Temps Modernes‹*, S. 171. Elisabeth Roudinesco führt den Bruch zwischen Pontalis und Sartre indes auf das linksradikale Engagement Sartres zurück; vgl. *Histoire de la psychanalyse en France.* Bd. 2, S. 625.

rer Wiederveröffentlichung in *Après Freud* hatte schon vorher, nämlich 1965, stattgefunden. Und selbst wenn man auch im späteren Schreiben von Pontalis phänomenologische Fragestellungen aufgenommen findet, so ist es keineswegs Sartre, der dafür Pate steht, sondern ein anderer, der ebenfalls einst mit Sartre gebrochen und die Redaktion von *Les Temps Modernes* verlassen hatte: Maurice Merleau-Ponty.[12]

Pontalis hat ihm zwei Aufsätze gewidmet. Der erste war unmittelbar nach dem überraschenden Tod des Philosophen – Merleau-Ponty war am 4. Mai 1961 im Alter von 53 Jahren gestorben – geschrieben und in der ihm gewidmeten Sondernummer der *Temps Modernes* veröffentlicht worden und setzte sich mit dessen von Widerständen und Vorbehalten geprägter allmählicher Annäherung an das Problem des Unbewußten bei Freud auseinander.[13] Pontalis konstatiert sehr wohl einen allmählichen Abbau der Hindernisse, die Merleau-Ponty sich zunächst im Ausgang von der Intentionalität des Sinns in der Beschreibung des Verhaltens oder von einem Primat der Wahrnehmung selbst in den Weg legt, und eine Überschreitung der Grenzen einer Bewußtseinsphilosophie – und damit Positionen, die für einen Sartre schon nicht mehr erreichbar waren. Die Grenze war die behauptete Heterogenität des Unbewußten: von Freud zurückgeführt auf das Funktionieren der Denkprozesse (die er dem Unbewußten ohne qualitative Einschränkung zugestand) nach den Gesetzen des Primärvorgangs; von Lacan auf eine spezifische Wirksamkeit der Signifikanten, deren »eigentümliches Insistieren nicht von der bewußten Intention des Subjekts unterhalten würde«.[14] Sie konnte Merleau-Ponty nicht anerkennen, weil genau damit das letzte Brückenglied einer Intentionalität verlorengegangen wäre, wie sie für ihn noch an Phänomenen des Impliziten, Ambiguen und Überdeterminierten geltend zu machen

---

12 Vgl. dazu Davies, *Sartre and ›Les Temps Modernes‹*, S. 41-51.
13 »La position du problème de l'inconscient chez Merleau-Ponty«, in: *Les Temps Modernes*, Nr. 184-185, Oktober 1961, in: *Après Freud*, S. 76-97; dt. »Das Problem des Unbewußten bei Merleau-Ponty«, übersetzt von Hermann Lang, in: *Nach Freud*, S. 66-84 (auch hier ist gegenüber der Übersetzung Vorsicht angebracht).
14 *Après Freud*, S. 92; dt. S. 80 (Übersetzung leicht modifiziert – H.-D. G.).

war[15] und wie er sie vor allem in der Verklammerung zwischen »Verdrängung« und »Wiederkehr des Verdrängten« anbringen wollte, die er in Freuds »Gradiva«-Interpretation[16] – nach Pontalis »die wohl ›phänomenologischste‹ Konzeption des Freudschen Unbewußten«[17] – vorfand. »Die ›Lösung Gradiva‹ führt dahin, den Sinn des Unbewußten als dem Erlebten koextensiv zu begreifen: Das Verdrängte scheint in der Bewegung [...] durch, in der das Subjekt es zu verbergen bemüht, oder, analytisch gesprochen, die Abwehr ist dem Trieb symmetrisch.«[18]

Die Andeutung einer anderen Lösung, die der von Pontalis mit Lacan postulierten Heterogenität des Unbewußten eher gerecht werden könnte, findet Pontalis indes bei Merleau-Ponty an einem Ort, der von der Stellung des Problems des Unbewußten weitab zu liegen scheint: in dessen Betrachtungen zur Malerei in dem Essai »L'Œil et l'Esprit«, der in besagte Sondernummer von *Les Temps Modernes* zur Würdigung des gestorbenen Philosophen aufgenommen wurde (es ist der letzte Text, den Merleau-Ponty noch zu Lebzeiten hat vollenden können).[19] Denn entgegen einem Cartesianismus der Bildbetrachtung, der den Wert der Zeichnung gegenüber dem des Spiels der Farben betont, sich umstandslos mit der »geometralen Optik« und ihrer Auszeichnung der Zentralperspektive vermählt und das sehende Subjekt auf einen lokal konstruierbaren Augenpunkt, ja auf den Fixpunkt eines einzelnen Auges reduziert, bringt Merleau-Ponty eine Leiblichkeit des Sehens und des Gesehenen ins Spiel, die sich freimacht von jedem vorgreifenden Mimetismus der Abbildung und so noch die große Epocheneinteilung in gegenständliche und abstrakte Kunst unterläuft. Das gemalte Bild ist

15 Ebd., S. 89; dt. S. 77.
16 Vgl. Sigmund Freud, »Der Wahn und die Träume in W. Jensens ›Gradiva‹«, in: *Gesammelte Werke*, London/Frankfurt am Main 1940 ff., Bd. VII, S. 60. Vgl. für eine neuere Interpretation des Wiederkehr-Motivs und der Empfänglichkeit für die Archäologie bei Freud Jacques Derrida, *Mal d'Archive*, Paris 1995, S. 129 ff.; dt. *Dem Archiv verschrieben*, übersetzt von Hans-Dieter Gondek und Hans Naumann, Berlin 1997, S. 147 ff.
17 *Après Freud*, S. 90 f.; dt. S. 78.
18 Ebd., S. 91; dt. S. 79.
19 Vgl. das Vorwort von Claude Lefort, in: Maurice Merleau-Ponty, *L'Œil et l'Esprit*, Paris 1964, S. 1.

weder das Produkt des spontanen Entwurfs des Malenden, Abbildung einer Sehweise, noch ist es einem Abbildcharakter des Gemalten zuzurechnen, den der Maler einzufangen verstünde; beide Vorstellungen halten fest an einem Bild der Malerei als Repräsentation. Für Merleau-Ponty jedoch wird vielmehr »der Maler gleichsam durch eine Konzentration und ein Zu-sich-kommen des Sichtbaren in den Dingen geboren; und das gemalte Bild bezieht sich auf was auch immer unter den empirischen Dingen nur unter der Bedingung, daß es zunächst ›selbstbildend‹ (›autofiguratif‹) ist; es ist Schauspiel von etwas nur, indem es ›Schauspiel von nichts‹ ist, indem es die ›Haut der Dinge‹ sprengt, um zu zeigen, wie die Dinge zu Dingen werden und die Welt zur Welt.«[20]

In dem Artikel von 1961 beschränkt sich Pontalis darauf, Merleau-Ponty nur die Kritik der Vorgängigkeit der Linie zu entnehmen, wodurch der Cartesianismus den Vorrang der Zeichnung rechtfertigen konnte. Merleau-Ponty bestreitet, daß das Sein der Dinge sich zuvorderst durch eine Linie gibt, die so etwas wie eine Gestalt in einem gibt und begrenzt. Die Linie gibt sich erst im Sehen selbst, sie ist nicht dem Sehen präexistent, ist nicht auf eine vorgegebene, gedachte oder konstruierte Gestalt oder Form der Dinge zurückzuführen.[21] Die Emergenz dessen, was gesehen wird, ist immer nur eine Aktualisierung des Sichtbaren in einem Akt, der keinen Aktivitäts- und Passivitätspol kennt, sondern ein umfassendes Ereignis darstellt, in dem eine ganz neue Qualität auf einmal hervortritt. Die fest umreißend umrissene, Gestalt gebende Linie ist nur eine Möglichkeit unter mehreren, in denen sich zu sehen gibt. Etwas? Ja, etwas, aber nicht als eines, das dem Sehen vorausliegt. Was sich mir als Sehendem letztlich als Bild ergibt, ist vor allem, was die Dimen-

---

20 Merleau-Ponty, *L'Œil et l'Esprit*, S. 69; dt. »Das Auge und der Geist«, in: *Das Auge und der Geist*, übersetzt von Hans-Werner Arndt, Hamburg 1984, S. 34 f. (Übersetzung leicht modifiziert – H.-D. G.).

21 Merleau-Ponty beruft sich auf Klee: »Denn fortan, wie Klee sagt, ahmt sie [die Linie] nicht mehr das Sichtbare nach, sie ›macht sichtbar‹, sie ist der Aufriß einer Genese der Dinge. Niemals vielleicht vor Klee hatte man ›eine Linie träumen lassen‹« (ebd., S. 74; dt. S. 36). Pontalis bezieht sich auch auf Klee in dem Aufsatz »Perdre de vue«, in: *Perdre de vue*, Paris 1988. S. 281 f.; dt. »Aus dem Blick verlieren«, in: *Aus dem Blick verlieren*, übersetzt von Hans-Dieter Gondek, München 1991, S. 304 f.

sion der Tiefe des Bildes angeht, das Ergebnis einer Konkurrenz der Dinge, die sich in ihrem je spezifischen »Aufforderungscharakter« geltend machen und sich gegenseitig zu verdecken suchen.[22] Was sich schließlich als Linie zu sehen durchsetzt, beruht auf einer »gewissen konstituierenden Leere«[23] – und hier setzt Pontalis ein und identifiziert, gewaltstreichartig, diese mit einer »ursprünglichen Symbolisierung, die der linguistischen Diskriminierung vorausgeht«.[24] Allein das Primat der Wahrnehmung und das Festhalten am Ausgangspunkt der Leiblichkeit habe die Einsicht verhindert, daß die damit gewonnene »Dialektik von Abwesenheit und Anwesenheit« eben jenes »symbolische Spiel« ausmache, das Freud seinem Enkelkind abgesehen und als Fort/Da gedeutet habe – laut Lacan das Paradigma sprachlicher Bedeutung schlechthin, in der »die Anwesenheit auf dem Grunde der Abwesenheit instituiert« und »die Abwesenheit in der Anwesenheit konstituiert« wird.[25] Dieses Maß habe Merleau-Ponty trotz der erarbeiteten Positionen, die bereits eine weitgehende Zurückweisung einer Bewußtseinsphilosophie implizierten, verfehlt.[26]

Wenn ich diese Bezugnahme auf Merleau-Ponty und vor allem auf die kleine Schrift über die Malerei an dieser Stelle so ausführlich präsentiere, so geschieht das allein deshalb, weil Pontalis' abwehrende Stellungnahme im Text von 1961 nicht das letzte Wort geblieben ist. Im Gegenteil: Merleau-Pontys Überlegungen haben sich mehr und mehr – vor allem eben nach dem Bruch mit Lacan[27]

---

22 Merleau-Ponty spricht davon, daß die Dinge »vor meinem Blick Rivalen sind« und »einander verbergen«; ebd., S. 64; dt. S. 33 (Übersetzung leicht modifiziert – H.-D. G.).

23 Ebd., S. 76; dt. S. 37.

24 Après Freud, S. 95; dt. S. 82 (Übersetzung leicht modifiziert – H.-D. G.).

25 Jacques Lacan, »La direction de la cure et les principes de son pouvoir«, in: Écrits, Paris 1966, S. 594; dt. »Die Ausrichtung der Kur und die Prinzipien ihrer Macht«, übersetzt von Norbert Haas, in: Schriften II, Olten 1973, Weinheim/Berlin [4]1996, S. 183 (Übersetzung leicht modifiziert – H.-D. G.).

26 Vgl. Après Freud, S. 96 f.; dt. S. 83 f.

27 Der anders als Sartre nicht nachträglich aus dem Denken von Pontalis verschwand, sondern unter Verzicht auf jeglichen hegemonischen Anspruch sich das Feld mit anderen Theoretikern wie etwa Winnicott teilen mußte – das wird noch an der jüngsten Publikation von Pontalis deutlich: Ce temps qui ne passe pas suivi de Le Compartiment de Chemin de Fer, Paris 1997.

– ins Denken von Pontalis eingegraben[28] und ihn in mehr als einer thematischen Hinsicht zu einer originellen Position geführt. Ich möchte mich auf drei Themenkomplexe beschränken, die freilich eng zusammenhängen und im übrigen in allen Büchern von Pontalis, die mit Ausnahme der Erzählungen[29] und den mit Jean Laplanche verfaßten Werken[30] Sammlungen von Aufsätzen sind, präsent sind: der *Traum* (dem hier das Schwergewicht eingeräumt wird), die *Kindheit* und die *Sprache*.

Die Sache, um die sich alles dreht, ist das Visuelle im Traum. Implizit oder explizit kommt Pontalis immer auf ein und dasselbe Zitat aus Freuds *Traumdeutung* zurück, und stets läßt er sich dabei von Merleau-Ponty begleiten. Ich zitiere ausführlicher, als er selbst es tut: »Wenn man sich nun erinnert, welche Rolle in den Traumgedanken den infantilen Erlebnissen oder den auf sie gegründeten Phantasien zufällt, wie häufig Stücke derselben im Trauminhalt wieder auftauchen, wie die Traumwünsche selbst häufig aus ihnen abgeleitet sind, so wird man auch für den Traum die Wahrscheinlichkeit nicht abweisen, daß die Verwandlung von Gedanken in visuelle Bilder mit die Folge der *Anziehung* sein möge, welche die nach Neubelebung strebende, visuell dargestellte Erinnerung auf den nach Ausdruck ringenden, vom Bewußtsein abgeschnittenen Gedanken ausübt. Nach dieser Auffassung läßt sich der Traum auch beschreiben *als der durch Übertragung auf Rezentes verän-*

---

28 Vgl. eine der seltenen Erwähnungen von Merleau-Ponty in *L'amour des commencements,* S. 176; dt. S. 163: »Heute noch empfinde ich eine leichte Verstimmung, wenn ich in dem, was ich für meine eigene Stimme halte, die ernste und einnehmende Betonung eines Merleau-Ponty ausmache.« Vgl. auch unten, S. 74.

29 Neben dem schon genannten autobiographischen *L'amour des commencements* hat J.-B. Pontalis zwei Erzählungen veröffentlicht: *Loin,* Paris 1980, und *Un homme disparaît,* Paris 1996 (worin, bedeutsam oder nicht, ein Samuel Fischer einen kurzen Auftritt hat). In den frühen Publikationen, so auch in *Entre le rêve et la douleur,* wird noch auf einen 1952 erschienenen Roman verwiesen: *L'enfance d'un autre.*

30 Neben dem *Vocabulaire de la psychanalyse,* Paris 1967; dt. *Das Vokabular der Psychoanalyse,* übersetzt von Emma Moersch, Frankfurt am Main 1972, »Fantasme originaire, fantasmes des origines, origines du fantasme«, in: *Les Temps Modernes,* Nr. 215, April 1964 (als Einzelveröffentlichung Paris 1985); dt. *Urphantasie,* übersetzt von Max Looser, Frankfurt am Main 1992.

derte Ersatz der infantilen Szene. Die Infantilszene kann ihre Erneuerung nicht durchsetzen; sie muß sich mit der Wiederkehr als
Traum begnügen.«[31]

Dieses Zitat bildet den Bezugspunkt für mehr als einen Text von
Pontalis. Im Überblick besehen, läßt sich sagen, daß Pontalis sich zu-
nehmend dagegen verwahrt, daß man sich die Visualität, die Bild-
lichkeit des Traumes so ohne weiteres zugunsten und im Namen der
Deutung abhandeln läßt. Ausführlich äußert er sich dazu in den drei
Texten (aus den Jahren 1972 bis 1974), die den Auftakt dieser Sammlung bilden und unter dem Titel »Zwischen Traum als Objekt und
Traumtext« gruppiert sind. Es gibt eine »Erfahrung« bzw. ein
»Empfinden« des Traums, die der Deutung vorausgehen und von
der Methode sowie der Theorie weder ausgeschöpft noch aufgeho-
ben, sondern schlicht vernachlässigt werden.[32] Der »in Bildern ge-
faßte« Traum ist nicht derselbe wie der »in Worte umgesetzte«
(S. 31); es geht unweigerlich etwas verloren, und die berühmte *Rück-*
sicht auf Darstellbarkeit, der die Traumarbeit unterliegt, ist keine
Forderung, die vom Unbewußten ausgeht, sondern ein Zwang, dem
der Traum um seiner Form willen unterworfen wird, der somit heterogen zu den anderen Mechanismen steht, nach denen die Traumarbeit vorgeht.

Man könnte meinen, daß hier der Adressat Lacan sei, der
schließlich eine Theorie des Signifikanten als einer von jeder Intentionalität, von jedem erfüllten Sinn (Signifikat) freien »Sinnwir-
kung« (die man sich vielmehr nach Art der Metapher vorzustellen
habe) formuliert und für das Unbewußte postuliert hatte, es sei
strukturiert wie eine Sprache.[33] Doch ist besagter Vorrang der Deu-

---

31 Freud, *Die Traumdeutung*, in: *GW* II/III, S. 551 f. (Hervorhebungen im Original).
32 Vgl. unten, S. 23 und 38. Verweise auf den Inhalt des vorliegenden Bandes werden
von nun an ohne weitere Angaben direkt im Text gegeben.
33 Lacan, »Le savoir et la vérité«, in: *Écrits*, S. 868; dt. »Das Wissen und die Wahrheit«, übersetzt von Hans-Jörg Rheinberger, in: *Schriften II*, Olten 1975, Wein-
heim/Berlin ³1991, S. 246. Vgl. auch Lacan, *Le Séminaire Livre III: Les Psycho-*
ses, Paris 1981, S. 208 f.; dt. *Das Seminar Buch III: Die Psychosen*, übersetzt von
Michael Turnheim, Weinheim/Berlin 1997, S. 217 f.; *Le Séminaire Livre XI: Les*
quatre concepts fondamentaux de la psychanalyse, Paris 1973, S. 23; dt. *Das Se-*

tung als einer Arbeit der *Dechiffrierung* bereits von Freud mit der Warnung ausgesprochen worden, man würde bei der Deutung der »Bilderschrift« des Traums »offenbar in die Irre geführt, wenn man diese Zeichen nach ihrem Bilderwert anstatt nach ihrer Zeichenbeziehung lesen wollte«.[34] Es würde hier zu weit führen, wollte man über Fernwirkungen des mosaischen Bilderverbotes noch im Werk des säkularen Juden Sigmund Freud spekulieren[35], denen sich noch der getaufte Katholik Jacques Lacan unterworfen hätte. Darauf kommt es hier auch gar nicht an, weil Pontalis selbst im wesentlichen einen anderen Weg einschlägt und vielmehr als Gegenpart immer wieder den Surrealismus mobilisiert, namentlich in Gestalt von André Breton. So auch hier im Band mit einem Beitrag aus dem Jahre 1974: »Der Traum, zwischen Freud und Breton« (S. 62 ff.), sowie vier Jahre später mit einem Text, der noch deutlicher das Bedauern ausspricht, daß das »Prinzip der kommunizierenden Röhren« zwischen Freud und Breton nur »schlecht funktioniert« habe.[36] Auch hier wird gegen die Übermacht und den sofortigen Sinn der Deutung eine *Erfahrung* des Traums eingewandt, die sich ihres illusionären und Illusionen befördernden Charakters sehr wohl bewußt ist. Ihr utopisches Ideal ist das eines gemeinsamen Traumes – Aufhebung jener von Heraklit schon vermerkten Vereinzelung des Menschen im Traum – zweier oder mehrerer Menschen und eines »rêver vrai«, eines »wahr Träumens«, wie es beides Daphne Du Maurier 1890 in dem

minar Buch XI: Die vier Grundbegriffe der Psychoanalyse, übersetzt von Norbert Haas, Olten 1978, Weinheim/Berlin ³1987, S. 26.

34 Freud, *Die Traumdeutung*, in: GW II/III, S. 284. Zum Charakter dieser »Bilderschrift« sind immer noch die Überlegungen von Jacques Derrida aus dem Jahre 1966 aufschlußreich: »Freud et la scène de l'écriture«, in: *L'écriture et la différence*, Paris 1967, S. 293-340; dt. »Freud und der Schauplatz der Schrift«, übersetzt von Rodolphe Gasché, in: *Die Schrift und die Differenz,* Frankfurt am Main 1972, S. 302-350.

35 Pontalis deutet diesen Zusammenhang an in: »L'attrait du rêve«, in: *La force d'attraction,* Paris 1990, S. 33 f.; dt. »Das Anziehende am Traum«, in: *Die Macht der Anziehung,* übersetzt von Hans-Dieter Gondek, Frankfurt am Main 1992, S. 28. Vgl. auch »Perdre de vue«, S. 287; dt. S. 311.

36 »Les vases non communicants«, in: *Perdre de vue,* S. 133-150, hier S. 136; dt. »Die nicht kommunizierenden Röhren«, in: *Aus dem Blick verlieren,* S. 140-159, hier S. 143.

»im eigentlichen Sinne surrealistischen«[37] Roman *Peter Ibbetson*
als Fiktion dramatisiert hat.[38]

Wenn es denn eine nachträgliche Versöhnung zwischen Freud
und Breton geben sollte, so kann sie für Pontalis *persönlich* darin
bestehen, daß er auch als freudianischer Psychoanalytiker Bretons
Einfluß auf das eigene Imaginäre akzeptiert: »Als Träumer des
Tages hat er mein (unser) Imaginäres genährt, bevor Freud als
Architekt unser (mein) Denken errichtet hat.«[39] Noch hält die he-
raklitische Verteilung zwischen Traum (als individualisierter
Eigenheit) und Wirklichkeit (als dem Allgemeinen), aber in den
nachgestellten Klammern ist ihre Überwindung auf dem Sprung.
Dennoch ist dies kein Schlußwort, und das, obwohl sich die beiden
Texte über Freud und Breton als ein *Sich-ins-Unvermeidliche-
Schicken* lesen lassen: Bei aller Kritik an der ungewollten »Objek-
tivierung« und damit Bezähmung des Unbewußten durch die Sur-
realisten wird diesen doch attestiert, »unaufhörlich das Feld des
Möglichen erweitert« zu haben (S. 72). Und das Gegenbild des
Surrealisten Breton, der glaubt, das Träumen als voluntatives Experiment betreiben zu können, läßt das Gewaltstreichartige des
Freudschen Projekts hervortreten: »Auch Freud geizte mit persönlichen Vertraulichkeiten, und doch hat man es nicht nötig, ihn aus
der Reserve zu locken, um den Wunsch, der ihn antreibt, bei der
Arbeit zu beobachten: es ist der Wunsch zu wissen, der in ihm in-
tensiv und hartnäckig genug ist, um bis ans Ende seiner Anforderung zu gehen und sich in ein Wissen über den Wunsch zu verwandeln. Das zur Begründung und Einführung dienende Buch – das
Traumbuch, Buch über den Traum, aber auch Traum-Buch, bis
hinein in seine ausufernde und barocke Komposition – attestiert
das auf jeder Seite. Die *Traumdeutung* ist nicht nur die These vom
Traum als Wunscherfüllung; die vollendete *Traumdeutung* ist die
Realisierung des Wunsches von Freud: dem Corpus des Traums

---

37 »Les vases non communicants«, S. 135; dt. S. 142.
38 Pontalis kommt außer in dem zweiten Text über Freud und Breton nochmals
   1990 in »L'attrait du rêve«, S. 19 ff.; dt. S. 17 ff., auf diesen Roman zu sprechen.
39 »Les vases non communicants«, S. 150; dt. S. 159.

sein Geheimnis zu entreißen. Und das geht nicht immer ohne Leiden ab.«[40]

Pontalis macht gegen Freud die *Möglichkeit* einer Hypothese geltend: daß nämlich »der Bezug des Visuellen auf das Unbewußte nicht kontingent, sondern wesentlich (ist)«[41] – und zwar im Sinne jener *Anziehung* durch das Verdrängte, von der Freud in dem oben (S. 14f.) angeführten Zitat aus der *Traumdeutung* sprach –, daß es so etwas geben kann wie eine »Osmose« zwischen dem Visuellen und dem Unbewußten. Von einer solchen »Osmose« ist nun auch in bezug auf Breton die Rede: als die surrealistische Verfahrensweise, die dadurch, daß sie Traumhaftes in die Wirklichkeit einfließen läßt, den Effekt des Surrealen hervorbringt (S. 67f.).

Die mögliche Hypothese führt indes noch weiter: sie führt nämlich zur Malerei und damit auch zu Merleau-Ponty zurück. Mit Merleau-Ponty wird es möglich, »zwischen dem Atelier des Malers und dem Atelier des Traums, zwischen dem Raum des Traumes und dem Raum der Malerei« eine »Homologie« aufzustellen.[42] Dem Traum wird auf diese Weise eine Produktivität und Kreativität zugesprochen, die die Surrealisten vergeblich zu erreichen versuchten. Unter der Hand findet eine Aufwertung Merleau-Pontys – dem das Buch *Perdre de vue* gewidmet ist – statt: Das noch im Text von 1961 abgelehnte Primat der Wahrnehmung wird jetzt im Jahre 1972 dadurch akzeptabel, daß die Wahrnehmung nicht mehr nach dem Modell der beschreibbaren Wahrnehmung eines »realen« Objekts gedacht wird, sondern genau in der *Traumwahrnehmung* ihr Paradigma findet (vgl. S. 90). Und doch versucht sich Merleau-Ponty in seinem Spätwerk an etwas Unmöglichem, das Pontalis nur als ein »Phantasma« glaubt bezeichnen zu können: »ein zirkuläres Denken, ein Phantasma der Zirkularität«, das sich auf der Ebene des Leibes und der Inkarnation um eine Selbsteinholung als *Sehen* bemüht (S. 86f.).

Freud habe »unsere Träume prosaisch gemacht«, er habe »den

---

40 Ebd., S. 142f.; dt. S. 150.
41 »Perdre de vue«, S. 280; dt. S. 303. Vgl. auch »L'attrait du rêve«, S. 36f.; dt. S. 30.
42 »Perdre de vue«, S. 287f.; dt. S. 312.

Traum entzaubert«, heißt es 1990 in »L'attrait du rêve«: »In der Zusammensetzung der beiden Worte zur *Traumdeutung* zielt die *Deutung* darauf, das Geheimnis des Traums zu zerstreuen.«[43] Doch auch hier ist die Grundtendenz affirmativ: Es geht nicht anders. Jede Fürsprache für ein »geheimnisvolles Unbewußtes« im Sinne Jungs hat Pontalis stets von sich gewiesen (S. 26 und 89). Aber was er von der Psychoanalyse fordert, ist, daß sie zur Kenntnis nimmt und berücksichtigt, daß »der Traum der Romantiker das verlorene Objekt des Freudschen Traumes« ist.[44] Nun ist der Psychoanalyse der Gedanke nur zu vertraut, daß kein *verlorenes* Objekt je wiedergefunden werden kann, daß aber das verlorene *Objekt* durch keine Einsicht in seine Verlorenheit daran gehindert werden kann, als verlorenes zu insistieren, geradezu wiederzukehren als der Mangel jedes anderen Objekts, das seine Stelle einnehmen soll. Die Psychoanalyse hat hier etwas im doppelten Sinne ernstzunehmen. Ihr Arbeits-Ethos und ihre Ernsthaftigkeit – und damit meint Pontalis sowohl das Beharren auf einer zu leistenden Arbeit in der Theorie (die Traum*arbeit* oder die Definition des Triebes als »Maß der Arbeitsanforderung, die dem Seelischen infolge seines Zusammenhanges mit dem Körperlichen auferlegt ist«[45]) wie auch ein persönliches Insistieren, das bei Freud zum Charakteristikum, geradezu zum Charakterzug wird, wenn er die Frage der »Prioritätsansprüche« etwa im Verhältnis zu einem Philosophen wie Nietzsche davon zugleich belastet und entlastet sieht, daß »die *mühselige* psychoanalytische Forschung die *intuitiv gewonnenen* Einsichten des Philosophen nur bestätigen kann«.[46]

Pontalis macht sich zum Fürsprecher dieses Intuitiven, dessen, was *auch* durch Anschauung gewonnen, was vielleicht durch Anschauung *besser* gewonnen werden kann als durch das logische Schließen und Denken. Ohne sich, um es nochmals zu sagen, gegen die Notwendigkeit des Übergangs zur Deutung auszusprechen. Er trifft auf seinem Weg durchaus auf Gleichgesinnte oder, vorsichti-

43 »L'attrait du rêve«, S. 18; dt. S. 16.
44 Ebd., S. 19; dt. S. 17.
45 Freud, »Triebe und Triebschicksale«, in: *GW* X, S. 214.
46 Freud, »Zur Geschichte der psychoanalytischen Bewegung«, in: *GW* X, S. 53 (Hervorhebungen von mir – H.-D. G.).

ger formuliert, solche, die in dieselbe Richtung gehen. Einer von diesen ist D. W. Winnicott, dessen *Playing and Reality* J.-B. Pontalis ins Französische mitübersetzt und herausgegeben hat. Winnicott wird in diesem Band gleich zweimal gewürdigt, in: »Die aufrechterhaltene Illusion« (S. 93 ff.) und in: »Das Abwesende finden, aufnehmen und anerkennen«, der Einleitung in die französische Ausgabe von *Playing and Reality*. Pontalis nimmt Winnicott als Denker eines Raumes des *Übergangs* und des *Zwischen* wahr, eines »Möglichkeitsraumes«, den er entschieden als einen der *Illusion* charakterisiert, wobei die Betonung auf dem in Illusion enthaltenen Spiel (*ludus*) zu legen ist (S. 99 f.). Während Lacan noch mit einer Lévi-Strauss entlehnten Theorie des Symbolischen den Sartreschen, aber auch den Bretonschen Dualismus real/imaginär in einer Trias überwand, findet Winnicott hier nun Anerkennung dafür, daß er über den von Melanie Klein gepflegten topischen Dualismus des Inneren und Äußeren hinausgeht.

Die Vorbehalte gegen Melanie Klein betreffen nicht nur die Theoretisierung, sondern auch eine Praxis, deren latente Gewaltsamkeit, die sich als rein aufklärerisch gibt, Pontalis erkennbar unbehaglich stimmt, wie der Text »Das Kind als Frage« zeigt (S. 123 ff.). Zum Abschluß seines Textes überblendet Pontalis das Schicksal des Kindes, dessen Frage kein Gehör findet, mit dem Zirkel einer Theoretisierung, der die Psychoanalyse als Ganzes bedroht: »Der Kreis schließt sich: vom Wissen zur Phantasie, von der Phantasie zum Wissen. Das Kind der Psychoanalyse, der Raum eines Augenblicks, bringt das Wissen der Mutter ins Wanken, doch am Ende glaubt die Psychoanalyse-Mutter, als sie ihren festen Ort wiedergefunden hat, das letzte Wort zu haben. Doch kann sich jedes Wissen über das Unbewußte nur wirkungsvoll ausbilden, wenn es sich weiterhin der Prüfung durch das aussetzt, was ihm von einem anderen Ort aus, ohne einen festen anweisbaren Platz, widersprechen wird: die Orte oder der Nicht-Ort des Unbewußten« (S. 136).

Unser Schlüsselzitat aus Freuds *Traumdeutung* haben wir noch immer nicht ausgeschöpft: Der Traum wird als der unzureichende Ersatz der »Infantilszene« beschrieben, die sich nicht hat durchsetzen können. Ein drittes Mal spricht Pontalis von einer Art »Os-

mose« zwischen dem Unbewußten und dem Visuellen.[47] Es geht
auch hier – wie in den meisten Texten dieses Bandes – um *Grenzen
des Analysierbaren* (S. 154). Was nun das Kind, das *infans*, das
nicht sprechende Kind als eine solche Grenze angeht, verspricht
der Wechsel ins Autobiographische Sinnfälliges: »Ich werde das
enge Territorium des Sprechens immer vor Augen haben, begrenzt
an beiden Enden vom Zustand des *Infans* und dem des Aphasi-
schen: Himmel und Hölle, Wonnen und Qualen, sanfter Schlaf
und Alptraum. Dazwischen die Bilder [images], alle schon bereit,
eine Erzählung zu bilden [former].«[48] Dem geht voraus die Erzählung einer Kindheit, die, zumindest dem Rhythmus der Erzählung
nach, von Anfang an von einer Grundambivalenz geprägt war:
»Liebe zur Sprache und Haß auf sie.«[49] Was den Autor nicht daran
gehindert hat, sich, abermals mit Merleau-Ponty, zum Beruf des
Schriftstellers zu bekennen, der sich im übrigen wie der Psychoanalytiker stets des Gefühls zu erwehren hat, es schon zuvor gewußt zu
haben, doch: »Der Schriftsteller ist selbst ein neues, im Aufbau befindliches Idiom.« (S. 80.)

Entre le rêve et la douleur ist 1977 erschienen. Der Beschluß zu
einer deutschen Übersetzung ist vor einigen Jahren noch von Günther Busch, dem langjährigen Wissenschaftslektor des S. Fischer
und Fischer Taschenbuch Verlages, gefaßt worden. Daß sich der
Prozeß der Publikation bis heute hinzog, hat viele Gründe; der Tod
von Günther Busch ist einer davon. Seiner sei an dieser Stelle gedacht.

Die deutsche Ausgabe ist um einige Texte gekürzt worden. »Entre Freud et Charcot: d'une scène à l'autre« ist bereits an anderer
Stelle erschienen.[50] Auch »L'entre-vu« ist auf deutsch zugänglich,

---

47 »L'attrait du rêve«, S. 37; dt. S. 30.
48 *L'amour des commencements*, S. 22; dt. S. 22 (Übersetzung leicht modifiziert –
   H.-D. G.).
49 Ebd., S. 7; dt. S. 7. Später heißt es: »Schreiben, lieben geben in dieser Hinsicht nur
   eine Gewißheit – und zwar: den extremsten Stimmungsschwankungen ausgesetzt
   zu sein« (ebd., S. 181; dt. S. 167; Übersetzung leicht modifiziert – H.-D. G.).
50 »Zwischen Freud und Charcot. Ein Szenenwechsel«, übersetzt von Elisabeth
   Madlener, in: Jean Clair, Cathrin Pichler, Wolfgang Pircher (Hg.), *Wunderblock.
   Eine Geschichte der modernen Seele*, Wien 1989, S. 685-689.

nämlich als Einleitung zu dem von J.-B. Pontalis edierten Band *Objekte des Fetischismus*, Frankfurt am Main 1972 (ursprünglich die Nr. 2 der von ihm herausgegebenen *Nouvelle Revue de Psychanalyse*). Auf »Lieux et séparation«, das zunächst als Einleitung zu einer Ausgabe der *Confessions* von Jean-Jacques Rousseau erschienen war, wurde verzichtet, weil dieser Text im Kontext der deutschen Übersetzung zu sehr aus dem Rahmen fallen würde. »Naissance et reconnaissance du ›soi‹« fand keine Berücksichtigung, weil diese zudem sehr umfangreiche Arbeit sich mit vielen anderen Texten überschnitt. Und weil dieser Band damit ein anderer geworden ist als der, für den J.-B. Pontalis ein kurzes »Après-coup« geschrieben hatte, ist auch auf dieses verzichtet worden.

Zwischen Traum als Objekt und Traumtext

1. Das Eindringen in den Traum

> »Infame Medikaster, sagte ich zu mir, ihr vernichtet den
> Menschen in mir, dem ich zu trinken gebe.«
> Henri Michaux, *Entre centre et absence*

> ... ein fremdartiger, aber eindringlicher Traum.
> Paul Verlaine, *Poèmes saturniens*

> Sie betasten seinen großen fischigen Körper im Schlaf.
> André Frénaud, *La Noce noire*

Die Traumdeutung*[1]: der Titel für sich allein verbindet bereits,
zielt darauf hin, Traum und Deutung unauflöslich zu vereinen.
Auch wenn er sie vollständig erneuert, so siedelt Freud sich doch in
der Tradition der diversen – volkstümlichen oder sakralen – Man-
tiken an, weiht den Traum dem *Sinn* und vernachlässigt darüber in
einem gewissen Maße den Traum als *Erfahrung*[2]: als subjektive
Erfahrung des Träumers während des Traums, als intersubjektive
Erfahrung in der Kur, in welcher der Traum dem Analytiker dar-
gebracht, zugleich im Sagen und im Schweigen angeboten und zu-
rückgehalten wird. Mag sein, daß mit Freud, wenn der Traum
gleichsam endgültig in die Deutung auswandert und die *Umsetzung in Bilder* ihre Verwandlung in eine *Umsetzung in Worte* erfährt, etwas verloren geht: Jede Eroberung wird mit einer Vertrei-
bung bezahlt und die Inbesitznahme mit einem Verlust.

1 Mit Sternchen bezeichnete Termini sind im Original deutsch. *A. d. Ü.*
2 *L'Expérience du rêve [Die Erfahrung des Traums]:* der Titel eines Buches, das –
man wird darüber nicht erstaunt sein, aber man wird es bedauern können – von
einem Analysierten [vgl. zu diesem Terminus Anm. 10 – *A. d. Ü.*] und nicht von
einem Analytiker geschrieben wurde.

Ich habe nicht die Absicht, mich in eine Zeit zu versetzen, die der *Traumdeutung* * vorausliegt, sondern möchte vielmehr das wiederaufnehmen, was die Freudsche Methode notwendig auf Abstand halten mußte, um ihre volle Wirksamkeit zu entfalten; ich habe den Wunsch, zu verstehen, was mir zu Beginn wie ein Gegensatz zwischen dem Sinn und der Erfahrung erschienen ist, und beginne innerhalb der Analyse mit meiner Suche nach Anhaltspunkten. Zu einem solchen Vorgehen berufen fühle ich mich durch eine gewisse Anzahl von Arbeiten aus der Zeit nach Freud sowie dadurch, daß ich an mir selbst in meiner Praxis eine gewisse Zurückhaltung erfahren habe, den Inhalt eines Traumes zu entziffern, sobald ich nicht erkennen konnte, was er als Erfahrung oder als Versagung von Erfahrung darstellte. Solange nicht einzuschätzen ist, welche *Funktion* der Traum im Verlauf der Kur erfüllt, solange der *Ort*, den er in der subjektiven Topik einnimmt, unbestimmt bleibt, ist jegliche Deutung der *Botschaft* des Traumes bestenfalls wirkungslos; schlimmstenfalls pflegt sie ein endloses insgeheimes Einverständnis über ein spezifisches *Objekt*, das Objekt einer nicht erhellten libidinösen Besetzung zwischen dem Analytiker und seinem Patienten: und so handelt es sich nicht länger um einen Kreislauf des Sprechens, sondern um den einer Münze.

Was ich hier zu sagen habe, ist Umständen geschuldet. So wurde neulich ein psychoanalytisches Kolloquium unter dem Titel *Der Traum in der Kur* abgehalten. Dieser Titel war ein gewolltes Echo auf ein anderes Kolloquium, das vor mehr als fünfzehn Jahren stattfand und das den stärker wissenschaftlichen Titel *Die Verwertung des Traummaterials in der psychoanalytischen Therapie von Erwachsenen* trug.[3] Mit dieser mehr oder weniger gezielten Bedeutungsverschiebung im Titel ging es nicht darum, eine Wiederholung zu vermeiden. Lief man nicht dadurch, daß man zwischen »Traum« und »Traummaterial« eine Äquivalenz unterstellte und,

---

3 Das dem Datum nach erste dieser Kolloquien war 1958 von der *Société psychanalytique de Paris* organisiert worden. Die Akten davon wurden in der *Revue française de psychanalyse* veröffentlicht (1959, Nr. 1). Das zweite wurde 1971 auf gemeinsame Initiative der *Association psychanalytique de France* und der *Société psychanalytique de Paris* abgehalten.

was schwerer wiegt, die Auseinandersetzung auf dessen »Verwertung« zentrierte, Gefahr, die gesamte Diskussion von vornherein auf die technischen Unterschiede in der Behandlung dieses Materials hin auszurichten? Man schloß die voraussehbaren individuellen Divergenzen in die Grenzen eines Spektrums ein, das die Teilnehmer des Kolloquiums im übrigen auf bemerkenswerte Weise durchmessen haben. Grob gesagt, man hatte erkannt, daß sich, mitunter bei ein und demselben Analytiker, zwei Tendenzen gegenüberstanden: die eine – die wir nicht das Recht haben, ohne weitere Überprüfung als die klassische zu bezeichnen –, die den Traum als den Königsweg ansah, der bis in die ihm gewährte Aufmerksamkeit hinein dazu einlädt, ihn in der Kur als eine Sprache für sich zu verstehen; und die andere, die den Traum in seiner Beschaffenheit nicht vom Ganzen des Inhalts einer Sitzung unterschieden wissen wollte. Die beiden Tendenzen treffen sich freilich unausdrücklich in ihrer Bewertung des Traumes als eines Materials, dem eine privilegierte Stellung einzuräumen ist, insofern es den unbewußten Wunsch enthüllt oder – vor allem, wenn er die Partner bzw. Partnerinnen in ständiger Bewegung hält – des Widerstandes gegen die Übertragung verdächtigt wird.

Die Änderung des Titels bezeugte ein anhaltendes und sich wieder erneuerndes Interesse, doch zeichnete sich darin auch eine Verschiebung der Fragerichtung ab, die nun unbestimmter – wie verhält es sich in einer Analyse mit dem Traum? – und radikaler war: Sie unterstellt dem Traum nicht länger einen bestimmten Status in der analytischen Situation, keinen *praktischen* Status mehr. Denn der *theoretische* Status des Traums, so wie er von Freud definiert worden war – der Traum ist eine halluzinatorische Wunscherfüllung – läßt, sobald auf dem Schauplatz der Übertragung (in einem Spiel also, das akzentuiert ist wie im Theater) die Organisation der Wünsche und der Abwehrhandlungen tatsächlich ins Spiel kommt, alle Fragen offen.

Den Themen der Kolloquien war, bis in die wörtliche Formulierung hinein, abzulesen, daß sich den Analytikern 1971 der Traum nicht mehr in gleicher Weise darstellte wie noch 1958, daß sich die Wahrnehmung, die wir von ihm hatten, mit der Zeit gewandelt haben konnte. Ich erinnere mich noch, wie ich die Zusammenkunft verließ und dabei in Gedanken eine Unterscheidung durchspielte, die ich zwischen dem Traum als Objekt, als Ort und als Botschaft vorgeschlagen hatte und die ich mit einem sehnsuchtsvollen »Der Traum ist auch nicht mehr das, was er einst war!« abschloß. Nun, am nächsten Tag schallten mir von der Couch jene Worte entgegen, die, so scheint es, wohl einem Graffito entstammten: »Die Sehnsucht ist auch nicht mehr das, was sie einst war!« – ein Satz, der einen dazu bringen kann ... zu träumen.

Soweit zu den Umständen.

Wenn der Traum ein Objekt ist und auf intime Weise mit dem Objekt der Sehnsucht verwandt, die sich selbst ihr eigener Spiegel und entsprechend unbestimmt ist, so geht auf ihn nicht nur eine einzige Beziehung zurück, sondern eine Verschiedenheit von »Gebrauchsweisen«, so hat er nicht für jeden dieselbe Funktion. Und zunächst ist diese zwangsläufig verschieden für Freud und für den heutigen Analytiker. Diese Bemerkung ist banal. Aber auch, was daraus folgt?

Wenn wir die *Traumdeutung** lesen, neigen wir dazu, den *Gegenstand* der Untersuchung, den Traum, mit der *Methode* und der *Theorie* zu vermischen, die zu bilden er deren Autor ermöglicht hat. Und doch darf die Interdependenz zwischen diesen drei Termen nicht absolut genommen werden. Die Analyse der Träume, an erster Stelle seiner eigenen, ist für Freud das Mittel gewesen, wie unter dem Mikroskop das Funktionieren des Primärvorgangs zu erkennen. Aber sehr schnell wurde es ihm, vielleicht auch, um das Mißverständnis zurückzuweisen, das jedes Buch über die Träume zu bestärken Gefahr läuft, wichtig, sich von einem gewissen Romantizismus, von einem Mystizismus des Träumerischen, von der Vorstellung, aufgrund eines von Geburt verliehenen Privilegs stünde der Traum in direkter Verbindung mit dem Unbewußten, abzugrenzen. Ich denke da insbesondere an einen auf den ersten Blick überraschenden Satz, in dem Freud, mit Sicherheit gegen Jung, vehement seine Vorbehalte gegenüber einem »geheimnisvollen Unbewußten«[4] kundtut: »Nachdem man so lange den Traum mit seinem

---

4 »Bemerkungen zur Theorie und Praxis der Traumdeutung«, in: Sigmund Freud, *Gesammelte Werke (GW)*, London/Frankfurt am Main 1940ff., XIII, S. 304.

manifesten Inhalt zusammenfallen ließ«, schreibt er, »muß man sich
jetzt auch davor hüten, den Traum mit den latenten Traumgedanken
zu verwechseln.«[5] Er wird noch mehrfach und nachdrücklich auf
die Idee zurückkommen, daß der Traum nichts anderes als eine
»Denkform«, ein »Gedanke [...] wie ein anderer« sei. Diese Idee ist
der Überzeugung anzunähern, daß sich, selbst wenn ein wesentli-
cher Teil der »Traumgedanken« vom Analytiker beeinflußt werden
kann, zumindest »auf den Mechanismus der Traumbildung selbst,
auf die eigentliche Traumarbeit« keinerlei Einfluß nehmen läßt.[6]

Der Wunsch, sich zum Herrn seiner Träume zu machen, führt
Freud dazu, stärker ihren *inneren Aufbau*, die Weise ihrer Verferti-
gung zu analysieren und nicht so sehr die Bedingungen ihrer *Erschaffung* und der von ihnen bezeugten schöpferischen Macht zu
erforschen. Was ihn interessiert, ist die Arbeit des Traums. Die
Traumarbeit, mit anderen Worten die Reihe von Umwandlungen,
die von den auslösenden Faktoren – den Triebregungen und Tagesresten – bis zum Endprodukt vollzogen werden: die Traumerzählung, der aufgezeichnete, in Worte gekleidete Traum. Über das,
was mit diesem Produkt geschieht, sobald es einmal die Traummaschine verlassen hat, über das, was sich vollzieht, wenn der Traum
noch nicht in Gang gekommen ist – kann der Wunsch zu schlafen
wirklich auf die Annahme eines unterstellten primären Narzißmus
zurückgeführt werden? –, beinahe nichts. Gewiß, Freud hat sehr
wohl die Notwendigkeit erkannt, seine *Traumdeutung* durch eine
Studie über die Beziehung zwischen Schlaf und Traum zu »ergän-
zen«. Aber diese »Metapsychologische Ergänzung zur Traum-
lehre« scheint für ihn weder eine Auswirkung auf die Traumdeutung zu haben noch die Funktion des Traums als »Wächter des
Schlafes« wieder in Frage zu stellen. Zum anderen ist die Artikulation zwischen dem Wunsch zu schlafen, dem Wunsch zu *träumen*
und dem (im Traum bildlich dargestellten) Traumwunsch nicht der
Knotenpunkt der Freudschen Reflexion. Zumindest in der *Traumdeutung** nimmt wesentlich die Untersuchung der Umwandlungen, ihrer Mechanismen und ihrer Gesetze Freuds Aufmerksamkeit

5 *Die Traumdeutung*, in: GW II/III, S. 585.
6 »Bemerkungen zur Theorie und Praxis der Traumdeutung«, a.a.O., S. 307.

in Beschlag: das *Davor* und das *Danach* scheinen sekundär. Nun ist aber diese Arbeit, auch wenn sie sich auf beispielhafte Weise am *Modell* des Traums analysieren läßt, nicht der Traumbildung vorbehalten; sie ist mit gleicher erhellender Wirkung von Freud selbst an anderen Bildungen des Unbewußten analysiert worden – dem Vergessen, dem Symptom, der Erscheinung des »déjà vu« etc. Als mühseliger stellt sich das bei der unbewußten Phantasie[7] und der Übertragung dar, weil dort der Konstitutions*prozeß* immer wieder die Strenge des *inneren Aufbaus* durcheinanderbringt. Daß der Primärvorgang in der Übertragungsbeziehung schwieriger auszumachen ist als im Text des Traumes, ist unstrittig: die Übertragung ist eben kein Text. Doch gibt es keine *Psychoanalyse* (ich sage an dieser Stelle nicht Analyse) außerhalb dessen, was sich bewegt, sich verkettet und sich entfesselt in der Übertragung, *in actu*, selbst wenn sich darin nur *Gesagtes* bekundet. Ich lasse die Frage – so grundlegend sie auch sein mag –, mit welcher Berechtigung »Sitzung« und Traum äquivalent gesetzt werden können, außer Betracht. Die Annahme einer solchen Äquivalenz kann so weit gehen, daß man glaubt, der Gesamttext der Sitzung ließe sich einer durchgehenden Deutung unterziehen. Schon in ihrem Grundsatz bestreitbar, läuft eine solche Vorgehensweise in der Praxis Gefahr, einen Terrorismus – der Verfolgung und der Hörigkeit – zu begründen, dessen Folgen die Klein-Schule, wie es scheint, nicht immer zu

---

7 Der französische Terminus »fantasme« wird mit wenigen Ausnahmen durch »Phantasie« übersetzt, obwohl das deutsche Wort unglücklicherweise zugleich das psychische Vermögen der Hervorbringung *und* dessen Produkt benennt (zudem mit Vorrang auf ersterem), während der französische Terminus nur das Produkt meint und dessen strukturierten Charakter hervorhebt. Allein in diesem Sinne wird folglich das Wort »Phantasie« in der vorliegenden Übersetzung zu verstehen sein. Das Adjektiv »phantasmatique« wird durch »phantastisch« übersetzt; auch hier ist der umgangssprachliche Sinn herauszuhalten. Eine Übersetzung von »fantasme« durch »Phantasma« erfolgt nur dort, wo dieses im Sinne von Trugbild oder Illusion im Kontext der Wissenschaft oder bezogen auf die perverse Strukturierung einer Situation verwendet wird und »Phantasie« eher verharmlosend wirken würde. Vgl. zu den Problemen der Übersetzung und zum Verständnis und zur Begriffsgeschichte von »Phantasie« auch die Anmerkungen von Max Looser zu seiner Übersetzung des Buches von J. Laplanche und J.-B. Pontalis, *Urphantasie. Phantasien über den Ursprung, Ursprünge der Phantasie*, Frankfurt am Main 1992. A. d. Ü.

ermessen vermag. Sobald erst einmal die strukturale Homologie zwischen den verschiedenen Bildungen des Unbewußten errichtet ist, zielt die psychoanalytische Forschung in der Tat nur noch darauf ab, deren Unterschiede zu präzisieren. Dies ist der Weg, den die *Traumdeutung* * eröffnet hat, die für uns nicht das Buch von der Analyse der Träume und noch weniger das Buch *vom* Traum ist, sondern das Buch, welches vermittels der Gesetze des *Logos* des Traums das Gesetz einer jeden Rede entdeckt und die Psychoanalyse begründet.

Es steht demnach dem Traum als solchem nicht zu, für die Analyse ein auserwählter Gegenstand zu sein. (Im übrigen ist uns ja auch bekannt, daß mehr als eine Kur vorankommt, ohne daß Träume gedeutet, ja ohne daß sie beigebracht werden, und daß es sich dort, wo es sie in unbegrenzter Zahl gibt, häufig gegenteilig verhält.) Für Freud jedoch, für den Mann Freud, war er solches, unstrittig und leidenschaftlich. Es ist heute allgemein bekannt[8], daß Freud in methodischer und kontinuierlicher Entschlüsselung seiner Träume seine *Selbstanalyse* * vollzogen hat: Er hat, über eine bestimmte Zeit hinweg, buchstäblich ein Rendezvous mit seinen Träumen gehabt, und, was noch bemerkenswerter ist, die Träume sind auch zum Rendezvous gekommen … Es wäre weder hinreichend noch angemessen, zu behaupten, sie hätten Freud dadurch, daß er ihnen eine schlichte Funktion als *Vermittler* zuwies, eine »vollständige Anerkennung seines ödipalen Konflikts« etc. gestattet. Es geht um etwas ganz anderes: Für Freud ist der Traum ein verschobener mütterlicher Körper [corps] gewesen, er hat den Inzest am *Korpus [corps] seiner Träume* begangen, er ist eingedrungen in sein Geheimnis, und er hat das Buch geschrieben, das ihn zum Eroberer und zum Besitzer der *terra incognita* machte. Vom unnennbaren Medusenhaupt bis zur Sphinx, die das Rätsel zum besten gibt, wird die erste Metamorphose, die alle weiteren befehligt, vollzogen: Es bleibt nur, das Rätsel zu entziffern. Freud geht, nachträglich, daraus als Ödipus hervor. Die Triebintensität war so,

---

8 Seit D. Anzieus Werk über Freuds Selbstanalyse, mit dem diese erstmals genau erfaßt wurde [*Freuds Selbstanalyse und die Entdeckung der Psychoanalyse*, 2 Bde., übersetzt von Eva Moldenhauer, Stuttgart 1990].

daß drei Vierteljahrhunderte später seine fernen Nachfolger den zum *Korpus* gewordenen Körper seiner Träume von neuem begutachten. Den Körper buchstäblich nehmen: die Formel Leclaires[9] ist *in Freuds Fall* buchstäblich zu nehmen.

Um zu erkennen, daß der Traum ein vom Träumer libidinös besetztes Objekt, ein Träger des Schreckens und des Genießens ist, braucht man nicht Freuds Ödipus oder Freud, der sich zum Ödipus macht, anzurufen ... Dazu genügt die alltägliche Erfahrung. Die Psychoanalytiker jedenfalls scheinen zumindest in ihren schriftlichen Arbeiten den Beziehungen zum Traum als Objekt nur geringe Aufmerksamkeit entgegengebracht zu haben. Man spricht in einem präzisen Sinne bestenfalls von Gefälligkeits- oder Verführungsträumen – was, in einem bestimmten Sinne, von einem jeden einem freudianischen Ohr anvertrauten Traum gilt ... – und eher vage von narzißtischen und/oder ästhetischen Befriedigungen, die im Traum gefunden wurden. Es kann auch jeder bestätigen, daß der Traum, so verwirrend sein Inhalt auch sein mag, seinen Platz *zwischen* Analytiker und Analysiertem[10] hat: ein *no man's land*, das einem das Gefühl gibt, ein Schutz zu sein, ohne daß man immer weiß, wovor. Es passiert uns häufig, daß wir die Einführung eines Traums in einer Sitzung als eine, wenn man das so sagen kann, stillschweigende Erregung empfinden: als Friedensschluß, als Entspannung, als verzückte Komplizenschaft. Die Komplizenschaft rührt zum einen Teil daher, daß wir nun, in einem Wechselspiel der Sinne zwischen Sehen und Hören, etwas gemeinsam zu analysieren haben; die Entspannung jedoch geht darauf zurück, daß am Horizont unseres doppelten Blicks und unseres doppelten Gehörs – die je nach Position verschieden sind – sich etwas Abwesendes vergegenwärtigt und sich vergegenwärtigt, indem es abwesend bleibt. In der Tat, so konvergent auch die auf dem Wege der Assoziation

---

9 Vgl. Serge Leclaire, *Psychanalyser*, Paris 1968; dt. *Der psychoanalytische Prozeß*, Frankfurt am Main 1975, Kap. III: Den Körper buchstäblich nehmen oder wie sonst vom Körper sprechen? (Übersetzung leicht verändert – A. d. Ü.)

10 »L'analysé« im Original – dieser Terminus wird in wörtlicher und nicht in terminologischer Übersetzung wiedergegeben, um den sachlichen Abstand zur im Deutschen geläufigen Gerundiv-Konstruktion zu wahren: derjenige, der *zu analyisieren ist*, der Analysand. A. d. Ü.

gebildeten Netze sein mögen, so unabweisbar auch die Anwesenheit des Affekts (und daß anläßlich eines Traums Vorstellungen und Affekt sich verbinden, und sei es in der Form einer Verkehrung, kommt wohl selten vor), es bleibt doch stets ein Abstand zwischen dem in Bildern gefaßten und dem in Worte umgesetzten [mis en mots] – wir würden zuweilen sagen: dem getöteten [mis à mort] – Traum. Ich habe vorhin die Verwandtschaft zwischen dem Traum und dem endlosen Objekt der Sehnsucht angesprochen, von der die romantische Tradition lebt: Sie ist in jeden Traum wenigstens zweimal eingeschrieben – in seine regressive Zielrichtung und in eben diesen Abstand. Der Beitrag des Traumes besteht für beide Beteiligten darin, jener Suche nach einem verschwindenden, verloren-wiedergefundenen, abwesend-anwesenden, von den Zeichen, die es, indem sie es anzeigen, entfernen, niemals vollständig erreichten Objekt zu genügen. Das geht nicht ohne eine gewisse behagliche Grundverfassung. Ist nicht der wildeste Traum schon gezähmt? Das Ungewöhnliche findet Zuflucht in einem Reservat: in geschlossenen Gärten, in Städten, in denen die Architekturen verschiedener Stile und Epochen nebeneinanderstehen, in den Armen des Meeres ...[11] Das Unsinnige hat Form angenommen, das auseinanderstrebende Vielfältige ruht letztlich in *einem* Traum. Seine ungewisse Gestalt hält mich – ein Paradoxon, das seinen Preis verlangt, vor allem in dem Augenblick, in dem ich nicht mehr drinnen erfaßt bin, sondern mich davon losmache, indem ich es sage – in gleicher Distanz zu meinen inneren Objekten und zu den Anforderungen einer Realität, die stets mehr oder weniger gemeinsame Sache mit dem Über-Ich gemacht hat. *Die Ungewißheit, die von den Träumen herkommt,* wie Caillois geschrieben hat.[12] Der Alptraum zerbricht den Traumzustand, weit mehr als das Erwachen, das jene süße und stechende Ungewißheit aufrechtzuerhalten weiß.

So würde ich heute den Ausspruch von Sacha Nacht verstehen: »Ein Traum ist schließlich nur ein Traum«, in dem mehr als einer ein Eingeständnis sah, an dem zu jener Zeit gut Anstoß zu nehmen

11 »*Bras de mer* ...«, homonym mit »*bras de mère* ...«, die Arme der Mutter. A. d. Ü.
12 Roger Caillois, *L'incertitude qui vient des rêves*, Paris 1956. A. d. Ü.

war. Sein Urheber hätte, merken wir das an, genausogut als Illusion die Übertragung zurückweisen können, die die psychische *Realität* aktualisiert; doch das Zwiespältige der Aussage ist damit nicht aus der Welt und hängt damit zusammen, daß sie nur für den Traum als Objekt gelten kann: Wie unmittelbar, nachdem er geträumt worden ist, man einen Traum auch erfaßt haben mag und wie groß auch immer die Einwirkung der Tagesreste gewesen sein mag, ein Traum ist gewiß niemals *aktuell*, und doch ist er imstande, das Verdrängte in einer mitunter ergreifenden Wiederbelebung zu *aktualisieren*. Nehmen wir an, daß die Beziehung, die wir mit ihm unterhalten, über seine Wirkungen entscheidet. Und doch bleibt bestehen, daß jeder Traum teilhat an der eigentlichen Absicht des Traumes überhaupt: die vollständige, lückenlose Befriedigung des Wunsches (infame Medi*kaster* ...), seine *Erfüllung*; es bleibt bestehen, daß jeder Traum eine »wahre« Halluzination liefert, die sich darin von der wahrhaftigen Halluzination unterscheidet, die für das Subjekt immer problematisch bleibt. Vielleicht wäre sogar die Wahrnehmung des Traums das Vorbild einer jeden Wahrnehmung: *mehr Wahrnehmung* als jede Wahrnehmung des Wachzustands.[13]

Verweilen wir einen Augenblick bei einer geläufigen Formulierung: »Ich habe letzte Nacht geträumt, aber es sind mir davon nur Reste geblieben.« Wir schenken dem kaum mehr Beachtung, wir warten auf das, was danach kommt ... Aber wir verstehen sie, auch wenn diese Formulierung nicht beharrlich wiederholt wird und die nachfolgende Traumerzählung sich nicht durch ihren besonders lückenhaften Charakter verrät, anders: nämlich als Anzeige der Beziehung, die das Subjekt zu seinem Objekt Traum in dem Moment aufrechtzuerhalten bemüht ist, wo es dieses einem Dritten zu sehen gibt. Also eine – sich auf eine Vorstellung von der analytischen Situation stützende – offensichtliche Bezugnahme auf den Ödipus: »Sie müssen

---

13 Es scheint mir, daß sich Merleau-Ponty bei seiner letzten Untersuchung davon hat leiten lassen, in der er ausdrücklich von *Traumwahrnehmung (perception onirique)* spricht. Vgl. »Anwesenheit, zwischen den Zeichen, Abwesenheit« in diesem Band.

nämlich wissen, daß ich, woran es für mich keinen Zweifel gibt, niemals diesem Traum, diesem Körper, den ich Sie erahnen lasse, entsprechen werde; es ist an Ihnen, ihn zu deuten, in ihn einzudringen; doch mein ist die ausgesuchte, da niemals erfüllte und immer aufrechterhaltene Lust, jene Ganzheit zu erahnen, die Sie niemals erfassen werden.« Meine Hypothese ginge dahin, daß jeder Traum als Objekt in der Analyse auf den mütterlichen Körper Bezug nimmt. Im angezeigten Beispiel untersagt es sich der Analysierte, ihn zu *kennen*; in anderen Fällen macht er davon Gebrauch und pervertiert ihn damit: die analytische Methode der Zerlegung in Elemente, um sich *stückweise* zum Herrn des Körpers des Traums zu machen, etc. Nicht im Inhalt des Traums, sondern in seiner »Verwertung« erweist sich die eigentliche Pathologie des Subjekts. Das Objekt Traum wird sekundär in eine orale, anale oder phallische Organisation einbezogen, ursprünglich jedoch ist der Traumvorgang an die Mutter gebunden: die Verschiedenheit der Szenarien, die in ihm zur Darstellung gelangen, und sogar die Skala an Bedeutungen, die er in der Kur bekleidet (Fäzes, Geschenk, Kunstwerk; »imaginäres Kind«; verborgener Schatz; »interessantes« Organ, Fetisch), werden auf der Grundlage dieser ausschließlichen Beziehung entfaltet. Träumen heißt zunächst versuchen, die unmögliche Vereinigung mit der Mutter aufrechtzuerhalten, eine ungeteilte Ganzheit zu bewahren, *sich in einem Raum vor aller Zeit zu bewegen.* Deshalb verlangen auch manche Patienten implizit, daß man ihren Träumen nicht zu nahe kommt, daß man nicht an den Körper des Traums rührt und ihn nicht zerreibt, daß man nicht die »Sachvorstellung« in »Wortvorstellungen« desartikuliert. Einer von ihnen sagte mir: »Dieser Traum gefällt mir mehr, als daß er mich interessiert. Es ist wie ein aus Stücken gemachtes Bild, eine Versammlung.«

Diese Analogie mit dem Bild führt uns zur Frage des Ortes. Der Ort – der Raum – des Traums ist nicht ohne Beziehung zu dem, was die Malerei zu umschreiben versucht, zum gemalten Bild. Man hat nicht hinreichend genug auf dem Primat des Visuellen im Traum bestanden: Der Traum ist das, was sichtbar macht, was dem unsichtbar gewordenen *déjà-vu* seinen Platz im Sichtbaren gibt.

Dieser Primat des Sichtbaren ist gerade von den neurophysiologischen Arbeiten über die paradoxale Phase experimentell bestätigt worden. Demnach entspräche der Traum im Verhältnis zum Tiefschlaf einer Wachperiode; und bezeugt würde dies von den schnellen Augenbewegungen, so als gäbe es für das träumende Subjekt etwas zu sehen. Hier gewinnt auch der Begriff der Traumleinwand – auch wenn uns die klinische Erfahrung, wie Lewin selbst betont, selten mit »bildlosen Träumen« [»blank dreams«] konfrontiert – seinen vollen Wert.[14] Aus Lewins Beobachtungen läßt sich zumindest schließen (der »bildlose Traum« ist diesbezüglich ein Grenzfall), daß jedes Traumbild auf eine Leinwand projiziert wird; wir würden lieber sagen: einen Raum voraussetzt, in dem die Darstellung vollzogen werden kann. Denn das Wichtige daran ist nicht, daß der Traum sich abspult wie ein Film (ein vom Träumer häufig getätigter Vergleich oder gar Lapsus); er kann genausogut die Form eines Dramas, eines Fortsetzungsromans oder eines Polyptychons annehmen. Doch ohne Leinwand kein Film; ohne Schauplatz, und sei dieser auch auf eine imaginäre Linie reduziert, kein Stück; und ohne Leinwand oder Rahmen kein Gemälde. Der Traum ist ein Rebus, mag sein; doch um den Rebus einzuschreiben, verlangen wir so etwas wie ein Blatt Papier; und um das Puzzle wieder zusammenzusetzen, einen winzigen Bogen Karton.

Freud hatte klar betont, daß einer der Mechanismen, denen die Traumarbeit unterworfen war, die *Rücksicht auf Darstellbarkeit*** war: Die »Traumgedanken« können im Traum nur anwesend sein, wenn sie sich in visuelle Bilder verwandeln; mit anderen Worten, um sich rechtmäßig auf der Leinwand des Traums eintragen zu dürfen, müssen die »Repräsentanten« des Wunsches visuell darstellbar sein; mit nochmals anderen Worten, *nicht das Unbewußte fordert, dargestellt zu werden*: es ist umgekehrt eine Forderung, der es vom Traum her unterworfen ist. Doch, soweit ich weiß, bekümmert Freud sich nicht um die Auswirkungen, die eine derartige zwingende Forderung mit sich bringt, namentlich die Aufwertung des Paares sichtbar-unsichtbar und des Paares Wunsch-Blick; er

14 Vgl. »Sleep, the Mouth, and the Dream Screen«, in: *Psychoanalytic Quarterly*, 15. Jg., 1946; vgl. auch vom selben Autor »Reconsideration of the Dream Screen«, in: *Psychoanalytic Quarterly*, 22. Jg., 1953.

befaßt sich gerade noch mit den Modifikationen, die das Abstrakte über sich ergehen lassen muß, um zum Konkreten zu werden.

Halten wir im Vorübergehen fest, daß es deshalb solange gedauert hat, bis sich die Maler aus eigenen Stücken – was im übrigen ebensosehr im Hinblick auf die Anforderungen der Malerei wie für den Ablauf des Traumvorgangs bestritten werden kann – dazu entschlossen haben, ihre Träume zu malen[15], weil eine sehr tiefe Homologie zwischen der Arbeit des Traums und der Arbeit des Malers besteht.

Vom Ort des Traums zu sprechen fordert als erstes dazu auf, folgenden Widerspruch zu denken: Einerseits sind die Verdichtungs- und Verschiebungseffekte, die Ersetzungs- und Verkehrungsspiele, die gesamte Funktionsweise des Primärvorgangs nicht allein der Traumarbeit vorbehalten, und man braucht daher, wie Freud anzeigt, »keine besondere symbolisierende Tätigkeit der Seele bei der Traumarbeit anzunehmen«[16]; andererseits vollzieht sich der Traum in einem spezifischen inneren Raum. Und wir wissen auch, daß es weitere Orte gibt, an denen sich der Trieb manifestiert, an denen *es* sich aussagt, ohne sich bildlich darzustellen: ein Diesseits der Darstellung – zweifellos das Feld des Todestriebs –, wenn der Trieb an »Repräsentanten« fixiert bleibt, die sich direkt im Zwangs*handeln* aktualisieren oder die das Schicksal *wiederholt*[17]; ein – problema-

---

15 Ich meine damit ihre nächtlichen Träume und nicht die in der »klassischen« Malerei häufig dargestellten Traumbilder irgendeines Kulturhelden oder Heiligen, denen beispielsweise ein prophetischer Status zukommt. Wenn das Anliegen, den Traum zu malen, insbesondere bei gewissen surrealistischen Malern, explizit wird, so hat das meinem Verständnis nach eine im Grunde polemische Zielrichtung: Es geht nicht darum, uns eine Traumwelt zurückzuerstatten, sondern die äußere »Realität«, die unter dem Deckmantel der Neutralität zwangsläufig ein tragendes Glied der Ideologie ist, zu untergraben. Indem sie die Gestalten und die Objekte des Traums als surreale, hypersensorielle Selbstverständlichkeit darstellt, zeigt die surrealistische Malerei das *Wenige an Realität* der angeblichen objektiven und funktionalen Selbstverständlichkeit auf. Der Status des Objekts steht in Frage, nicht der des Raumes.

16 *Die Traumdeutung*, in: *GW* II/III, S. 354.

17 »[...] daß sich der Wiederholungszwang [...] nicht mit der Wiederkehr des Verdrängten in der Form von Traumbildern begnügt«, schreibt Freud, wenn er, nach *Jenseits des Lustprinzips*, auf die Funktion des Traums zurückkommt (*GW* XIII, S. 311).

tischeres – Jenseits der Darstellung, worin das stets anwesende Triebhafte den offenen Raum des Werkes und der Handlung hervorbringt. Der Traum nimmt demgegenüber noch eine Mittelstellung ein. Wenn Freud angesichts der Frage nach einem Jenseits oder einem Diesseits des Lustprinzips auf die Frage der traumatischen Träume zurückkommt[18], erkennt er durchaus die Notwendigkeit vorweg erfüllter Bedingungen für die Ermöglichung des Traumes als Wunscherfüllung an: Der Fähigkeit zu träumen muß die »Lösung« einer anderen Aufgabe »vorangehen«. Die ganze Spekulation von *Jenseits des Lustprinzips* – eine Spekulation, die in Wirklichkeit der analytischen Erfahrung überaus nahe ist – dient letztlich dem Ziel, sie zu definieren. Belassen wir es fürs erste bei der Hypothese, derzufolge der Traum seine »Bindungs«funktion nicht erfüllen kann, bevor nicht eine Art »Vorbindung« hergestellt ist. Der Traumvorgang kann gemäß seiner eigenen Logik nicht funktionieren, solange nicht der Raum – das »psychische System« – des Traums als solcher gebildet ist.

18 Wir möchten die wesentlichen Passagen in Erinnerung rufen: »Nun zeigt das Traumleben der traumatischen Neurose den Charakter, daß es den Kranken immer wieder in die Situation seines Unfalles zurückführt, aus der er mit neuem Schrecken erwacht. *Darüber verwundert man sich viel zu wenig.* Man meint, es sei eben ein Beweis für die Stärke des Eindruckes, den das traumatische Erlebnis gemacht hat, daß es sich dem Kranken sogar im Schlaf immer wieder aufdrängt. [...] Allein es ist mir nicht bekannt, daß die an traumatischer Neurose Kranken den sich im Wachleben mit der Erinnerung an ihren Unfall beschäftigen. [...] Wenn man es als selbstverständlich hinnimmt, daß der nächtliche Traum sie wieder in die krankmachende Situation versetzt, so *verkennt man die Natur des Traumes.* [...] Sollen wir durch die Träume der Unfallsneurotiker nicht an der wunscherfüllenden Tendenz des Traumes irre werden, so bleibt uns etwa noch die Auskunft, bei diesem Zustand sei wie so vieles andere auch die *Traumfunktion erschüttert und von ihren Absichten abgelenkt worden* [...]«. (*GW* XIII, S. 10 f.; Hervorhebungen von mir – J.-B. P.)
Und weiter unten (S. 32 f.): »Wenn die Träume der Unfallsneurotiker die Kranken so regelmäßig in die Situation des Unfalles zurückführen, so dienen sie damit allerdings nicht der Wunscherfüllung, deren halluzinatorische Herbeiführung ihnen unter der Herrschaft des Lustprinzips zur Funktion geworden ist. Aber wir dürfen annehmen, daß sie sich dadurch einer anderen Aufgabe zur Verfügung stellen, deren Lösung vorangehen muß, ehe das Lustprinzip seine Herrschaft beginnen kann. [...] Gibt es ein ›Jenseits des Lustprinzips‹, *so ist es folgerichtig, auch für die wunscherfüllende Tendenz des Traumes eine Vorzeit zuzulassen.*« (Hervorhebungen von mir – J.-B. P.)

So wie man in einem gewissen Rückgriff auf die Realität eine Absicht erkennen kann, einen »reservierten Sektor«[19] außerhalb des Feldes der Übertragung aufrechtzuerhalten, so kann man auch die Aufwertung des Traumes in der Kur durch den Analytiker und durch den Analysierten für den Ausdruck einer Sorge halten, die dem Unbewußten Grenzen anweisen will – als könnte es irgendwo fest untergebracht werden –, eine Sorge, auf die der Traum in der Tat damit antwortet, daß er den Primär*vorgang* in eine *Form* einbeschreibt.

Der Traum als Objekt, der Traum als Raum: zwischen diesen beiden Dimensionen des Traums besteht eine enge Beziehung. In der Praxis wechseln wir unablässig von der einen zur anderen. Schematisch gesprochen, würde ich zwischen zwei Arten von Beziehung zum Traum als Objekt differenzieren, die zwei Typen einer spezifischen Abwehr gegen die Virtualitäten darstellen, die die Eröffnung des Traumraumes ergibt: die Manipulation des als Maschine verstandenen Traums, die Reduktion des Traums auf ein inneres Objekt. Ich werde absichtlich deskriptiv bleiben.

Nicht erst heute, obgleich sie heute vervielfacht auftauchen, treffen wir auf die Analysierten-santen[20], Experten in Kodierung und Dekodierung, Erfinder von Wortspielen, Träumen und Deutungen, die in Kombinatoriken aller Art beschlagen sind und noch den subtilsten Analytikern in der Kunst, den Signifikanten aus seiner Umhüllung zu schälen, sowie in der Begabung zur »De-konstruktion« etwas vormachen können. Widerstand, wird es heißen, worin man eigentlich einen modernen Abkömmling des seit langem bekannten »intellektuellen Widerstands« zu sehen hat, den man unter der offensichtlichen, den Affekt negierenden Vergeistigung in einer aggressiven Übertragung situieren muß, die darauf hinzielt, jede Deutung durch den Analytiker kurzzuschließen, sie von vornherein abzuweisen oder sie in den breiten Fächer der möglichen

19 Der Ausdruck, wenngleich in einem anderen Kontext verwandt, stammt von Conrad Stein.
20 Ich schulde dieses Fundstück einem meiner Analysanten-sierten.

Deutungen aufzunehmen. Man könnte in dieser *Vergeistigung*, die von der Intellektualisierung zu unterscheiden ist, das umgekehrte Äquivalent zur *Konversion* sehen: der »geheimnisvolle Sprung« ginge hier nun vom Psychischen ins Geistige. Es gäbe also Widerstand. Mag sein. Doch Widerstand wogegen? Gegen den *Sinn*? Um das zu vertreten, müßte man sich auf das berufen, was jenen Patienten offensichtlich zu fehlen scheint: auf die Erfahrung – *das Empfinden* – des Traums. Es kommt vor, daß der Respekt vor dem Text des Traums zur Ausstreichung des Unterschieds zwischen den schriftlich aufgezeichneten (oder vor der Sitzung rememorierten) Träumen und den in der Sitzung wiedergefundenen Träumen, zwischen den vor der Sitzung und während der Sitzung verfertigten Träumen führt. Folgt man nun den Analysierten auf dem Weg einer Deutung des Inhalts ihrer Träume, so ist klar, daß man nichts anderes erreicht als ein Verhältnis vergnügter Konkurrenz in gedanklichem Akrobatentum. Man fragt sich mitunter, wenn man sie so reden hört, ob sie wirklich ihre Träume erlebt haben oder ob sie sie von vornherein als Träume geträumt haben und sie letztlich geträumt haben, um sie mitzuteilen ...

»[...] die Verwertung in der Analyse ist eine Absicht, die dem Traume ursprünglich ganz ferne liegt«, das hat Freud noch in seinen *Bemerkungen zur Theorie und Praxis der Traumdeutung* schreiben können. Eine treffliche und tiefschürfende Bemerkung, mit der ein Licht auf die »Verantwortlichkeit« der Analyse in dieser *Pervertierung* des Traums, auf die ich gerade angespielt habe, geworfen wird. Denn um eine Pervertierung handelt es sich in der Tat: durch Manipulation, durch einen Zugriff, der ihn in Elemente zerlegt, sich zum Herrn des Traums als Objekt und den Analytiker-Zeugen zum Komplizen der eigenen Lust zu machen, erinnert das nicht an den sexuell Perversen, der den Körper des anderen als eine Wunschmaschine für das eigene Phantasma behandelt? Kann der Wunsch eine Erfüllung finden, kann eine Deutung eine Befriedigung erbringen? Ein Patient dieses Typs wird *Traum auf Traum* beibringen, wobei er Bilder und Worte unablässig manipuliert; der Traum wird ihn immer weiter von einer Erkenntnis seiner selbst entfernen, selbst wenn er diese darin mittels Selbstdeutung zu erreichen beansprucht. Im Echo auf eine kürzlich von Masud Khan

38

geprägte Formulierung[21] würde ich sagen, daß er *sich* seine eigenen Träume *stiehlt*. Denn der Traum ändert sich mit der Analyse und ändert sich mit unserer Kultur. Man braucht zum Beispiel nur einige Traumerzählungen von Victor Hugo in *Choses vues* zu lesen. Obgleich sie sehr stark von, wie wir sagen würden, sekundären Bearbeitungen gezeichnet sind, bleiben sie für ihn und für uns *Geschehnisse der Nacht*, die mit den Geschehnissen des Tages in eigenartiger Resonanz stehen. In einem bestimmten Sinne hat die Psychoanalyse der Beredtheit des Traumlebens den Strick gedreht.

Aus dem Traum ein Objekt der Manipulation und des heimlichen Einverständnisses zu machen (dieser Gebrauch ist selbstverständlich nicht das Monopol des als solchen erkannten Perversen) ist dabei die eine Seite der Beziehung zum Traum als Objekt. Ich habe sie in groben, fast karikaturhaften Zügen skizziert, weil ich glaube, daß es sich dabei um einen durch unsere Praxis unzureichend wahrgenommenen Bereich handelt. Die andere Seite werde ich in jenen Träumen finden, mit denen der Erzähler, wie es scheint, die darin erfaßte Lust verlängern will, obgleich er nur wenig Interesse für den eigentlichen Inhalt des Traums bezeigt. In dem Maße, wie die Hervorbringung von Träumen und vor allem ihre Wiedererinnerung eines der (nicht selten beobachteten) Symptome der Analyse ist, muß man seine Erwartung auf das richten, was der Analysierte daraus an primärem und sekundärem Gewinn zieht. Es ist daher wichtig, daß man erfaßt, welcher Aspekt der Traumaktivität sich so als aufgewertet, besetzt, ja erotisiert erweist. Das kann der Traum als solcher als Darstellung eines *Anderswo*, als Garant eines beständigen *Doubles* sein oder die Inszenierung, das »private Theater« mit seiner ständigen Permutation von Rollen, die es gestattet, nicht eine davon zu übernehmen; das kann – und das ergibt nun noch mehr Zugriffsmöglichkeiten für die Deutung – einer der Mechanismen des Traums sein. Welchen man auch heranzieht, bei seinem Funktionieren kann man, wie der Schriftsteller bei seinen

---

21 *Pornography is the stealer of dreams*, in: Masud Khan, »Pornography or the Politics of Subversion and Rage«, in: *Times Literary Supplement*, Januar 1972; dt. »Pornographie (ist) ein Dieb der Träume«, in: Masud Khan, *Entfremdung bei Perversionen*, Frankfurt am Main 1983, S. 319.

Schreibprozeduren, auf seine Kosten kommen: die Verdichtung, die in einem einzigen Bild Eindrücke zusammenzieht, die aus vielfältigen oder widersprüchlichen Registern stammen, befriedigt unseren Wunsch, die radikale Differenz zu negieren; der Symbolisierungszwang, auf den Groddeck so großen Wert legte, darin bestehend, endlos neue Bindungen herzustellen und dadurch nichts zu verlieren. Die Verschiebung scheint mir einen besonderen Wert zu haben, bietet sie doch dem Analysierten die Möglichkeit, sich niemals an einem festen Punkt aufzuhalten, sondern sich als ungreifbarer, mit der übernommenen Perspektive variierender Fluchtpunkt anzuzeigen, der stets an einem anderen Platz und somit imstande ist, »seinen Kopf aus der Schlinge zu ziehen«. Das Subjekt identifiziert sich mit der Verschiebung wie mit einem Phallus, der »überall und nirgends« wäre: eher Nulliquität als Ubiquität.[22] Diese spezifische Beziehung zum Traum als Objekt ist für den Analytiker häufig daran zu erkennen, daß er sich in eine Zuschauerposition verwiesen fühlt (Zuschauer bei Träumen, die nicht seine eigenen sind); der eventuelle Reichtum an »Einfällen« zielt in Wirklichkeit darauf ab, ihn auszuschließen, ihn daran zu erinnern, daß der Traum nicht *geteilt* werden kann. Der Raum des Traums ist hierbei ein *Territorium*, in dem Sinne, wie die Verhaltensforschung es bei Tieren definiert. Der Traum ist hierbei ein *inneres Objekt*, das der Träumer sich bewahrt, als könnte er den dem geträumten Traum zugrundeliegenden Solipsismus zu seinem eigenen Vorteil umdrehen: Es ist sein Ding, es gehört ihm, und so verschiebt er seine assoziativen Steinchen rund um ihn herum, nicht um eine Spur zu markieren, sondern um sein Territorium abzugrenzen, sich seiner Zugehörigkeit zu versichern; weshalb auch die Deutung, sogar wenn nach ihr verlangt wird, sogleich ihre Einkapselung erfährt, ohne den geringsten Unterbrechungseffekt hervorzurufen. Der Traumvorgang schließlich wird von seiner Hauptfunktion – den Wunsch wiederauferstehen zu lassen oder hervorzubringen – abgelenkt, um als Ziel an sich ergriffen zu werden. Der Träumer bindet sich an seine Träume, um nicht abgetrieben zu werden, und findet entsprechend in dem beständigen und

22 Vgl. »Das ungreifbare Zwischen« in diesem Band.

stabilen Objekt, das für ihn der Analytiker ist, den »toten Körper«, der ihm seine Verankerung verbürgt.

Man wird dagegen abermals mit gutem Recht einwenden kön-nen, daß eine solche Haltung ohne weiteres in der Form von Wi-derstand und Übertragung beschrieben werden könne. Doch ließe man sich in dem Falle etwas entgehen, das der Ordnung der Lust und der Furcht zugehört: die libidinöse Ökonomie, wie man sie in der Arbeit dieses Traums und in der Beziehung zu diesem Traum innig verbunden wahrnehmen kann. Die Deutung trifft, wenn sich in dieser Beziehung ein Wunsch und eine Furcht aktualisieren, wel-che eben diejenigen verdoppeln, die im Verlauf des Traumes bild-lich dargestellt wurden.

Setzt man damit, daß man eine *Perversion* des Traums oder seine *Reduktion* auf ein inneres Objekt ins Spiel bringt, nicht voraus, daß es eine wahre *Natur* des Traums gibt, daß er seine eigene Zweckmäßigkeit hat und daß er über Virtualitäten verfügt, die zu entwickeln eine der Absichten der Kur wäre? Zeigen wir uns also fürs erste empfänglich für das, was in einer solchen Sprache an Normativem enthalten sein kann.[23]

Man ist, wenn man Winnicott liest, überrascht darüber, wie er sich den Traum *kommen läßt*, so als würde er ihn mit dem Angel-haken aufnehmen.[24] Die Vorgehensweise ist um so bedeutsamer, als man den Widerwillen des Autors kennt, Deutungen vorzulegen – für ihn ist das ein Euphemismus für aufdrängen –, die symboli-sche Bezüge tragen, bei denen stets die Gefahr besteht, daß der Patient die Gelegenheit ergreift, sein *falsches Selbst* zu stärken, und deshalb sich ihnen unterwirft. Dieser Vorbehalt ist über die gesam-ten *Therapeutic Consultations* hinweg spürbar; er geht bis hin zu einem Mißtrauen gegenüber dem »Phantastischen«, ein Miß-trauen, das mit der Aufmerksamkeit und Beachtung kontrastiert,

---

23 Ein bereits zitierter Satz von Freud bestätigt uns in dieser Position: »[...] bei die-sem Zustand sei [...] die *Traumfunktion* [...] *von ihren Absichten abgelenkt wor-den* [...].«

24 Das Bild stammt von ihm selbst: »I now began to fish around for dreams.« Vgl. Donald W. Winnicott, *Therapeutic Consultations in Child Psychiatry*, London 1971, S. 202; dt. *Die therapeutische Arbeit mit Kindern*, München 1973, S. 170.

die auf das »wahre« Traummaterial verwandt werden.[25] Doch weniger der *Sinn* des Konflikts, der im übrigen an anderer Stelle ans Licht kommt – mitunter sogar im Verhalten des Kindes im Verlauf des Gesprächs –, wird hier im Traum zu erforschen gesucht als die vom Traum bezeugte *Fähigkeit*[26]; und nicht das analysierbare und manipulierbare Objekt erfährt so seine Wertschätzung, sondern die Eröffnung eines Raumes, in einem entscheidenden Moment des Beratungsgesprächs, in dem das Kind seine Bereitschaft bekundet, sich *mit* seinem Therapeuten in diesen hinein vorzuwagen. Die Technik[27] ist der Konzeption der Übergangsphänomene angelehnt: dem *Squiggle*-Spiel – bei dem Winnicott mit Nachdruck darauf besteht, daß es kein Selbstzweck sei – kommt die Bestimmung zu, eben durch das zwischen dem Draußen und dem Drinnen und zwischen den beiden Protagonisten eingeleitete *Spiel* den Aufbau eines virtuellen Raums zu begünstigen, *in dem der Traum als Übergangsobjekt*, als ein zwischen Ich und Nicht-Ich schwankendes Objekt *(fluctuat nec mergitur …), ankommen kann.*

Verfolgte man die Analogie bis an ihr Ende, so brächte sie uns zu unserer Ausgangshypothese zurück. Wie nah sie sich sind, dieses kleine Kind, das an einem Zipfel der Bettdecke saugen *muß*, um einschlafen zu können, und jener Erwachsene, der träumen *muß*, um weiterschlafen zu können! Man versichert uns, daß beide krank oder verrückt würden, nähme man ihnen dieses kleine, quasi nicht wahrnehmbare Ding weg: jene Wollreste, jene Traumreste … Sie ertragen nicht, von dem getrennt zu sein, was ihnen eine Verbindung mit der im gleichen Zug in die Abwesenheit entschwindenden Mutter ermöglicht: Des Übergangstraums beraubt, verfielen sie in jene Einsamkeit, die einen dem anderen

25 Ebd., S. 282; dt. S. 236.
26 »Eines der Ziele dieses Spiels [Squiggle] ist es, das Kind in seiner Phantasie und in seinen Träumen zu erreichen. […] Ein Traum kann in der Therapie genutzt werden, da die Tatsache, daß er geträumt, erinnert und berichtet wird, anzeigt, daß sich das Traummaterial und die dazugehörigen Ängste und Erregungen im Bereich der Fähigkeit des Kindes befinden«, ebd., S. 115; dt. S. 99 [Übersetzung leicht verändert – A. d. Ü.].
27 Sofern man dieses Wort noch verwenden kann, da der Winnicott eigene Stil der Mitteilung – wie alles, was in der Psychoanalyse zählt – außerhalb einer geteilten Erfahrung nur in geringem Maße übermittelbar ist.

ausliefert und die Fähigkeit nimmt, in Gegenwart eines anderen Menschen allein zu sein.[28] »Es sind mir nur Reste geblieben«; doch unter der Klage erkennen wir den Glauben: je weniger davon bleibt, desto mehr gehört die Macht, das Objekt heraufzubeschwören, mir. Ich habe alles, was ich brauche, denn ich habe, was mir fehlt.

Nähern wir uns nun der Leinwand des Traums. Lewin bringt sie in Zusammenhang mit dem Wunsch zu schlafen, dessen Urbild der Schlaf des gesättigten Säuglings ist; die weiße, von sichtbaren Bildern freie Leinwand wird mit der Brust identifiziert. Das Visuelle ist der Beitrag anderer Wünsche, die darauf aus sind, den Schlaf zu stören; sie bilden den Traum.

Diese Unterscheidung von Schlaf und Traum ist sicherlich bei Freud vorhanden und findet auch Verwendung; doch dazu, sie als *Opposition* zu definieren, reicht es nicht. Bekanntlich ist das bei den neurophysiologischen Forschungen« der Fall [29]; auch die Arbeit von Lewin führt nach meinem Verständnis dahin, sobald einmal das Zwiespältige erkannt ist, das darin enthalten ist und das an der Ambiguität der Befriedigungserfahrung als solcher liegt – gleichzeitig ein orales Gesättigtsein, die Stillung eines Hungers, eines Dursts, aber auch ein Dürsten – weniger danach, den *Zustand* der Stillung des Bedürfnisses als vielmehr den Gesamtvorgang wiederzufinden. Diesen Vorgang, der durchgehend Angst und Erregung mit sich bringt, sucht der Träumer, während der Schlaf in der Auflösung der Spannung Befriedigung findet.

Ziel des Traums wäre demnach die Beständigkeit, das In-der-Schwebe-Bleiben des Wunsches und nicht die erfüllte Befriedigung; das Objekt des Wunsches wäre hierbei *der Wunsch selbst*, während

28 Vgl. Winnicott, »The capacity to be alone« (1958); dt. »Die Fähigkeit zum Alleinsein«, in: *Reifungsprozesse und fördernde Umwelt*, Frankfurt am Main 1984, S. 36–46.
29 Vgl. insbesondere William C. Dements These: »Es scheint mir legitim, den langsamen Schlaf und den paradoxen Schlaf als zwei völlig verschiedene Zustände zu betrachten, deren jeder über seinen spezifischen Mechanismus oder seine Mechanismen verfügt. Ich würde sogar soweit gehen und in Erwägung ziehen, die Zusammenführung dieser beiden Zustände unter der gemeinsamen Rubrik Schlaf in Frage zu stellen« (zitiert nach R. Radoun in seinem Buch über *Róheim*, Paris 1972, S. 237).

das Objekt des Wunsches zu schlafen das Absolute, der Nullpunkt der Sättigung ist.

Die Traumleinwand wäre folglich nicht nur als Projektionsfläche [surface de projection] zu verstehen; sie ist zudem eine Schutzschicht [surface de protection], sie stellt eine Abschirmung dar. Für den, der schläft, wird die Leinwand zu dem winzigen Häutchen, das ihn vor einem Zuviel an Erregungen, vor dem zerstörerischen Trauma sichert. Wie soll man hierbei nicht an den *Reizschutz* * denken, jene schützende Membran, die Freud in der Metapher des lebenden Bläschens zur Hypothese macht?[30] Doch während der Reizschutz vor dem Draußen schützt, schützt die Traumleinwand vor dem Drinnen. Das »Biologische« und das »Kulturelle« überkreuzen sich hier. Die Barriere vor dem Todestrieb ist auch die Barriere vor dem mit der Mutter vollzogenen Inzest, einem Inzest, der Genuß und Schrecken, Eindringen und Verschlingen, den gebärenden Körper und den versteinerten Körper vereint.

Wir verstehen nun besser, warum die *Bindung* * des Traums von dem abhängt, was sich bildlich darstellen läßt. Was ich sehen kann, was ich mir vorstellen kann, ist bereits das, was ich auf Distanz halten kann: die Vernichtung, die Auflösung des Subjekts wird auf diese Weise abgewendet. Der Nabel des »Sichtbaren-Sehenden« ist der Traum: Ich kann meinen Traum sehen, und ich kann durch ihn sehen. Wie man weiß, läßt sich der Tod nicht ins Gesicht sehen. Der Alptraum zeigt das Umschlagen an.[31] Ich spüre nun, wie in mein Reich eingedrungen wird (die Inkuben), ich bin nirgendwo mehr zu Hause – man stiehlt mir am Ende gar die Möglichkeit, in meinem »Hinterland« umherzuschweifen –, sondern bin, an Füßen und Händen gebunden, jenen Mächten ausgeliefert, die, *eben weil allmächtig*, zwangsläufig bösartig und todbringend sind.

Der Gegensatz zwischen Schlaf und Traum – oder, wenn man so

---

30 Vgl. *Jenseits des Lustprinzips*, Kap. IV.

31 Vgl. die kluge vertrauliche Bemerkung eines der von Winnicott betreuten Kinder zu einem seiner »schrecklichen« Hexenträume: »›Es ist schwierig, über diese Träume zu reden, weil ich immer aufwache, wenn es schrecklich wird.‹ Er fügte hinzu: ›Manchmal würde ich gerne weiterträumen und herausfinden, was das Schreckliche war.‹« (*Therapeutic Consultations in Child Psychiatry*, S. 120; dt. S. 104.)

will, zwischen Nirwanaprinzip und Lustprinzip – hat selbstverständlich nichts Absolutes an sich: Der Wunsch zu schlafen und der Wunsch zu träumen sind durchlässig füreinander. Etwas vom Wunsch zu schlafen schleicht sich gar in den Ablauf des Traumvorgangs ein, wenn dieser der Regression in ihren verschiedenen Formen überlassen ist; und das Objekt des Wunsches zu schlafen – die Rückkehr zu den Anfängen – ist bestrebt, die Gestalten des Wunsches zu träumen in sich aufzunehmen. Umgekehrt färben und verändern unsere Träume unseren gesamten Schlaf. Man könnte gar eine Art Ausgleich annehmen: Wenn der Wunsch zu schlafen über das Bedürfnis zu schlafen obsiegt, dann verwandelt sich der Wunsch zu träumen in ein Bedürfnis zu träumen. Und weiter: Solange der Konflikt unablässig auf dem Schauplatz der Welt *ausagiert* wird, ist uns der Zutritt zum Schauplatz des Traums versagt. Der »reale« Raum nimmt den gesamten Platz ein. Unsere libidinös besetzten Objekte nehmen die Interessen des Ichs und die sexuellen Triebe in Beschlag, werfen sie durcheinander und versetzen so unsere gesamte Energie in Bewegung. Der Schlaf dient somit vor allem der Wiederherstellung, wobei dieser allgemein gebräuchliche Ausdruck hier im Kleinschen Sinne der Wiederaufrichtung des Narzißmus, der Wiederherstellung des durch den zerstörerischen Haß zerstückelten inneren Objekts verstanden werden muß. Die Bedingung für die Arbeit des Traums: Das Ich muß »wiederhergestellt« werden.[32]

Eine letzte Frage: Wenn der Traum seinem Wesen nach mütterlich ist, ist seine Deutung dann nicht von der Position her väterlich? Diese Frage wird häufig vermieden, wir haben es gesehen, von Anfang an zurückgewiesen, so, als bekomme man gesagt: »Schweig, du wirst es noch dahin bringen, daß ich meinen Traum verliere, daß er verschwinden wird.« Und wahr ist, daß jede Deutung eine »symbolische Verletzung« ist, aber wahr ist auch, daß sie als solche gewünscht sein kann: Sie hält per definitionem das Unnennbare auf Entfernung; doch zugleich streicht sie auch das Sichtbare aus:

---

32 Vgl. wiederum die neurophysiologischen Arbeiten: die Tiefschlafphase, die der paradoxalen Phase vorausgeht.

»Mein Traum wird verschwinden.« Väterlich darin, daß sie selbst da, wo sie sich als anspielungsreich versteht, im Verhältnis zur Polyvalenz der Bilder sinnreduzierend wirkt: Sie führt ein Gesetz des Unsinnigen und sie führt ein Gesetz ins Unsinnige ein; und am Ende wird im sexuellen Sinne das Sprechen des Analytikers in den – ebenfalls eindringenden – Körper des Traums eindringen. So läßt sich denn auch im Bereich der Deutung des Traums die Macht des Analytikers bestens lokalisieren: Auf die imaginäre Stärke des Traums antwortet, um dessen Platz einzunehmen, die Macht der Sprache. Ein Mord, wenn man so will, mit Sicherheit aber eine Substitution. Doch diese Substitution ist schon im Gang, bevor es eine verbale Deutung gibt: Der Traum selbst ist bereits Deutung, Übersetzung, und das, was er bildlich darstellt, ist bereits eingeschrieben und vereinnahmt.

Der geträumte Traum gibt uns die Illusion, jenen mythischen Ort wiedererreichen zu können, an dem nichts getrennt wäre: wo das Reale imaginär und das Imaginäre real wäre, wo das Wort Ding wäre, der Körper Seele und gleichzeitig Schoß-Körper und Phallus-Körper, wo die Gegenwart Zukunft ist, der Blick Sprechen, die Liebe Nahrung, die Haut Fleisch, die Tiefe Oberfläche – doch das alles in einem *narzißtischen Raum*. Wäre so der Wunsch, in den Traum einzudringen, nicht Antwort auf die schuldbewußte Furcht, daß der Traum in uns eindringt, eine – geglückte – Abwehr, gerichtet gegen den Alptraum? Das Grundwasser des Traumes jedoch dringt in uns nicht ein; es *trägt* uns. Ihm verdanken wir es, daß wir im endlos erneuerten Zyklus, in der wechselseitigen Durchdringung des Tages und der Nacht eine *Oberfläche bilden*: Schattenmund in der Höhlung des Tages, sich kreuzende Lichtbündel in der Nacht, in denen unsere Tage und unsere Nächte über Kreuz geführt werden bis eben zu jenem Augenblick, den die Menschheit stets zum Schein den letzten Schlaf genannt hat, wo doch in Wahrheit vom ersten Schlaf sie träumt.

2. Träumemacher

*Trennt der Geist sich von den Dingen, so trennt sich in
derselben Zeit der Körper von anderen Körpern. Seine
Versteifung isoliert ihn und verdeckt das Gesicht mit der
muskelbeherrschenden Maske der Ironie.*

René Daumal

QUELLEN

Ebenso wie ein Traum hat ein Text seine »Tagesreste«. Ich habe
einige davon angezeigt: Sie waren die Auslöser für jene gerade ge-
lesenen Seiten, disparate Quellen nach Art dieser kleinen Nichtig-
keiten, deren sich der Traumwunsch bemächtigt, um sich ins Werk
zu setzen, dort in der visuellen Abfolge der Bilder, hier in der Syntax der Worte: das durch ein noch nicht lange zurückliegendes Kolloquium belebte Gefühl, daß in der ihm eigenen Kraft, das Unbe-
kannte offenzulegen, der Traum der Gefahr unterliege, durch die
Analyse »pervertiert« zu werden, daß er weder vom Analysierten
noch vom Analytiker so empfangen würde wie damals, als er in das
Reich der Sprache eintrat; der häufige Umgang mit den *Choses
vues*, in denen der Tag unablässig vom Traum der Nacht durchquert, von »Nachtresten«[33] infiltriert wird. Man hat das bei Victor
Hugo finden können; freilich noch weit offensichtlicher zeigt sich
das bei Nerval, bei Baudelaire oder einem deutschen Romantiker,
doch schon weniger eindeutig bei den Surrealisten, die davon überzeugt sind, daß der Traum ein Text ist, und begierig, daraus im umgekehrten Sinne mit dem Schreiben des »Traum-Textes« Profit zu
schlagen; ein Traum ist nun nichts von einem Sehenden Gesehenes
[chose vue] mehr, sondern etwas, das es zu lesen, das es zu malen
gilt. Doch erst Bachelard hat dann, angesichts des Terrorismus der
Deutungen, einer Überdeutlichkeit des Symbolischen und ebenso
unbescheidenen Bemächtigung des Realen, wieder das »Recht zu
träumen«[34] geltend gemacht. Der beharrlichste Tagesrest ging frei-

33 Der Ausdruck stammt von Jean Guillaumin.
34 So der einem seiner posthum (1971) erschienenen Bücher gegebene Titel.

lich nicht aus dem zum Träumen Anlaß gebenden Raum einer Lektüre hervor; er kam, wiederholt, aus einem analytischen Raum, in dem ich nur einen äußerst reduzierten Platz einnahm. Zwei meiner damaligen Analysierten brachten mich in Verwirrung: Sie kamen beide mit zahlreichen Träumen an, Träumen, so reich in der Dramatisierung, und doch fielen die Assoziationen häufig ganz kümmerlich aus ... Woran es lag? Schwer zu ergründen. Fest steht für mich nur, daß die Mechanismen, auf die man sich bei einer derartigen Konstellation mit gutem Grund berufen konnte – sekundäre Bearbeitung, Intellektualisierung, Annullierung oder Vermeidung der Affekte durch eine unmittelbare Anstrengung, ihrer Herr zu werden –, dem von mir beobachteten Phänomen anscheinend nicht so ganz gerecht wurden.

Pierres Träume gehörten zu denjenigen, bei denen man den Wunsch verspürte, sie sofort aufs Papier bringen zu können. Es verhielt sich mit ihnen so, daß sie nirgendwo niedergelegt waren, daß sie noch nicht ihre Heimstatt gefunden hatten, ein weiteres Zeichen dafür, daß sie für niemanden bestimmt waren: weder für den Träumer, der, statt von ihrem Hervorkommen ergriffen zu sein, sich damit zufriedengab, sie aufs genaueste nachzusagen, noch für den Zuhörer, der dabei, weil er sich von ihnen nicht angesprochen fühlte, nur einen klangvollen Hintergrund wahrnahm: gerade erst hervorgebracht und schon in Schatullen verpackt. Was also anderes tun als abzuwarten, bis die Traummaschine aus dem Tritt kommt? Doch was dann, wenn es sich um ein *perpetuum mobile* oder einen unbewegten Beweger handeln sollte? Doch fand sich sehr wohl ein Wunsch *in actu* darin, ein Wunsch jedoch, der den Traum selbst zum Objekt gemacht hatte: Die Handlung, das Hervorbringen des Traums, seine Aufzeichnung und seine Wiederholung in der Sitzung brachten offenkundig die Befriedigung. Somit war der Traum ein manipulierbares Objekt.

Was Claude, den anderen Patienten, angeht, so waren seine Traumerzählungen weniger abwehrend, weniger konstruiert, und seine Träume eher imstande, in ihrem Ablauf oder beim Erwachen einen Affekt auszulösen. Darüber hinaus kamen die Assoziationen in großer Zahl; sie ließen sich gar nicht mehr zählen: Claude, auf der Couch bewegungslos erstarrt, war tatsächlich ohne Unterlaß in

Verschiebung begriffen, doch nicht, um einen anderen Platz zu erreichen, denn jeder Ankunftspunkt – ein Tagesrest, ein Traumelement, ein Wort, eine Kindheitserinnerung – schlug in einem ziellosen Kreisen sofort wieder in einen Ausgangspunkt um. Bei Pierre hätte ich einen Vermessungstechniker gebraucht, um mich in der komplizierten Architektur seiner Träume zurechtzufinden, bei Claude hingegen einen Eisenbahningenieur: verzweigte Netze, Überkreuzung von Linien, vielfältige Weichenstellungen, Schnellzüge und Omnibusse. Doch die in einem Fall wie diesem sozusagen ideale Praxis der assoziierenden Methode führte nur dazu, daß es mir nicht mehr gelingen wollte, ihr Gegenstück: eine »gleichschwebende Aufmerksamkeit« einzuhalten. Entweder war ich über alle Maßen wachsam, oder ich driftete aus der Schwebe heraus in eigene Bahnen ab. Eine Traumdeutung zu beginnen war nun genauso wirkungslos, als wollte man auf den Gang eines Buster Keaton dadurch einwirken, daß man den Hinweispfeil in eine andere Richtung weisen läßt: Es braucht mehr, um ihn anzuhalten; er ist schon längst weitergelaufen. Ist mitunter nicht der Traum das sicherste Mittel, den Zugang zum Nabel des Traums zu unterbinden, in dem sich die Bindung des Kindes an seine Mutter verewigt?

Doch nicht nur unsere Patienten bringen uns in Verwirrung. Es gibt da auch noch unsere Kollegen. Zwei unter den Psychoanalytikern verbreitete Verhaltensweisen haben mich immer wieder überrascht.

Zunächst das leidenschaftliche Interesse, das den Träumen entgegengebracht wird, die man Freud hat zuschreiben können. Wird es für die unglückliche Irma jemals ein Ende haben mit den Sinn»injektionen«, die ihr immer wieder aufs neue verabreicht werden?[35] D. Anzieu scheint mir die beste Begründung für dieses Interesse in seinem jüngsten Unterfangen geliefert zu haben, dessen hauptsächliche Absicht nicht die ist, Freud zu »analysieren«, sondern die psychischen Vorgänge zu bestimmen, die die Voraus-

---

35 Der Traum von »Irmas Injektion«, der als der vorbildliche erste Traum angesehen wird, ist der Traum, der zum Gegenstand der meisten, immer raffinierter werdenden Kommentare geworden ist.

setzung für eine Entdeckung darstellen.[36] Dennoch bleibt es in meinen Augen ein Paradox. Denn Freud läßt uns kaum an seine Träume und von dort aus an seine infantilen Wünsche herankommen; er eröffnet Bahnen, die niemals auf einen zentralen Punkt hin konvergieren; und was er dann schließlich – und mit wieviel Vorbedacht ... – von dem *Wunsch* * erkennen läßt, der den Traum durchquert, scheint mir niemals über die Ketten vorbewußter Vorstellungen hinauszugehen. Das »Unbewußte Freuds« sehe ich weit mehr in Texten wie *Das Unheimliche, Das Motiv der Kästchenwahl* und *Eine Erinnerungsstörung auf der Akropolis* oder eben in einer im wesentlichen »spekulativen« Arbeit wie *Jenseits des Lustprinzips* bezeugt als in der *Traumdeutung* *. Wirkung einer Zensur (gar einer gewollten, von Freud unter dem Deckmantel notwendiger Diskretion eingestandenen Zensur) oder Grenzen der assoziativen Methode? Zweifellos beides. Doch meinem Verständnis nach ist auch die Kehrseite der Freudschen Entschlossenheit, der von ihm so rigoros beibehaltenen Entschlossenheit zum *Analysieren* wahrnehmbar, da, wo er es mit der Lust zu tun bekommt. Denn die Lust am den Blick schärfenden Sezieren wird in dieser unvergleichlichen Lehrstunde in der Anatomie des Wunsches, welche die *Traumdeutung* * ist, immer wieder wachgerufen. Das Unbewußte ist dabei nicht das Dämonische; das Triebhafte wird dabei zugunsten des darin Bedeuteten und des darin Vorgestellten ausgeschlossen; zumindest wird es ihm assimiliert. Grenzen schließlich einer Topik der Orte des Gedächtnisses. So kommt es, daß in der *Traumdeutung* * das Unbewußte in der Traumarbeit seine Anerkennung erfährt. In der Traumarbeit, und zwar eben nicht in den Schlüsselvorstellungen, sondern in den Umwandlungen, die die Vorstellungen erfahren, in den Spuren, die sie hinterlassen und denen der Analytiker nachgeht und wieder nachgeht, um das Wild besser einzukreisen.

Ich komme auf die Faszination zurück, welche die Träume

36 D. Anzieu, *L'Auto-analyse de Freud et la découverte de la psychanalyse*, 2 Bde., Paris 1975; dt. (Übersetzung der dritten Fassung von 1988) *Freuds Selbstanalyse und die Entdeckung der Psychoanalyse*, 2 Bde., Stuttgart 1990. Dieses Werk nimmt die Ausgangsthese des Autors von 1957 (veröffentlicht 1959) wieder auf und entwickelt sie, Freud ins Zentrum stellend, weiter.

Freuds, der Korpus ihres Textes auf nicht wenige ausgeübt haben. Ein unablässig inspizierter, begutachteter, sezierter, zerstückelter und wieder zusammengefügter Korpus oder Körper – doch stets fehlt noch ein kleines Stück! Daher die Hypothese, mit der ich mich bedenkenlos vorgewagt habe: Wenn der Korpus der Träume Freuds uns an diesem Punkt berührt, so weil er ein verschobener mütterlicher Körper ist.[37] Eine Sublimierung unbestritten, bei der Schau- und Wißtrieb in einem Spiel von Vorstellungen befriedigt werden, und das um so mehr, als dieses Spiel auch demjenigen, der ihm ausgeliefert ist, mehr ausgeliefert [livré] ist, als daß er sich ihm hingibt [s'y livre], die Spielregel überläßt. Die aufeinanderfolgenden Sinnschichten sind in gleichem Maße körperliche Hüllen. Das Eindringen des Geistes ist ein sexuelles Eindringen. So daß die Sublimierung ihre perversen Ursprünge eingesteht und zum »Versteck«-Spiel oder zum »Wer verliert, gewinnt« wird: ein Schleier wird nur weggezogen, weil eine andere Verhüllung an seine Stelle tritt. Wie ein Zug, so kann auch ein Signifikant stets einen anderen verdecken ...

Die zweite Verhaltensweise, die mich bei Analytikern überrascht, ist die, wie sie öffentlich den Traum eines Analysierten mitteilen und, mehr noch, auf welche Weise ihnen aus dem Auditorium Antwort zuteil wird. Der Traum wird unter diesen Umständen buchstäblich zur Deutung freigegeben, doch läuft das ab wie auf der Bühne eines projektiven Tests, und jeder ergreift die Gelegenheit, seine eigene Lektüre vorzulegen, die selbstverständlich stets vollständiger oder tiefschürfender ist als die vorhergehende. Wie soll man einen derartigen Wettbewerb im Lesen im aufgeschlagenen Buch, was so absolut im Widerspruch zur psychoanalytischen Methode steht, anders erklären als durch ein spezifisches Merkmal des Traums, dem es zu verdanken ist, daß es immer wieder einen Traumschlüssel gegeben hat? Nämlich so etwas wie einen Ruf in ihm nach einem Dritten, der imstande ist, das Sichtbare unmittelbar in Lesbares, die »Vision der Schläferin«[38] in den Spruch des

---

37 Vgl. oben, S. 29.
38 Ein von Jean Starobinski für Füsslis *Der Nachtmahr* geprägter Ausdruck. [Vgl. Jean Starobinski, »Die Vision der Schläferin«, in: Starobinski, *Besessenheit und*

Deutenden zu verwandeln. Der Deuter, dieser *fremde* Andere, bildet ein Echo zu dem, was gerade im Traum durch seine *Fremdheit* die Teilhabe des Anderen bezeugt (ich fühle mich stets mehr oder weniger von meinen Träumen heimgesucht, mehr ihr Ort als ihr Agent).

Der Traum böte sich damit als Spiegel für das Unbewußte an; wie unser Bild im Spiegel riefe er in einer ersten Phase Angst hervor, die in einer zweiten schnell im Jubel plötzlicher Beherrschung erstickt würde. Eben diese Ähnlichkeit-Unähnlichkeit könnte den Analytiker – der in seinen Kuren viel vorsichtiger ist, da er darin anders betroffen ist denn als Lesender oder Sehender – dazu treiben, das zu verkennen, was er ansonsten sehr wohl weiß: daß ein Traum strukturiert ist wie ein Symptom und daß er, je mehr er zu sehen gibt, um so schlechter verstanden wird.

Der Traum als Objekt: eine schon ältere Erfahrung hatte mich zögern lassen, eine »Gruppenerfahrung«, von der ich an anderer Stelle berichtet habe und bei der in fast jeder Sitzung von einem der Teilnehmer ein Traum beigetragen wurde.[39] Nun, in den von den Teilnehmern und von mir selbst der Erfahrung zugewiesenen Grenzen war an einen Zugang zur Geschichte und zum eigenen Phantasieleben von irgend jemandem nicht zu denken.[40] Dennoch wurden diese Träume nicht als Rest der agierten oder gesprochenen Rede aufgenommen. Das war damals eine recht banale Feststellung, doch sie gestattete mir, in hervorgehobener Weise einiger allzuoft verkannter Aspekte des Traums gewahr zu werden, die seine Funktion, seine Wirkungen und seinen Status als privilegiertes Objekt berühren.

Ihre Funktion in dieser Gruppe war, so schien es mir, sehr verschieden von der, die man ihnen in der Analyse zuerkennt. Niemals kam der Traum dazu, den Sinn zu verwirren, zu überraschen oder zu

Exorzismus. Drei Figuren der Umnachtung, Frankfurt am Main/Berlin/Wien 1978, S. 141 – A. d. Ü.]

39 Vgl. »Rêves, dans un groupe«, in: D. Anzieu et al., *Travail psychanalytique dans les groupes*, Paris 1973.

40 Daß diese Voraussetzung in Frage gestellt werden kann, ist mir klar. Doch spreche ich hier nicht über »Gruppentechnik«.

beunruhigen; er gab im Gegenteil der Gruppe ein Bild ihrer selbst, schickte ihr ihre Gestalt in den verschiedenen Zuständen ihrer Entwicklung zurück; er präsentierte sich als eine Art Allegorie, nur wenig von Widersinnigkeiten oder Seltsamkeiten gezeichnet. Der Abstand zwischen manifestem Inhalt und latentem Inhalt war kaum mehr zu fassen; die Summe der von den Teilnehmern gegebenen Kommentare ergab die Illusion einer abgeschlossenen Deutung. Eine ganze Zeit lang haben der Beobachter und ich selbst uns davon packen lassen, als ob trotz allem der Traum von Natur aus einen direkteren Zugang zum Unbewußten hätte als der Rest der Rede. Doch so nach und nach wurde uns klar, daß der Primärvorgang – die *nicht gebundene* Energie – an anderer Stelle seine Wirkungen zeitigte und zu erkennen gab: in dem, was die Gruppe ausagierte, und eben auch in der Abfolge, in der die Sitzungen aneinandergereiht waren. Dort kam es denn auch zur *Entbindung.* Der Traum hingegen erwies sich als *Bindung* – zwischen den aufeinanderfolgenden Sitzungen, zwischen den getrennten Elementen des kollektiven Sprechens – und stellte gleichzeitig ein *Band* zwischen den Mitgliedern der Gruppe sicher. Eine Gruppe muß träumen, um träumen zu können, daß sie eine Gruppe bildet.

Die Befriedigung angesichts des »ich habe von der Gruppe geträumt« wurde eingestanden. Denn in einer Gruppe ist das Ich in seiner Identität, seiner Kontinuität, seiner Realität, vor allem aber in seinen Zugehörigkeiten besonders bedroht. Der Traum bietet nunmehr eine vereinheitlichende Form an, in der die zerstreuten Stücke imaginär aufs neue miteinander verschweißt werden können. Damit ein bislang ungekanntes Sprechen hervortreten und eine gewisse Wirkung entfalten konnte, bedurfte es der Gewährleistung einer Traum-Gestalt: Sie *beinhaltete*, strenggenommen, die Mitglieder der Gruppe. Sie verdoppelte im Imaginären die Besetzung, die eine Gruppe auf sich selbst als libidinöses Objekt ausübt.[41] Statt als Träger eines »Was heißt das?« käme der Traum, um eine zugleich unabweisliche, anonyme und versichernde Antwort zu geben.

---

41 Vgl. meinen Artikel »Le petit groupe comme objet« (1963), wiederaufgenommen in: J.-B. Pontalis, *Après Freud*, Paris 1968 (dt. »Die kleine Gruppe als Objekt«, in: *Nach Freud*, Frankfurt am Main 1974).

Nach der Inventur der Quellen soll es nun unsere Aufgabe sein, die sich eröffnenden *Fragen* zu präzisieren.

Die erste betrifft – fruchtbare Annahme oder verführerisches Bild? – die Vielheit der *psychischen Räume*. Spricht man, wie wir es getan haben, vom Raum des Traums, so setzt das voraus, daß es deren weitere gibt, die sich verschiedenen Modalitäten gemäß bilden und entfalten.

Die zweite hat ihren Beweggrund in der Opposition zwischen dem Traum als Objekt und dem Traum als Erfahrung. Das Wort *Erfahrung*[42] – das auch in anderen Kontexten ständig heraufbeschworen wird, beginnend mit der kanonischen Formulierung, man müsse erst einmal »die Erfahrung der Analyse machen« – wird theoretisch gefaßt werden müssen, wenn man es nicht mit der Berufung auf das Unsagbare verwechseln möchte. Kann man psychoanalytisch, indem wir uns mit den uns zur Verfügung stehenden Begriffen behelfen, etwas darüber aussagen, wie man »die Erfahrung ... macht«?

Die dritte, in der Schwebe gebliebene Frage betrifft den Status des *Übergangsobjekts* – das, was es zugleich dem *Fetisch* verwandt sein läßt und es doch von ihm unterscheidet.[43] Der Traum soll uns hier als bevorzugtes Beispiel beim Aufspüren von Modalitäten psychischen Funktionierens dienen.

1. »Die Psychoanalytiker haben«, konnte André Green feststellen, »niemals eine Theorie des Raums vorgelegt, sondern nur eine Theorie der Objekte. Man hat sich damit zufriedengegeben, eine Theorie der Inhalte zu liefern, ohne sich mit dem Beinhaltenden zu befassen. Der Raum als ›innere Umwelt‹ hat in der Psychoanalyse

42 Freilich läßt das englische Wort *experiencing* eine bessere Wahrnehmung des zeitlichen Aspekts eines Prozesses und der Bedingungen, die er auf seiten des Subjekts voraussetzt, zu.

43 Seitdem das Übergangsobjekt auf dem französischen psychoanalytischen Markt sozusagen frei zugänglich ist, wird die Liste der Entsprechungen, die man dafür findet, von Tag zu Tag länger; der Traum, die Gruppe, das Geschriebene, die Zeit ...

noch nicht seinen Autor gefunden.«[44] Mag sein, doch zum einen ist es nicht sicher, daß psychischer Raum und »innere Umwelt« einander anzugleichen wären; zum anderen muß sich die Rede von einer »Vielheit psychischer Räume«, wie auch Green sie führt, keineswegs auf eine nuanciertere und konkretere Beschreibung von Es, Ich und Über-Ich beschränken.

Schon ein einfacher Blick über einen bestimmten Weg, den die analytische Theorie gegangen ist, sollte ein fruchtbareres Fragen eröffnen. Eine ganze Reihe von Konfigurationen des psychischen Raumes dürften auf diese Weise ohne weiteres zu erkennen sein. In einer auf Bildhaftigkeit abzielenden Vereinfachung würde ich sagen: der latente Raum der ersten Freudschen Topik – Systeme von Vorstellungen und Orte des Gedächtnisses[45]; mit der zweiten Topik ein vom Trieb bestimmter, ein stärker geologischer Raum, mit seinen Schichtungen und mit seinen Spaltungen und durchzogen von Energien, bei dem die *Verfahrensweisen* wichtiger sind als die *Themen*; Raum als Behältnis innerer Objekte bei den Kleinianern mit einer radikalen Zweiteilung von Draußen und Drinnen; Raum des potentiellen Übergangs bei Winnicott, bis man schließlich bei Marion Milner bei der Notwendigkeit eines leeren Raumes anlangt, damit es für das Subjekt die Möglichkeit gibt, sich zu finden. So daß Milner von einer Kranken namens Susan behaupten kann, »daß allein dadurch, daß sie den psychischen ›Tod‹ akzeptiert, sie selbst vollständig ›da‹ sein wird«.[46]

Der Analytiker nimmt notwendig Bezug, auch wenn er das auf der Ebene der Theorie nicht immer deutlich bekundet, auf eine Vielheit psychischer Räume. »Wo geschieht es?« ist dabei genau die Frage, zu der wir von unseren Patienten in jeder Etappe der Kur genötigt werden. An welcher Stelle spielt sich der Konflikt aktuell ab? In der Körperhülle oder in der geistigen Kapsel, im Spiegel des Narziß oder auf dem Schauplatz der Welt, im vergra-

44 A. Green, *L'Enfant de ça*, Paris 1973, S. 256.
45 Das ist auch der Grund, warum in einem buchstäblichen Sinne von *Topik* die Rede sein kann.
46 Marion Milner, *The Hands of the Living God*, London 1969, S. 388.

benen Raum des Geheimnisses[47] oder im spektakulären Raum des *acting out*? Die Topik der Instanzen läßt sich nicht mit der Topik der Orte des Unbewußten in eins setzen. Diese gestattet es dem Analytiker mit weit größerer Sicherheit als jene, den Platz zu erkennen, der ihm in der Übertragung zugewiesen wird: der ferne Zeuge, der nahe Komplize, der sichere Verwahrer, der Verfolger, der Schuttabladeplatz, das Ideal ... Wir sollten es schon so halten, daß die von der »Hexe Metapsychologie« aufgerichtete Topik nicht die verbirgt, die jeder allein für sich hat und die stets noch zu entdecken ist.

2. Ich habe von »Träumemachern« gesprochen; ich habe den Verdacht aufgeworfen, daß es auf seiten des Analysierten wie auf seiten des Analytikers Techniken zur Manipulation des Traumes gibt, die, indem sie ihn von vornherein wie einen Text behandeln, die dabei am Werk befindlichen Abwehrhandlungen verkennen. Ich habe gegenüber der Deutung des Traums eine Erfahrung des Traums aufgewertet. Das alles muß nun präziser gefaßt werden.

Im Unterschied zu dem, was in der Psychose geschieht, bleibt einem in der Neurose, daran erinnert uns Green, das, was er den »Denkapparat« nennt, erspart, auch wenn die Gedanken stets mehr oder weniger von der Phantasietätigkeit durchdrungen sind und dem Konflikt nicht entgehen.[48] Bestimmte neurotische Strukturen freilich, insbesondere die der Zwangsneurose, zeigen uns deutlich, daß der Denkapparat als solcher überbesetzt sein kann: es muß halt pausenlos funktionieren.

Die Konversion: Hinübergleiten von einem Register in ein anderes, vom psychischen Schauplatz zu den Orten des Körpers, »geheimnisvoller Sprung«, wie es bei Freud heißt. Doch der umgekehrte Vorgang, der Sprung ins Geistige, ist nicht minder geheimnisvoll und sicherlich origineller. Wie bildet sich ausgehend von

---

47 Vgl. Masud Khan, »L'espace du secret«, in: Masud Khan, *Le soi caché*, Paris 1976 (in der Originalausgabe: *The Privacy of the Self*, London 1974; dt. *Selbsterfahrung in der Therapie*, München 1977, Eschborn ²1988, ist der Aufsatz nicht enthalten).

48 A. Green, *L'Enfant de ça*, S. 230.

einem Körper aus Bedürfnissen und Wünschen ein Denkapparat aus?

Die Phantasietätigkeit selbst kann in einem »rein geistigen« Funktionieren gefaßt und eingekapselt werden. Das hat Winnicott sehr schön beobachtet und als ein zwanghaftes Phantasieren *(fantasying)* beschrieben, worin er eine Verneinung der psychischen Realität sieht[49]: eine Art manische Abwehr auf Sparflamme, mit allem, was dies an Verleugnung der inneren Realität mit sich bringt. Das Phantasieren, teilt Winnicott uns mit, bleibt daher ein »isoliertes Phänomen, das Energie abzieht, ohne dem Leben oder den Träumen zugeordnet zu sein«.[50] Und er spricht an anderer Stelle vom Intellekt, *mind*, der sich, um tätig zu werden, von der Psyche abtrennt.[51] Wir haben es mit Funktionsweisen zu tun, die uns gut bekannt sind und die zwar als Artefakte nicht durch die Analyse erzeugt, aber doch begünstigt werden können, insofern sie auf die Assoziation der *Einfälle* angewiesen bleibt.

Wenn man von einer »psychischen Pseudo-Realität« spricht, so stellt sich einem sogleich die Frage, was unter »psychischer Realität« zu verstehen ist, oder genauer, was dem Psychischen sein *Realitäts*gewicht zu geben vermag? Woher rührt die Beharrlichkeit, mit der Freud dabei von Realität spricht, als wäre das Psychische die Fortführung einer zunächst materiellen Realität?

Hier stellte sich für mich ein auf dem Umweg meiner Lektüre von *The Hands of the Living God* vorgefundener Satz als sehr erhellend heraus, daß nämlich »das innere Bewußtsein vom eigenen Körper die Rolle der äußerlichen Mutter übernimmt; und zwar nicht nur in dem Sinne des Erlernens, die Pflegehandlungen *(care)* selbst zu tätigen, welche einst die Mutter durchgeführt hat, sondern eben in der Weise der Ausbildung *einer Art psychischer Sphäre* oder eines neuen Schoßes vom eigenen Körperbild her als dem ein-

---

49 Vgl. D. W. Winnicott, *Playing and Reality*, London 1971; dt. *Vom Spiel zur Kreativität*, Stuttgart 1979, Kap. II.

50 D. W. Winnicott, *Vom Spiel zur Kreativität*, S. 37.

51 Dies kommt dem nahe, was in Frankreich von M. Fain, P. Marty und M. de M'Uzan unter der Bezeichnung *pensée opératoire* beschrieben worden ist. In allem operatorischen Denken ist etwas Eingefrorenes, Totes, und das gilt auch für das psychoanalytische Denken.

zig sicheren Ort, an dem man wohnen und von dem aus man seine Fühler zur Welt hin ausstrecken kann.«[52]

Die Psyche wäre demnach in ihrem Wesen die in uns befindliche Mutter, das, was, von der Mutter stammend, sich um das Kind kümmert, unter der präziser zu fassenden Bedingung, daß das Kind seine Mutter zumindest ebenso erschafft wie die Mutter das Kind. Lassen wir es, hier von einer realen oder imaginären Verinnerlichung der Mutter – als gutes oder böses Objekt – zu sprechen. Wir werden statt dessen die These wagen, daß es die *abwesende* Mutter ist, die unser *Inneres* ausmacht.

Muß man nicht, was Freud vom Wahn behauptet – daß er eine »neue Realität« sei –, allgemeiner auf das Psychische anwenden, wenn dieses angeblich so funktioniert, als wäre es sein eigener Motor, »in freiem Lauf«, wenn es sich an die Stelle der ursprünglichen mütterlichen Realität – nämlich die wechselseitige Mutter-Kind-Beziehung – setzt, anstatt sie zu metaphorisieren? Man hat von der sinnlosen Denkaktivität des Wahnsinnigen gesprochen, doch sind die Dinge dabei nur ins Extrem vorangeschoben: Die geistige Aktivität strebt immer das Ziel an, die Triebabkömmlinge loszuwerden. Das ist ihre Arbeit. Vielleicht sollte man in ihr den Vorgang sehen, der in einer Art Wiederverankerung im lebendigen Körper der Anlehnung entspricht. In einer ersten Phase löst sich die Sexualität von den Trieben des Lebens – oder der Selbsterhaltung –, denen sie angelehnt ist; mit der Trennung vom Instinkt geht ihr zugleich ihr natürliches Objekt verloren.[53] Damit sie sich nicht in einem Kreislauf von Vorstellungen – einem geschlossenen Kreislauf, der den Platz des verlorenen natürlichen Objekts einnimmt – verselbständigt, damit sie nicht zum *Platzhalter* des Körpers wird und als eine Reihe von in ihren Aufgaben spezialisierten – geistigen, sexuellen, sprachlichen etc. – Apparaten funktioniert, muß sie sozusagen wie-

---

52 M. Milner, a. a. O., S. 238 (Hervorhebungen von mir – J.-B. P.).

53 Vgl. für die Konzeption der Anlehnung J. Laplanche und J.-B. Pontalis, *Vocabulaire de la psychanalyse*, Paris 1967; dt. *Das Vokabular der Psychoanalyse*, Frankfurt am Main 1972 (insbesondere die Artikel über Selbsterhaltungstriebe, Sexualtriebe, Anlehnung) und die diesbezüglichen Ausarbeitungen, die sich bei J. Laplanche in *Vie et mort en psychanalyse*, Paris 1971; dt. *Leben und Tod in der Psychoanalyse*, Olten 1974, Frankfurt am Main ²1985, finden lassen.

der körperlich werden, damit es aufs neue zu leben beginnt. Das wäre die Bedingung dafür, daß das »die Erfahrung ... machen« zu seiner vollen Wirkung kommt. Das *experiencing* setzt eine Beweglichkeit im Innern des Psychischen voraus, und sei es auch, worauf einige am Problem der Kreativität interessierte angelsächsische Autoren mit Nachdruck hinweisen, eine »Abtrennung«, die nicht bis zu einer Spaltung reicht. Zu dieser Fähigkeit, das Formlose zu tolerieren, muß eine Fähigkeit zur Ausarbeitung hinzukommen, die eine minimale Distanz verlangt, ein gewisses *Spiel* im Verhältnis zu den inneren *und* äußeren Erregungen.

Ist die Dimension der Erfahrung nicht vorhanden, dann wird das geistige Funktionieren nur mehr zu einer Prothese: die Vernarbung der »Grundstörung« (Balint), die Errichtung eines »falschen Selbst« (Winnicott).

3. Wenn der Traum die Funktion eines Übergangsobjekts haben kann, wie kann dann diese Funktion in einen inneren Fetischismus pervertiert werden? Doch zunächst einmal: Kann man von einem perversen psychischen Funktionieren sprechen?

In einem dem Fetischismus gewidmeten Artikel hat G. Rosolato mit großem Geschick zwei Passagen von Freud einander angenähert, die eine über die Natur des Primärvorgangs, die andere über die fetischistische »Lösung«.[54] Die erste stammt aus der *Traumdeutung*: »Einander widersprechende Gedanken streben nicht danach, einander aufzuheben, sondern bestehen nebeneinander, setzen sich oft, als ob kein Widerspruch bestünde, zu Verdichtungsprodukten zusammen oder bilden Kompromisse, die wir unserem Denken nie verzeihen würden [...].«[55] Die zweite Passage ist dem Artikel über den *Fetischismus** (1927) entnommen: »[...] im Konflikt zwischen dem Gewicht der unerwünschten Wahrnehmung [das Fehlen des Penis beim Mädchen] und der Stärke des Gegenwunsches [jedes menschliche Wesen hat einen Penis] ist es zu einem Kompromiß gekommen, wie es nur unter der Herrschaft der

54 Vgl. G. Rosolato, »Le fétichisme dont se dérobe l'objet«, in: *Nouvelle revue de psychanalyse*, 1970, Nr. 2; dt. »Der Fetischismus, dessen Objekt sich ›entzieht‹«, in: J.-B. Pontalis (Hg.), *Objekte des Fetischismus*, Frankfurt am Main 1972.
55 *GW* II/III, S. 602.

unbewußten Denkgesetze – der Primärvorgänge – möglich ist.«[56] Folgt man der Richtung, in die eine solche Annäherung weist, so wird man zu der Annahme geführt, daß, sobald der Primärvorgang ungehemmt als *Denk*vorgang funktioniert, die Verdichtung, die Verschiebung und der Nicht-Widerspruch autorisiert sind und das »Gewicht« der traumatisierenden »Wahrnehmung« nachläßt: der Kompromiß stellt sich ein. So läuft der in der Verwendung des Primärvorgangs gefundene perverse Kompromiß.

Mit dem Fetisch, gleichgültig, ob er vom Übergangsobjekt abstammt oder nicht, befinden wir uns nun im phallischen Register, in der Problematik der Differenz der Geschlechter und der Kastration. Das Übergangsobjekt sagt dem Kind: Du bist nicht allein; der Fetisch sagt: Du bist nicht kastrierbar. Gemeinsam ist ihnen, daß sie als Stütze dienen, um die angsterzeugende Struktur – die Verlustsituation – unter die illusorische Kontrolle des Individuums zu bringen.

Aus der Lektüre der Arbeiten von Phyllis Greenacre über den Fetischismus möchte ich zwei Punkte festhalten, die hier für mich von Interesse sind:

1. Greenacre hebt die Wichtigkeit des *Umrisses* für die Wahl des Fetischs hervor (weibliche Wäschestücke, Schuhe etc.). Es ist ein Wesenszug des Fetischobjekts, sichtbar umschrieben zu sein. Greenacre gibt für diese Wertschätzung des Sichtbaren im Fetischismus innerhalb der für sie typischen verhaltenstheoretischen und realistischen Perspektive zwei Bedingungen an: (a) das Kind muß während seiner ersten Jahre häufig dem Anblick der Genitalorgane des anderen Geschlechts ausgesetzt gewesen sein; (b) es muß Zeuge einer blutigen Verletzung seiner selbst oder seiner Mutter gewesen sein. Doch für uns sind die Wirkungen, die sie in diesem Primat des Gesehenen erkennt, wichtiger. »Was beim Nicht-Ich (*not-me*) gesehen wird, übertrifft in Genauigkeit und Lebhaftigkeit den durch die endogenen Empfindungen aus dem eigenen Körper des Kindes hervorgebrachten Eindruck.«[57] Das bezeichenbare Objekt draußen

56 GW XIV, S. 313.
57 Vgl. P. Greenacre, »Further notes on Fetishism«, in: *Psychoanalytic Study of the Child*, 1960, XV, und »The Fetish and the transitional object«, in: *Psychoanalytic Study of the Child*, 1969, XXIV.

stopft zu, was es drinnen an Chaotischem und Formlosem gibt. Der Fetisch muß ebenfalls sichtbar sein, seine Umrisse bezeichnen, durch Homologie mit dem, wovor er schützt, und was ungesehen bleiben muß: Abschirmung, Schutzhülle gegenüber dem Unsichtbaren, dem Unerträglichen, dem Undenkbaren für den Knaben, daß der Penis fehlen könnte. Nun weiß man, daß der Fetisch als konkretes Objekt durch sein visuelles Bild, ja durch ein phantasmatisches Szenario, das ihm zu seinem Auftritt verhilft, ersetzt werden kann. Inwiefern könnte nicht der Traum als Objekt seinerseits über eine Reihe von Metonymien als geistiger Fetisch funktionieren, insonderheit mit allem, was er dem bisexuellen Spiel zur Unterstützung anbieten kann?

2. Greenacres zweiter Beitrag, der an den ersten anschließt, besteht in der Rolle, die für sie das gestörte und mangelhafte Bild des Körpers spielt. Ein wichtiger Unterschied zum Übergangsobjekt wird hier deutlich. In einem Artikel über den *infantilen Fetisch* schreibt Greenacre, dieser diene dazu, die Illusion einer *mütterlichen Ergänzung zum eigenen Körper* zu befestigen.[58]

Die Reichweite eines häufig vermerkten klinischen Unterschiedes läßt sich nun begreifen: Der Fetisch ist unersetzlich, notwendige Bedingung der sexuellen Handlung. Das Übergangsobjekt wird dagegen normalerweise aufgegeben, es kann fortschreitend durch ein Spielzeug, durch einen Spielgefährten, durch die Fähigkeit zu spielen ersetzt werden. Es ist die Matrix eines Raumes, dem Winnicott eine immer größere Wichtigkeit zugestehen wird: der *Möglichkeitsraum.*[59] Er entfernt sich immer weiter von seinen Entstehungsbedingungen, von der ursprünglichen Mutter-Ich-Beziehung. Er ist nicht das Urbild eines Objekts, denn er ist nicht in er-

---

58 »The transitional object and the fetish: with special reference to the role of illusion«, in: P. Greenacre, *Emotional Growth*, Bd. 1, New York 1971, Kap. XIX.

59 Vgl. »Naissance et reconnaissance du ›soi‹. Pour introduire à l'espace potentiel«, in der frz. Originalausgabe dieses Bandes, S. 159–189. [Dieser Aufsatz ist nicht in die deutsche Auswahl aufgenommen worden. »Potential space« wird hier und im weiteren gemäß dem Vorschlag von Elisabeth Vorspohl, der Übersetzerin des Buches von M. Masud R. Khan, *Erfahrungen im Möglichkeitsraum*, Frankfurt am Main 1990, mit »Möglichkeitsraum« übersetzt (vgl. dort, S. 155); verbreitet sind ansonsten die Übertragung durch »potentieller Raum« oder auch »Spannungsbereich«. A. d. Ü.]

ster Linie Versteck und Ersatz. Er ist eine Umgestaltung der Umwelt.

Auf diesem Wege könnten wir vielleicht etwas genauer fassen, was im vorangehenden Kapitel untergründig geblieben ist. Der Traum kann in der Weise, wie der Träumer und der Analytiker ihn verwenden, auf zwei Bahnen seinen Platz einnehmen:

Übergangsobjekt → Möglichkeitsraum – Bildung des Selbst – Erfahrung – Metapher.

Fetisch → versteinerter Raum des phantasmatischen Szenarios – Verneinung des Selbst – psychische Pseudo-Realität – Metonymie.

Der Traum hat uns hier in diesem Kapitel weniger um seiner selbst willen als spezifischer Bildung denn seiner exemplarischen Bedeutung wegen beschäftigt. Denn wie der Traum, so kann sich auch das Ganze der geistigen Aktivität in eine fruchtbare Erfahrung dessen, was mir entgeht oder sich als fetischisiert erweist, verwandeln.

3. Der Traum, zwischen Freud und Breton

Jeder erinnert sich an das in *Les pas perdus [Die verlorenen Schritte]* mit viel Witz geschilderte »Interview mit Professor Freud«: »Ich befinde mich in der Gegenwart eines kleinen alten Mannes ohne Schwung [...] ein Wartezimmer, dessen Wände von vier schwach allegorischen Radierungen [...] geschmückt werden«. Desgleichen hat man in Freuds Briefwechsel (Brief an Stefan Zweig vom 20. Juli 1938) lesen können, daß er »geneigt« wäre, »die Surrealisten, die mich scheinbar zum Schutzpatron gewählt haben, für absolute (sagen wir fünfundneunzig Prozent wie beim Alkohol) Narren zu halten«. Und Freud fügt noch hinzu, daß das quantitative Verhältnis von unbewußtem Material und vorbewußter Verarbeitung in der Kunst »eine bestimmte Grenze« einhalten müsse. Ist Freud, für den die Surrealisten allzu verrückt gewesen sein dürften, zu weise? Oder sind sie nicht verrückt genug und tun nur so, als wären sie es, sie, die Spezialisten des Simulakrums?

Die von den Surrealisten über Jahre hinweg entfaltete Wühltätigkeit mit dem Ziel, das Unbewußte *einzufangen*, war beträchtlich. Man kann sie nur als wahnhaft bezeichnen. Denn man spürt zugleich eine fieberhafte Hast – ein Sich-Überstürzen – und einen kollektiven Willen, die Absperrungen zu durchbrechen. Der berühmte, Freud zugeschriebene Ausspruch: »Beeilen wir uns, das Unbewußte zu erforschen, bevor es sich wieder verschließt«, findet im Surrealismus eine treffende Illustration. Freilich mit dem dünkelhaften Zusatz, der nicht immer die arroganten Akzente einer Herausforderung vermeidet: Und wir werden schon dafür sorgen, daß es sich nicht wieder verschließt!

Man muß die Tatsache, daß es sich um ein kollektives und lange Zeit auch »brüderliches« Unternehmen gehandelt hat, hervorheben: Sie bezeichnet ebenso die positive Originalität wie auch die Grenzen des surrealistischen Unterfangens, was Paul Éluard klar zu erkennen gibt: »Es ging nur darum, wer dieser kollektiv bestimmten Poesie noch mehr Zauber, Einheit und Wagemut verleihen würde. [...] Wir spielten mit den Bildern, und es gab keine Verlierer dabei [...]. Das Wunderbare verlangte nicht mehr nach Sättigung. Sein durch die Leidenschaft entstelltes Gesicht erschien uns unendlich viel schöner als alles, was es uns zu sagen vermag, wenn wir allein sind – denn dann wissen wir keine Antwort darauf.«[60] Die intensive Aktivität der *Ent-bindung* sollte im *Band* der Gruppe gleichsam eine Stützmauer finden, geeignet, die Umsetzung eines ungehemmten Denkens ins Werk und in die Tat zu befördern wie auch zu umgrenzen.

Der Surrealismus habe, so hieß es, weniger eine *Schule* als eine *Methode* sein wollen.[61] Tatsächlich wird man bei den Surrealisten, hält man sich an das Beispiel des Traumes, keine eigene *Theorie* finden, die auf einen Unterschied zur psychoanalytischen Theorie Wert legen würde. Was die vom Traum verwendeten Verfahrensweisen – Verdichtung, Verschiebung, die Vorherrschaft visueller Bilder etc. –, seine Zielsetzung – die Erfüllung eines Wunsches – sowie die Zwangswirkungen der zugleich moralischen, logischen und ästhetischen Zensur angeht, so ist die Übereinstimmung mit der Freudschen Konzeption offensichtlich. Hier gibt es keine Divergenz. Diese liegt in der *Beziehung* zum Traum als Objekt.

60 In: Paul Éluard, *Donner à voir*, Paris 1939, S. 158.
61 Sarane Alexandrian, *Le Surréalisme et le rêve*, Paris 1974.

Bretons synkretistisches Bestreben, die Suche nach einem Ort, an dem die Antinomien sich aufheben, ist vielfach erkannt worden; sie wurde von Anfang an in einer häufig wiederholten Formulierung programmatischen Werts behauptet: »Alles spricht dafür, daß es einen bestimmten Punkt des Geistes gibt, von dem aus Leben und Tod, Reales und Imaginäres, Vergangenes und Zukünftiges, Mitteilbares und Nicht-Mitteilbares, Oben und Unten nicht mehr als widersprüchlich empfunden werden.«[62] Zweifellos in der Besorgnis, bei aller Wahrung von Distanz, nicht alle Brücken abzubrechen, erklärt René Daumal in seiner *Lettre ouverte à André Breton sur les rapports du surréalisme et du Grand Jeu* (1929), in einer solchen Suche könne er eine Möglichkeit zur Konvergenz erkennen. Das *Grand Jeu* indes, das bereits in der Aussage den ganzen Abstand verdeutlicht, den es zu allem einzuhalten gewillt ist, was ihm, nicht ohne Ungerechtigkeit, als die »kleinen Spiele« der Gesellschaft erscheint, wird vom entgegengesetzten Bestreben gelenkt bzw. *zerstört*: dem Bestreben, die Leere zu erschaffen. »Den einzigen in sich selbst vibrierenden Punkt erreichen ... Den leeren Punkt als Träger des Lebens und der Formen« (Roger-Gilbert Lecomte). Die Surrealisten dagegen werden von einem außerordentlichen Willen zur Eroberung und Aneignung angetrieben – Bretons Sammelleidenschaft ist nur ein persönliches Indiz dafür.

Die Traumwahrnehmung, der Traumzustand und seine Äquivalente im wachen Leben haben für Breton durchaus eine Paradigmenfunktion. Diese synkretistische Leidenschaft, die beinahe bis zur Propagierung eines *Kompatibilitätsprinzips* reicht, gliedert sich unablässig neue Antinomien ein, die aufgesogen und in ebenso viele *Übergänge* verwandelt werden müssen: zwischen Traum und Handeln, Vernunft und Wahnsinn, der sinnlichen Wahrnehmung und der geistigen Vorstellung, dem Bewußten und dem Unbewußten; später dann noch zwischen der sozialen Befreiung und der Emanzipation des Geistes ... Die ganze Geschichte des Surrealis-

62 »Le second manifeste surréaliste«, in: André Breton, *Œuvres complètes*, Bd. I, Paris 1988, S. 751; dt. »Zweites Manifest des Surrealismus«, in: André Breton, *Die Manifeste des Surrealismus*, Reinbek bei Hamburg 1968, S. 55 [Übersetzung leicht verändert – A. d. Ü.].

mus ist von dieser Leidenschaft getragen. Den hartnäckigen Bemühungen der Surrealisten, sich die Mittel zu verschaffen, einen solchen »Punkt des Geistes« – den »höchsten Punkt « – als Quelle, die das gesamte menschliche Handeln speisen würde, zu erreichen, ist jedoch nur geringere Beachtung zuteil geworden. Der Surrealismus – eine Methode oder eine Vielzahl von *Techniken*? Es geht darum, stellte Alexandrian fest, »geistige Apparaturen von hoher Präzision zu erfinden, die der Geist willentlich in Gang zu setzen vermag«. Und in der Tat, der Voluntarismus und verbissene Aktivismus, dessen sich die Surrealisten im Fieber der Anfangszeit befleißigt haben, überraschen. Das Risiko war groß: Indem sie sich in »wilden« gewaltsamen Inkursionen ohne jede weitere Kontrolle als der, welche die Gruppe auszuüben vermochte, ihrem Unbewußten öffneten, setzten sie sich den ganzen knirschenden Zonen des Seins und den Brucheffekten in ihrer Gesamtheit aus: dem Bruch untereinander – *acting out* von »Zwist« und Ablehnung – und dem Bruch in ihnen selbst: Suizid, Droge oder Wahnsinn. Daß dieses Risiko tatsächlich in Kauf genommen worden ist, dafür lassen sich in den Schicksalen von Surrealisten Tausende von Beweisen finden. Daß dies bewußt geschehen sei und daß man bisweilen sich davor habe schützen müssen, hat Breton ganz offen einbekannt, zum Beispiel, als er in bezug auf Erfahrungen mit willkürlich herbeigeführtem Schlaf sagte, daß »Überlegungen zur geistigen Hygiene« ihn dazu gebracht hätten, dem ein Ende zu setzen.[63] Um dieses Risiko heraufzubeschwören, gab es kein anderes Mittel als die Erlösungsmacht einer befreit-befreienden Sprache, die, einmal durch und durch erneuert, fähig war, die gesamte Realität einer Metamorphose zu unterziehen. Es ging also darum, am Unbewußten *teilzuhaben*: weniger, um methodisch dessen »Inhalte« und »Netze« zu analysieren, als vielmehr, um es sich anzueignen, ja sogar – in *Traumtexten* – dessen Ausdrucksweise nachzuahmen. Meiner Ansicht nach war der Traum für die Surrealisten vor allem in seiner jede Nacht aufs neue unter Beweis gestellten Fähigkeit von Interesse, Verbindungen zwischen den Punkten entferntester Zeiten, den verschiedensten sinnlichen Registern, den heterogen-

63 André Breton, *Entretiens*, Paris 1952, S. 81.

sten Gestalten, den von allen möglichen Theatern stammenden Szenen sicherzustellen, die eine gleichzeitige Verwirklichung widersprüchlicher Wünsche erlaubten. Die Worte sind dabei von der Sache befreit und die Sachen dem Zugriff des Wortes entzogen. Es darf nicht sein, daß all dies verlorengeht oder auf immer verbannt und auf einen psychischen Raum beschränkt bleibt, der mit der Realität unserer Tage nicht kommuniziert! Und man muß dieser in ihrem Wesen ethischen Parteinahme – zugunsten einer verallgemeinerten Poetik – zuerkennen, daß sie es vermocht hat, ein Traumleben des Alltäglichen hervorzubringen, das imstande ist, sein gesamtes Verzauberungsvermögen unversehrt zu bewahren, über die Zeit hinweg und unter dem Vorbehalt, daß es sich von selbst ergibt.

Die Freudsche Perspektive ist eine deutlich andere. Auch wenn er selbst ein leidenschaftliches Interesse am Traum gezeigt hat und selbst – zumindest während der Zeit seiner eigenen Analyse – ein großer Träumer gewesen ist, so hat er sich doch unablässig – vielleicht auch, weil diese im deutschen Denken weit mehr präsent war – gegen jegliche Faszination durch das Traumleben verwahrt. Ein Urbild ist in seinen Augen der Traum allein als Urbild für die Hervorbringungen des Unbewußten in der Art der Fehlhandlung oder des neurotischen Symptoms und damit, wie diese, als Kompromißbildung: das heißt als ein *entstelltes* Produkt, als das Endergebnis einer »Arbeit«, die das unbewußte Wünschen zugleich verwandelt und bedeutet. Ist er erst einmal in Worte gefügt und in seiner Gestalt der Syntax der Erzählung unterworfen, so wird eine entsprechende Deutungsarbeit geleistet werden müssen, damit sein Sinn, gleichsam wie ein Telegramm, bei seinem Empfänger abgeliefert werden kann. Wir haben es beim Traum mit allem anderen als einem einfachen verbildlichten Ausdruck des Wunsches, der ergreifenden Figur seiner Erfüllung oder gar, wozu die Surrealisten neigen, mit der Vergegenständlichung eines Wunders zu tun – als würde der Bilderfluß und seine dem Zustand des von seinem »innerlichen Schauspiel«, einem »perfekten Kino« hingerissenen Träumenden vermählte emotionale Fracht nun von sich aus daran gehen, die Erwartung des träumend-lebendigen Subjekts über jedes

Maß hinaus zu erfüllen. Paradoxerweise werden die gesamte, dem Traum geltende Eloquenz der romantischen Tradition, auf die ich bereits angespielt habe, die illuminierenden oder divinatorischen Kräfte des Traumbildes, die der Surrealismus bis hin zur Annäherung an einen weltlichen Aberglauben für sich in Anspruch nimmt, bei Freud ausgestrichen.

Die Freudsche Methode der Analyse des Traums, so außerordentlich darauf bedacht, zumindest bei ihrem Begründer, alle Elemente offenzulegen, den Assoziationsketten Glied für Glied zu folgen, die Teilverbindungen festzustellen, die Verwandlungen, Umwege, Verkehrungen und Verschiebungen des Triebes zu bestimmen, nimmt sich derart im Vergleich zum surrealistischen Aufblühen als besonders aufwendig und vorsichtig aus: Mit Freud wird vor unseren Augen etwas von der Art der Kreisläufe eines Nervensystems konstruiert. Läßt sich der Unterschied der Herangehensweisen auf den klassischen, im übrigen von Freud häufig hervorgekehrten Gegensatz zwischen dem »Wissenschaftler« und dem »Künstler«, zwischen dem Analytiker und dem Seher zurückführen? In mancher Hinsicht gewiß, allerdings unter dem Vorbehalt, daß sogleich, und zwar nach beiden Seiten hin, eine grundsätzliche Korrektur angebracht wird. Mit der *Traumdeutung*** will Freud durchaus an die profane wie sakrale »volkstümliche« Tradition anknüpfen, für die der Traum eine Wahrheit beinhaltet; er stellt sich bewußt den »Wissenschaftlern« entgegen, die im Traum nur eine geistige Aktivität niederen Ranges sehen, die völlig frei sei von jeglichem Sinn. Was Breton angeht, so findet er in den Ressourcen, in den urtümlichen Mächten und den lebendigen Kräften des Traums weit mehr als nur ein Bilderreservoir für den Dichter: statt einer unwirklichen Illusion eine Art Wirklichkeit, die man wie durch Osmose in die Tageswirklichkeit eindringen lassen muß. Wenn es zur Osmose kommt, wenn die Begegnung zwischen den beiden Wirklichkeiten (in der Begegnung mit dem Ungewöhnlichen) vonstatten geht, dann stellt sich der Effekt des Surrealen, diese Ineinanderschiebung, ein. Wenn das »Kapillargewebe« zwischen dem Inneren und dem Äußeren seine Durchlässigkeit verliert, dann kommt es zu einer Verstümmelung des Menschen: Dem wenigen an Traum entspricht das wenige an Realität. Doch gerade in dieser zentralen Metapher der »kommunizierenden Röhren«[64] nimmt der Abstand zwischen Freud und Breton Kontur an und untersagt es, ihre Wege als Parallelen auszugeben, und das geht sehr wohl über Unterschiede in der Kultur, der Generation, den psychologischen Veranlagungen oder den ästhetischen Vorlieben hinaus. Die verflochtenen Fäden von Psychoanalyse und Surrealismus müssen entwirrt werden, unabhängig davon, wie wirksam letzterer daran beteiligt war, erstere in einem ihr lange Zeit feindlich gesonnenen französischen Milieu heimisch zu machen.

Jean Starobinski hat erst kürzlich gezeigt, was Breton Konzeptionen wie denen von Myers oder von Théodore Flournoy schuldete, bei denen er mit der Annahme eines *subliminalen Ichs* und der wechselseitigen Durchdringung zweier Welten eine doktrinelle Abstützung gefunden hatte, die seinen Anforderungen weit mehr entsprach als die, welche die Freudsche Theorie eines radikal getrennten, durch Urverdrängung konstituierten Unbewußten ihm liefern konnte.[65] Im übrigen erkennt Breton diese Schuld offen an.[66] Muß man daraus nun schließen, wie das bei Starobinski angelegt scheint, daß unter den diversen »Schutzheiligen«, die Breton sich auserwählt hatte, Freud eine vergleichsweise zu vernachlässigende Größe war, was seinen Einfluß auf den Surrealismus angeht, während er doch, wenn man sich die gesamte psychologische und parapsychologische Strömung zu Ende des vergangenen Jahrhunderts ansieht, am stärksten in Anspruch genommen wurde? Eine Schlußfolgerung, die sicherlich gerechtfertigt sein dürfte für jemanden, der sich auf »Ideengeschichte« beschränkte, die aber, würde man sie buchstäblich nehmen, Gefahr liefe, die von einem Psychoanalytiker deutlich betonte Tatsache zu verwischen, daß die Psychoanalyse und vor allem die Gestalt Freud auch weiterhin »von

---

64 Breton bekannte, für dasjenige von seinen Büchern, das diesen Titel trug, eine »besondere Schwäche« bewahrt zu haben (*Entretiens*).

65 Jean Starobinski, »Freud, Breton, Myers«, in: *L'Arc*, Nr. 34, wiederaufgenommen in: Starobinski, *La Relation critique*, Paris 1970; dt. »Freud, Breton, Myers«, in: *Psychoanalyse und Literatur*, Frankfurt am Main 1973.

66 Vgl. insbesondere *Entretiens*, S. 78 ff. Es sieht freilich so aus, als habe Breton Myers erst spät entdeckt.

seiten Bretons Objekt einer intensiven Besetzung«[67] geblieben sind. Es dürfte in der Tat ein leichtes sein, entlang der Schriften Bretons und seiner Freunde immer wieder Zeichen einer Ambivalenz Freud gegenüber zu erkennen, bei der idealisierteste Bewunderung und schärfste, zumeist *deplazierte*[68] Kritiken sich abwechseln.

Wenn Breton zum Beispiel einen seiner Träume Element für Element einer Analyse unterwirft – womit er offenkundig mit Freud in »Konkurrenz« tritt – und behauptet, damit »den Inhalt des Traumes ausgeschöpft« zu haben und weiter gegangen zu sein als sein Vorläufer, insofern er selbst nicht vor persönlichen Eingeständnissen gekniffen hätte[69], so ist jeder Analytiker, der sich keinen Bären aufbinden läßt, versucht, ebenso wie Jean Guillaumin die Widerstände offenzulegen und mit den Schlüsseln in der Hand zu zeigen, daß Breton, statt den Inhalt des Traums auszuschöpfen, nur dessen Sinn reduziert und sich damit begnügt habe, mit seinem Fangnetz eine Reihe von Tagesresten herauszufischen, ohne indes für seinen Traum eine Gesamtdeutung abzugeben, die nach so vielen Winkelzügen dem verborgenen Sinn endlich die Richtung hin zum Tageslicht gewiesen hätte.

Das mag so sein, doch man sollte dieser Versuchung nicht nachgeben, der Gefahr wegen, das Mißverständnis weiterzutragen, das sich aufgrund ihrer oberflächlichen Analogien zwischen den beiden »Bewegungen« fortgepflanzt hat. Breton hat Freud falsch verstanden, oder besser, er hat von der Psychoanalyse nur das angenommen, was er von ihr annehmen wollte – wie er es mit allen Denkern, Dichtern oder Malern gehalten hat, bei denen er Verwandtschaften zu sich erkannt hat. Doch ist nun kraft seines Wissens und der unbezwinglichen Position, in die er eingetreten ist, der Analytiker befugt, desgleichen dem Surrealismus eine

---

67 Jean Guillaumin, »Réel et surréel: le traitement ›poétique‹ de la réalité dans la cure et ailleurs«, in: *Revue française de psychanalyse*, 1971, Nr. 5 – 6.

68 Im Original »*déplacées*«, was auch »verschoben« im Sinne des *terminus technicus* aus der *Traumdeutung* heißen kann. *A. d. Ü.*

69 Obgleich er nichts beibringt, was ihn kompromittieren könnte, insbesondere, was seine Sexualität betrifft, und er sich vor dem schützt, was für ihn ein Risiko in sich bergen könnte. Vgl. *Les vases communicants*, Paris 1932, 1955; dt. *Die kommunizierenden Röhren*, München 1973, Erster Teil.

»Lektion über das Unbewußte« zu erteilen, selbst wenn er sich, wie das der Fall mit *Les vases communicants* ist, provoziert weiß? Wie dem auch sei, das surrealistische Unternehmen hat die Redlichkeit bewiesen, sich klar definiert und sich so bewußt über beinahe ein halbes Jahrhundert hinweg bewahrt und erneuert zu haben, ohne die ideologischen Kompromittierungen zu erfahren, die die Psychoanalyse wahrlich nicht hat vermeiden können oder wollen. Um ein von Breton häufig verwandtes Wort aufzunehmen: Der Surrealismus hat sich niemals *etwas zuschulden kommen lassen.*

Wäre man genötigt, den Surrealismus gegenüber der Psychoanalyse zu situieren – nicht, ihn zu bewerten –, so wäre es meinem Verständnis nach angebracht, die Stellung des Problems der Realität als Grundmerkmal anzusetzen. Es ist nicht gleichgültig, daß einer der seltenen expliziten Einwände, die Breton beiläufig gegen Freud erhebt, diesem Problem gilt. So wird dem »Monisten« (?) Freud die »zumindest zweideutige Erklärung« vorgeworfen, die »psychische Realität« sei »eine besondere Existenzform, welche mit der materiellen Realität nicht verwechselt werden soll«.[70] Nun ist freilich nichts weniger zweideutig und nichts »revolutionärer« als die Freudsche Position, was die psychische Realität betrifft. Die hastigsten Leser Freuds – und Breton war keiner von diesen – nehmen wahr, daß das »Psychische«, sobald es einmal als Realität anerkannt ist, radikal Status, Wert und Funktion ändert: Das organisierte und organisierende Phantasma ist nicht mehr bloßes Spiel der »Phantasie«, der Neurotiker ist nicht mehr nur ein Kranker aus Einbildung, noch werden seine Ängste als eingebildet qualifiziert – er hat im Gegenteil in einem gewissen Sinne »recht« –, und der Wahn ist nicht länger eine Ausschweifung der Seele, sondern ein »Körnchen Wahrheit«. Die herkömmlicherweise der »materiellen Realität« zuerkannten Eigenschaften – ihr Widerstand, ihre relative Kohärenz, die Gesetze, von denen sie in Gestalt regulativer Prinzipien beherrscht wird – werden, statt daß man sie als Richtmaß verwendet, um das Psychische in Mißkredit zu bringen, eben

---

70 *Les vases communicants*, S. 22; dt. *Die kommunizierenden Röhren*, S. 15 (*Die Traumdeutung*, in: GW II/III, S. 625).

in diesem wiedergefunden. Der von Freud zwischen psychischer Realität und materieller Realität eingeführte Parallelismus dürfte eher das Zeichen einer Provokation als einer Konzession sein: Er hat die Konstitution eines Feldes, eines Objekts und einer Methode, die für die Psychoanalyse spezifisch sind, zur Folge gehabt. Aufmerksamkeit verdient hierbei die besondere Haltung Bretons, da sie weit über die Verachtung oder den Widersinn hinausgeht. Sie macht in ihrer Parteinahme die Grenze des surrealistischen Unternehmens kenntlich, welches selbst weitgehend dem Primat des Realen untergeordnet bleibt: Es können für Breton keine *zwei* Realitäten mit einander entgegengesetzten Prinzipien und Kategorien existieren, es kann allein *ein* Surreales geben, das man immer wieder ankommen lassen muß. Der Surrealist findet im Traum und in allen sich daraus inspirierenden Sprach- oder Kompositionstechniken etwas, womit sich das Reale aus den Fugen heben läßt: In diesem Sinne bleibt die »Collage« sein bevorzugtes Instrument. Ebenso zeugt sein bemerkenswertes Geschick im *Finden* und *Verfertigen* von Objekten von der Vorherrschaft eines Realen, das es um jeden Preis zu provozieren, zurückzuweisen, aufzulösen gilt, um sich alsdann eifrig zu bemühen, es zwar anders, aber doch aus seinen fragmentierten Materialien wiederherzustellen. Es ist zu vermuten, daß der vor allem bei Breton spürbare Kult des *amour fou*, dieser Wiederauferstehung der höfischen Liebe samt dem, was diese an Idealisierung eines totalen Objekts impliziert, auf jene zugleich methodische und inspirierte Wühlarbeit antwortet, und zwar kompensatorisch: In ihr tritt das Finden des Partialobjekts seinen Platz ab an das Wiederfinden des verlorenen Objekts.

Jeder kennt die triumphierende Formulierung, die bei denen, die sie von sich geben, die Gefahr heraufbeschwört, zur Floskel von schlichtem Witzeffekt zu verkommen: »Jede Entdeckung, welche die Natur, die Bestimmung eines Objekts oder eines Phänomens verändert, stellt eine surrealistische Tatsache dar.« Was die Surrealisten vom Funktionieren des Unbewußten zu begreifen vermochten, scheinen sie meines Erachtens auch auf das Objekt hin *umgelenkt* zu haben. Insofern sie im Unbewußten vor allem das Bild einer universalen Spontaneität als die Quelle jeglichen Sprechens und jeglichen Lebens erkannt haben, ist es den Vertrauensseligsten widerfahren, zu verkennen, was dieses Negativ des Realen dem »Dämonischen« verwandt sein läßt: Indem sie es als ein komplementäres Double zu sich riefen, haben sie es sich versagt, seine Determinanten zu begreifen. Und haben sie nicht vielmehr ein Unbewußtes, das im Grunde nicht bezähmt werden kann, zu bändigen oder besser: sich durch eine methodische, mitunter beflissene Suche *unter den Nagel zu reißen* versucht? Man führt die Begegnung mit ihm hierbei (objektiver Zufall), man verehrt seine Macht (Schlafexperimente, Traumerzählungen, Alltagswunder und Alltagsheiliges), man *ahmt* seine Mechanismen *nach* (automatisches Schreiben), man sucht Produkte zu verfertigen (Anagramme, Collagen, »cadavres exquis«), die seinen Hervorbringungen *analog* sind. Vielleicht liegt darin eine Weise, seine Effekte kurzzuschließen und das Unheimliche in die Kunst der Überraschung zu verwandeln. Doch dank dieses »guten Gebrauchs« des Unbewußten haben die Surrealisten, indem sie sich an die Eroberung der aufdeckenden Emotion und der sie hervorrufenden Zustände machten, unsere Wahrnehmung der Realität tiefgreifend verändert und ihre Register vervielfältigt, so daß überall Übergänge durch den Nicht-Sinn zum Sinn und zu den Sinnen eröffnet wurden. Freilich haben sie nicht wie die Psychoanalyse unsere psychischen Kategorien erneuert, doch stärker und glücklicher als sie, die nur allzusehr bestätigt, daß die innere Realität mindestens ebenso widerständig, drückend und verfestigt ist wie die äußere, haben diese aktiven Träumer unaufhörlich das Feld des Möglichen erweitert. Für sie bleibt der Traum, weit davon entfernt, uns den Umfang unserer Verzichtleistungen ermessen zu lassen, das Motiv einer Schwärmerei: Er ist die für einen jeden geöffnete Tür hin zu einem Realen, dessen Gewebe hinreichend gelockert und in sich inkonsistent ist, um sich durch vereinte Magie und mit der Komplizenschaft des objektiven Zufalls in einen surrealen Raum zu verwandeln. Die Surrealität, die alles in allem nur ein Zwischen-zwei-Realitäten ist, bleibt dadurch nicht weniger als auch die Dichtung, die Freiheit und die Liebe – das große surrealistische Dreigestirn – in unserer Reichweite: in der Gegenwart als etwas, das immer noch im Kommen begriffen ist.

Anwesenheit, zwischen den Zeichen,
Abwesenheit

Es fällt mir heute schwer, mich dem Werk von Maurice Merleau-Ponty zuzuwenden, von welcher Warte auch immer; es fällt mir heute schwerer als unmittelbar nach seinem Tod. Damals konnte ich – und die Erfordernisse der Trauer ließen auch nichts anderes zu – gelehrt-distanziert über die Stellung *des Problems des Unbewuß-ten*[1] in seinen bis dato veröffentlichten Arbeiten sprechen. Doch dem, was an *Unbewußtem* zur Aussage kam in einer Suche, die immer die gleiche blieb und zugleich aus immer größerer Ferne wiederaufgenommen wurde, dem, was darin am Werk war, mit wachsender Beharrlichkeit und auch mit jener Monotonie, die für den Ort bezeichnend ist, von dem sie herkommt, blieb ich verschlossen. Ausgerechnet jetzt, wo der Abstand der Zeit so angewachsen ist, läßt sich der Abstand der wohlgeordneten Rede nicht mehr aufrechterhalten. Man wird es hier folglich mit Anmerkungen zu tun haben, verzeichnet auf dem Rande von Seiten, die fehlen. Eindrücke fast nur, gleich jenen, die sich in Ihnen niederschlagen, wenn Sie von der Last eines Wortes oder einer Landschaft getroffen werden, deren Gestalt dagegen beinahe nicht zu erkennen ist.

Ich hatte während meines Philosophiestudiums die *Structure du comportement [Die Struktur des Verhaltens]* und die *Phénoménologie de la perception [Phänomenologie der Wahrnehmung]* »durchgearbeitet«; ich hatte, sobald sie erschienen waren, die in *Sens et non-sens,* dann die in *Signes* versammelten Artikel als ebensolche Zeichen [signes] gelesen, die meine eigene Erfahrung ausma-

1 Ein Text, der 1961 in der von *Les Temps Modernes* Merleau-Ponty gewidmeten Nummer erschienen ist und in J.-B. Pontalis, *Après Freud* (Paris 1968; dt. »Das Problem des Unbewußten bei Merleau-Ponty«, in: *Nach Freud,* Frankfurt am Main 1974) aufgenommen wurde.

ßen und anleiteten, um ihr rückwirkend Sinn zu geben. Ich konnte mich darauf noch Jahre später beziehen; sie blieben für mich Objekte des Denkens. Dagegen bin ich niemals wirklich in die letzten Schriften »eingestiegen«. Und ausgerechnet diese verwehren mir nun, so als ginge von ihnen eine negative Wirkung aus, die begriffliche Einordnung. Sie kommen von einer *anderen Seite* her, die freilich nicht die grenzenlose des Todes ist. Ich empfange sie als die Träume eines anderen – deren Nähe noch die Entfernung hervorhebt: Wie durchsichtig auch immer artikuliert, es ist unmöglich, sie einzukreisen; ich habe weder Schlüssel noch Methode, um mit ihnen zu kommunizieren – den sichtbaren und den unsichtbaren ...

Merleau-Pontys Schreiben hat stets eine Versuchung des Mimetischen in den Kommentar einfließen lassen. Ein jeder hat feststellen können, wie sehr sein Denken einem durch die Finger rinnt, wenn man es darzustellen versucht: Es läßt sich nicht *übersetzen*, und diese Stärke macht unsere Schwäche aus. Die unterschiedlichsten Leute, die es sich zur Aufgabe machen, über ihn zu sprechen, sprechen am Ende, wenn sie – sei es auch nur für eine Weile – von der Lektüre gesättigt sind, so wie er. Ich habe selbst die Erfahrung gemacht, während einer mündlichen Examensprüfung, als ich dem kommentierten Text Leben und Überzeugung nur dadurch zurückerstatten konnte, daß ich den Tonfall einer Stimme übernahm, die damals, ohne daß ich es wußte, über das Bindeglied jener Identifizierung zu mir gelangte und mich den persönlichen Akzent finden ließ.

Soll ich das als einen ersten Hinweis ansehen? Das Denken, das sich nicht von der Sprache trennen läßt, die ihm Anstoß gibt und es wieder in Gang bringt, die Sprache eines in Bewegung befindlichen Sprechens, des Sprechens eines beseelten Körpers, der Leser, der vom Autor zum Vertrauten gemacht wird – ja, von Anfang an haben wir in den psychischen Kategorien Merleau-Pontys unseren Platz: Ambiguität, Austausch, ungeteiltes Sein; später: Übergreifen, Chiasmus, Geflecht.

Sein Denken ist auf Gegensatzpaaren aufgebaut, mit einer Vorliebe für die Sartreschen Oppositionen: an sich – für sich, real – imaginär, aktiv – passiv, wie um darin eine falsche, aber notwendige

Startlinie zu finden, um die als unausweichlich gesetzte Alternative zurückzuweisen und den Zwang zur Synthese in Schach zu halten. Sartres ätzender analytischer Geist drängt ihn hingegen dazu, die Oppositionen aus dem Ungeteilten hervorgehen zu lassen und ihnen eine solche Betonung zu geben, daß noch zähere von ihrer Art hervorgebracht werden. Ein sichtliches Balancieren ist eine Konstante bei Merleau-Ponty: von der *Phänomenologie der Wahrnehmung*, bei der jedes Kapitel im gleichen Zug die empiristische wie die intellektualistische Lösung zurückweist, bis zu den *Résumés de cours*, die freilich schon von ihrem Genre her eine kantigere Formulierung zu verlangen schienen. Warum, wenn es doch darum geht, an ein »bereits da«, an ein »es gibt« anzuschließen, warum dann immer wieder aufs neue dieses Hin und Her?, wird derjenige fragen, der einen unmittelbaren Zugang zum Sein verlangt. Und warum, so werden sich umgekehrt die Philosophen des erkennenden Subjekts irritiert zeigen, werden am Ende stets die Thesen und Antithesen ausradiert zugunsten einer Sprache, die der poetischen Form des Aussagens näher steht als der Aussage abgegrenzter und überprüfbarer Sätze? Doch gerade die *Bewegung, welche sehen läßt*, ist hierbei das Wesentliche. Das setzt freilich eine neuartige philosophische Vorgehensweise voraus, so daß diese sich aus den Klammern des Begriffs löst und die stille Arbeit der Wahrnehmung nachvollzieht, sie sich zu eigen macht, in ihrem eigenen Gang, oder eher noch, daß sie, indem sie sich zum zeitgleichen Begleiter macht, jenen Übergang vom Körper zur Symbolisierung: die Spannung und die Metamorphose, ermöglicht und wirksam macht.

»Die sinnliche Welt und die Welt des Ausdrucks«; »Die Prosa der Welt«.[2] Ist es durchgehend dasselbe Projekt? Dasjenige, das die Formel Husserls verdichtet, die Merleau-Ponty so viele Male zitiert hat: »Es ist die ›noch stumme Erfahrung, die [...] zur reinen Aussprache ihres eigenen Sinnes zu bringen ist‹.«[3]

Man könnte ohne weiteres eine direkte Verbindung zwischen

2 Der Titel einer Vorlesung von Merleau-Ponty bzw. eines geplanten Buches.
3 Edmund Husserl, *Cartesianische Meditationen*, Husserliana, Bd. 1, Den Haag 1951, S. 77; zitiert in: Maurice Merleau-Ponty, *Phénoménologie de la perception*, Paris 1945, S. X; dt. *Phänomenologie der Wahrnehmung*, übersetzt von Rudolf Böhm, Berlin 1966, S. 12. A. d. Ü.

den beiden *thèses* und den letzten Schriften herstellen. Ihr Autor hat sie selbst angezeigt.[4] In der Tat hätte ein Bruch im Werk eines Philosophen, der das Primat der Erfahrung der wahrgenommenen Welt aufstellt, einen noch offensichtlicher paradoxen Status als bei jedem anderen.

Dennoch ist der Unterschied spürbar.[5] Sartre in seiner prompten Art hat, noch vor der Veröffentlichung von *Le visible et l'invisible [Das Sichtbare und das Unsichtbare],* darauf hingewiesen: »In einer Hinsicht hat sich an den Ideen, die er in seiner *thèse* vertrat, nichts geändert; in der anderen ist nichts mehr wiederzuerkennen.« Doch zu prompt wiederum, um explizit werden zu lassen, was seine eigenen Gewißheiten in Frage stellt, fügt er hinzu: »Merleau-Ponty hat sich auf der Suche nach dem, was er gegenwärtig das Fundamentale nennt, in die Nacht des Nicht-Wissens eingegraben.«[6]

Alles spricht gegen ein solch unumstößliches Urteil, vor allem die stets beibehaltene Konfrontation mit den vielfältigen vom Wissen eroberten Orten. Merleau-Pontys außerordentliche Lesebegabung ist nicht hinreichend gewürdigt worden: Er gibt zu lesen. Ob man sich nun auf die von seinen Studenten angefertigten und im *Bulletin de Psychologie* gesammelten Mitschriften der Vorlesungen an der Sorbonne oder auf die *Résumés* vom Collège de France be-

4 In einer Bewerbungsschrift für das Collège de France heißt es (veröffentlicht von M. Guéroult in der *Revue de Métaphysique et de Morale*, Bd. 67, Nr. 4, 1962 [unter dem Titel »Un Inédit de Merleau-Ponty«, S. 401–409; dt. »Schrift für die Kandidatur am Collège de France«, in: *Vorlesungen I*, übersetzt von Alexandre Métraux, Berlin/New York 1973, S. 3–11]): »Unsere ersten beiden Arbeiten versuchten, die Welt der Wahrnehmung zu restituieren. Die in Vorbereitung stehenden Arbeiten hingegen sollen zeigen, wie die Wahrnehmung, die uns in die Wahrheit eingeweiht hat, durch die Kommunikation mit dem Anderen und durch das Denken wiederaufgenommen und überschritten wird.« (S. 401; dt. S. 3 – Übersetzung leicht verändert – A. d. Ü.)

5 Sie entgeht auch dem Autor nicht: »[...] all das – was meine ersten beiden Bücher wiederaufgreift, sie vertieft und *berichtigt* –«, Arbeitsnotiz vom Januar 1959, in: *Le visible et l'invisible*, Paris 1964, S. 222; dt. *Das Sichtbare und das Unsichtbare*, übersetzt von Regula Giuliani und Bernhard Waldenfels, München 1986, S. 219 (Hervorhebung von mir – J.-B. P.).

6 »Merleau-Ponty vivant«, in: *Les Temps Modernes*, Nr. 184–185, 1961, S. 360 (besagte Merleau-Ponty gewidmete Nummer). Aufgenommen in: J.-P. Sartre, *Situations IV*, Paris 1964, dt. *Portraits und Perspektiven*, Reinbek bei Hamburg 1968.

zieht, man ist weniger gepackt vom sogenannten Informationsgehalt als von einem Erweckungsvermögen, welches das genaue Gegenteil einer kritischen und argwöhnischen Wachsamkeit ist: Indem er die Werke – Hauptwerke und solche, die es nicht sind –, auf die er zu einem gegebenen, mitunter sehr zufälligen Moment stößt, von seinem eigenen Weg aus befragt, läßt Merleau-Ponty sich, läßt er uns von ihnen befragen und kommt so häufig dem Diskurs der Spezialisten zuvor. Um nur zwei Beispiele unter Hunderten aufzunehmen: Merleau-Ponty behandelt die Konzeptionen von Melanie Klein, fünfzehn Jahre bevor die französischen Psychoanalytiker sich dafür interessieren, und er bezieht sich auf Arbeiten aus der Linguistik (namentlich von G. Guillaume), lange bevor sie zur unerläßlichen Referenz aller möglichen Zirkel werden. Es gibt kaum ein wissenschaftliches oder ästhetisches Gebiet, kaum Philosophen, die Merleau-Ponty aus seinem Gesichtskreis herausgehalten hätte. Dies war für ihn eine glückliche Notwendigkeit, die sehr wenig mit irgendeiner universitären Anforderung zu tun hatte, eine fruchtbare Prägung. Warum ein derart beständiges und derart methodisches Forschen auf dem Feld des Wissens, wenn es nur darum ginge, sich in die Nacht des Nicht-Wissens einzugraben?

Es hatte mich überrascht zu hören, wie Merleau-Ponty während seiner letzten Lebensjahre den schwer zuzuordnenden, aber unstrittigen Platz des Philosophen beanspruchte – das Verb ist wohl nicht angebracht, denn für ihn war das eine Selbstverständlichkeit.[7] Und der nachträglich seiner Inauguralvorlesung am Collège de France verliehene Titel *[Éloge de la philosophie – Lob der Philosophie]* hatte gewiß nichts Akademisches: die eher leise, sokratische Ironie einer *Lobrede*, zu jener Zeit, als uns das »Wozu Philosophen?« in den Ohren schrillte.

Für Merleau-Ponty und den sich in seinem Kielwasser bewegen-

---

7 Man findet ein direktes Zeugnis dafür in dem Madeleine Chapsal gewährten Gespräch: »An dem Tag, an dem ich zum ersten Mal den Philosophieunterricht besuchte, wußte ich, daß Philosophie das einzige war, was ich machen wollte. Für mich bestand diesbezüglich weder damals noch irgendwann seither der geringste Zweifel. [...] Die philosophische Arbeit hat ihre Wahrheit in sich selbst, wie jede andere Arbeit auch.« In: *Les Écrivains en personne*, Paris 1960; dt. *Französische Schriftsteller intim*, übersetzt von Sabine Gruber, München 1989, S. 84 f.

den Leser war das philosophische Sprechen das eigentliche Sprechen, nicht aufgrund eines ihm von Natur aus eignenden Privilegs oder der Würde seines Gegenstandes wegen, sondern unter der Bedingung, daß es sich über die Grenzen hinaus vorwagt, die alle Philosophie, die des transzendentalen Subjekts wie die des Weltgeistes, sich anzuweisen gezwungen glaubte. Was kein Zwang wäre, der den Dingen angetan würde, sondern das Erkennen einer seinem Bemühen innewohnenden Leidenschaft für den *Schatten*, den die philosophische *Aufklärung*, ohne es zu bemerken, wirft. Die Prägung durch Werke der Kunst und des Denkens – das Wohnen im von anderen bewegten »Leib des Geistes« – ist eine immer wieder aufs neue durchzuführende Phase, damit sich entfalten kann, was von ihnen verdeckt wird, sobald sie zur Institution werden. Man kann dem von Merleau-Ponty gegangenen Weg folgen, der vielfältige Orte durchquert, aber dessen Zielrichtung eine einzige ist, und man wird darin stets den philosophischen Entwurf am Werk finden. In den letzten Arbeiten bleibt das Primat des Sinnlichen bestehen, wenn auch nicht mehr als Ausgangspunkt, sondern als das, womit der Philosoph, gleichgültig, welchem Gegenstand und welchem Feld er sich zuwendet, rechnen muß: Es gibt da etwas, das sich nicht abziehen läßt. Das ist ein weiteres Mal nicht gut gesagt, handelt es sich dabei doch um einen Seinskern, nicht um einen Rest.

»Die Endlichkeit des sinnlichen Bewußtseins in die Rechnung einbeziehen [...]. Lernen, in der Berührung mit der Wahrnehmung, eine Beziehung mit dem Sein zu erkennen, die eine neuerliche Analyse des Verstandes notwendig und möglich macht.«[8] Dieses nunmehr klar umrissene Projekt ist, bevor es als solches ausgesprochen wurde, von der *Phänomenologie der Wahrnehmung* an, die nie ein Buch der »Psychologie« gewesen ist, aktualisiert worden. Es ist in den letzten Werken gegenwärtiger denn je und beseelt beispielsweise eine Schrift – *L'Œil et l'Esprit [Das Auge und der Geist]* –, in der es scheinbar allein um Malerei geht. Damit es jedoch zu einem guten Ende geführt werden kann, ist ein tiefgreifender Wandel des

---

8 *Résumés de cours*, S. 11. Vgl. auch die ersten Seiten von *Le visible et l'invisible*: »[...] eine wirkliche Verstandesreform durchzuführen« (*Das Sichtbare und das Unsichtbare*, S. 17).

philosophischen Sprechens und des philosophischen *Stils* erforderlich.

Das Nachdenken über die Sprache, das Merleau-Pontys gesamtes Werk durchzieht (von Kap. VI der *Phänomenologie der Wahrnehmung* bis zum posthum erschienenen Buch *La prose du monde* [Die Prosa der Welt]), scheint mir für ihn in seiner beständigen Wiederaufnahme dieser Notwendigkeit zu entsprechen. Die aufmerksame Untersuchung, die er zum Beispiel dem literarischen Gebrauch der Sprache bei Proust – den er mit großer Freude las – gewidmet hat, ist dazu verurteilt, sein eigenes Sprechen immer abhängiger von dem zu machen, was es herausfordert, als notwendige Bedingung dafür, daß es selbst der Erzeugung von Sinn und Sehen mächtig wird. »Die Theorie der Sprache stützt sich zumeist auf die sogenannten exakten Gebilde, das heißt auf Aussagen, die Gedanken betreffen, die bei dem, der spricht, bereits herangereift, und bei dem, der zuhört, zumindest unmittelbar bevorstehend sind, und das hat zur Folge, daß sie den heuristischen Wert der Sprache aus dem Blick verliert.«[9] Das Befremdliche, mit dem sich der Schriftsteller genauso konfrontiert sieht wie der Psychoanalytiker, liegt darin, daß wir immer das Gefühl haben, das Werk hole bloß etwas anderes ein: Ich habe es immer gewußt, Sie bezeichnen mir nur, was ich vor Augen habe. Doch ist das, in einem gewissen Sinne, eine Illusion, denn man braucht ja gerade das Tätigwerden der Sprache, um, was bereits da ist, erscheinen zu lassen. Merleau-Ponty schreibt in tiefer Einsicht: »[...] indem die Sprache das Schweigen bricht, verwirklicht sie, was das Schweigen wollte und nicht erreichte.«[10] Das heißt in der Terminologie Freuds: Die von der diskursiven Logik geforderte *Denkidentität* sucht zu vollenden, was die Logik des Wunsches in der *Wahrnehmungsidentität* vergebens zu erreichen sich bemüht hat.

Dazu bedarf es des Ins-Werk-Setzens eines Stils, der fähig ist, bei dem Autor und bei seinem Leser einen Prozeß in Gang zu setzen, den die gesamte Anordnung der »klassischen« philosophischen Sprache gerade hemmen soll, wie ihre bemerkenswerte Beständig-

---

9 *Résumés de cours*, S. 22.
10 *Le visible et l'invisible*, S. 320; dt. *Das Sichtbare und das Unsichtbare*, S. 228.

keit durch die verschiedenartigsten »Systeme« hindurch beweist: Sie setzt der Innovation einen härteren Widerstand entgegen als die literarische Sprache.[11] »Der Schriftsteller ist selbst ein neues, im Aufbau befindliches Idiom.« Diese Worte müssen wir so verstehen, daß mit ihnen der Versuch bezeichnet wird, den Merleau-Ponty letztlich auf dem Gebiet der Philosophie durchzuführen begann. Der Widerstand liegt bei uns.

Merleau-Ponty zitierte gern jenen Passus bei Saussure, wo dieser die Auffassung kritisiert, daß man – vom Französischen her – veranlaßt sein könne, in dem englischen Satz *The man I love* ein *that* mitzuvernehmen. In dem Satz »ist nichts stillschweigend gemeint, wenn er verstanden wird«, so sein Kommentar, »oder besser: Es gibt nur Unausdrückliches in einer Sprache, welche immer es sei [...]. Nicht indem ich mein ganzes Denken in Worten deponiere, aus denen die anderen es dann entnehmen, verständige ich mich mit ihnen [...]«.[12] Die Idee einer völlig positiven Sprache wird unablässig zurückgewiesen, als läge eine natürliche Neigung vor, die uns dazu verführen würde, uns darin einzuschließen. In direkter Verbindung mit ihr wird die Idee einer Objekt-Welt universellen Wissens zurückgewiesen, insofern diese den letztlichen Rückgriff auf ein transzendentales Subjekt impliziert, sei es nun Gott, das Ich des Cogito oder das handelnde Subjekt der Geschichte. Die Suche nach einer »ersten Schicht« der Sprache, nach einer »Lage rohen Sinns« ist der Suche nach dem »wilden Sein« strikt korrelativ. Weder die eine noch die andere dürfen als Form einer Sehnsucht nach den Anfängen verstanden werden. In der Gegenwart, im lückenhaften Gewebe der unvollendeten Gegenwart gilt es, das Anfängliche wiederaufzugreifen. Bekanntlich – um ein extremes Beispiel aufzunehmen, welches das bestätigt – hat Merleau-Pontys

---

11 »Der Sinn eines Buches wird primär nicht aufgrund von Ideen, sondern aufgrund einer systematischen und ungewohnten Variation der Sprech- und Erzählformen beziehungsweise der bestehenden literarischen Formen gegeben.« (»Schrift für die Kandidatur am Collège de France«, S. 407; dt. S. 9.) Wir lesen die Philosophen noch, um darin ihre »Ideen« ausgedrückt zu finden.

12 *La prose du monde*, S. 42; dt. *Die Prosa der Welt*, übersetzt von Regula Giuliani, München 1984, S. 51 f.

Interesse an den »politischen« Problemen *niemals* nachgelassen: an den Kolonialkriegen, am Gaullismus, am industriellen Kapitalismus, an den Wandlungen des Kommunismus, und dies in einer Zeit, die so viele andere in die Ernüchterung oder ins Ressentiment trieb. So ist oft im in sich geschlossensten Sichtbaren das Unsichtbare zu erkennen: »Schließlich ist die Welt um mich herum, nicht vor mir.«[13]

Doch warum sichtbar und unsichtbar? Warum diese Quelle [source] und diese unerschöpflichen Hilfsmittel [ressources], gefunden im Blick oder besser noch im *Sehen*, wenn doch das Sprechen vom Blick bereits ein dargebotenes Schauspiel, einen gebildeten Raum postuliert? Was gründet diese Wahlverwandtschaft zwischen dem *Auge* und dem *Geist*, als ob der Geist die Metapher des Auges wäre, als ob der Philosoph, ist einmal das Scheitern des Cartesianismus besiegelt und das »Geheimnis seines Gleichgewichts« verloren, nichts anderes könnte, als zu übernehmen, was die Anforderung des Malers wäre?

Wenn ich die Seiten lese – sie zählen zu den dichtesten und den inspiriertesten, die Merleau-Ponty geschrieben hat –, die diese Verwandtschaft und dieses Prinzip bezeugen wollen, so empfinde ich schlagartig die pathetische Prävalenz eines Imaginären, wobei jedoch die buchstäblich radikale Bedeutung, die der Autor dem gibt, gleichsam verschwiegen wird. Mit *Das Auge und der Geist,* diesem außerordentlichen Lob des Malers – und nicht der Malerei –, werde ich dazu aufgerufen, mich mit der *Arbeit* des Malers – sagen wir: bestimmter Maler der Moderne[14] – zu identifizieren, doch nirgendwo werden die *ästhetische* Emotion oder die Hervorbringung der *Illusion* als konstitutive Bestandteile des Wunsches zu malen erwähnt. Für Merleau-Ponty *erwirkt* der Maler die Wahrnehmung.

---

13 *L'Œil et l'Esprit*, Paris 1964, S. 59; dt. »Das Auge und der Geist«, in: *Das Auge und der Geist*, übersetzt von Hans Werner Arndt, Hamburg 1984, S. 31.

14 Hier schließe ich, obgleich oft auf ihn Bezug genommen wird, Klee nicht mit ein, der für mich der Maler der Ordnung der Phantasie und nicht der Tiefenschicht der wahrgenommenen Welt ist. Es fällt auf, daß *Das Auge und der Geist* der einzige Text ist, für den der Autor seinen Entstehungsort angegeben hat: Le Tholonet.

Fast auf jeder Seite wird man von der Kraft und der Beharrlichkeit der Formulierung verblüfft: »Es gibt in der Bestätigung des Malers eine Dringlichkeit [...]. Da ist er, lebenstüchtig oder nicht, aber unbestreitbar souverän in seiner immer neuen Wiedergabe der Welt, ohne eine andere ›Technik‹ als die, welche seine Augen und Hände durch vieles Sehen, durch vieles Malen erworben haben [...]. Was ist also dieses Geheimwissen, über das er verfügt oder das er sucht? [...] *Jener Grundbestandteil der Malerei und vielleicht der Kultur überhaupt?*«[15]

Ein, von außerhalb betrachtet, ungeheures Privileg: Man könnte nun, zu Unrecht, annehmen, daß die gesamte philosophische Erkenntnis, ihr Bemühen, die Welt zu verstehen, das, was sie an Begriffen zu schmieden, an Systemen zu errichten oder eben an Meditationen hervorzubringen vermocht hat, alles nur Versuche sind, überdies unter dem Alibi des Lichts, vor jenen Rätseln abzuschirmen, mit denen sich der Maler wortlos auseinandersetzt.

Das ist sehr weit entfernt von der Funktion, die in den früheren Texten die Bezugnahme auf die Malerei hatte. In der *Phänomenologie der Wahrnehmung*, in dem Aufsatz über Cézanne[16] schien sie vor allem aufgerufen, die heutzutage wohlbekannten Thesen des Autors über den Leib, der den Raum bewohnt, über die Kommunikation der Sinne und das Wunder des vorsprachlichen Ausdrucks zu stützen.

Doch nun ist es so, daß ein Thema, das sich gewiß unablässig entfaltet hat und als fähig erwies, die klassischen Konzeptionen umzustürzen, die gesamte Szene beherrscht. Zum einen wird nicht mehr das Primat des Empfindens gesetzt, sondern der Bezug des Sehenden zum Sichtbaren; der Autor erklärt sich selbst dazu bereit, das Wort Wahrnehmung zurückzunehmen, als »veraltete Philosophie«, sofern es noch mit so etwas wie einem intentionalen bewuß-

---

15 *L'Œil et l'Esprit*, S. 15; dt. *Das Auge und der Geist*, S. 15 (Hervorhebung von mir – J.-B. P.; Übersetzung leicht verändert – A. d. Ü.).
16 »Le doute de Cézanne«, in: *Sens et non-sens*, Paris 1948, ³1996, S. 13–33; dt. »Der Zweifel Cézannes«, übersetzt von Andreas Knop, in: Gottfried Boehm (Hg.), *Was ist ein Bild?* München 1994, S. 39–59. – A. d. Ü.

ten Vollzug beladen sein sollte.[17] Zum anderen und vor allem wird dieser privilegierte Bezug als *ursprünglich* definiert, das heißt als der Konstitution des Leibes als Referenz*ort*, als *Gesichtspunkt* präexistent. Die Suchwege der modernen Malerei haben ihren besonderen Wert darin, daß sich auf ihnen eine »Wandlung in den Beziehungen des Menschen und des Seins«[18] vollzieht, daß sie eine »begriffslose Darstellung des universellen Seins«[19] erwirken. Dieses Projekt, das wohl als metaphysisch zu bezeichnen ist, auch wenn es sich den umstandslosen Rückgriff auf derlei Entitäten versagt, verkörpert sich in der Malerei. Nicht, daß – es sei noch einmal gesagt – der Philosoph abgedankt hätte; sondern er konnte gar nicht anders, als sich in seinem eigenen *Logos* die Geste des Malers zu eigen zu machen: »Diese Philosophie, die noch zu schaffen ist, sie beseelt den Maler, zwar nicht, wenn er Ansichten über die Welt äußert, sondern im Augenblick, da sein Sehen zur Geste wird, wenn er, wie Cézanne sagt, ›im Malen denkt‹.«[20] »Unserer Philosophie bleibt nur noch, mit der Erkundung der wirklichen Welt zu beginnen.«[21]

Unter dem Denken das Sprechen, unter dem Sprechen der Blick.[22] Der Philosoph, der Mann des Denkens, ist ein solcher nur, wenn er sich die Mittel verschafft, in sich in »fortwährender Geburt« den Maler zur Welt kommen oder wieder zur Welt kommen zu lassen, insofern dieser in vorzüglicher Weise der Mann des

---

17 Wortmeldung während des Kolloquiums von Bonneval 1960 [in Henri Ey (Hg.), *L'Inconscient (VIᵉ Colloque de Bonneval)*, Paris 1966, S. 143 – A. d. Ü.].

18 *L'Œil et l'Esprit*, S. 63; dt. *Das Auge und der Geist*, S. 32 (Übersetzung leicht verändert – A. d. Ü.).

19 Ebd., S. 71; dt. S. 35.

20 Ebd., S. 60; dt. S. 31. (Hervorhebung von mir – J.-B. P.)

21 Ebd., S. 58; dt. S. 31 (Übersetzung leicht verändert – A. d. Ü.).

22 Die ersten Rätsel sind zugleich, von ihrer anderen Seite her gesehen, Gemeinplätze. (Das Wort stammt von Merleau-Ponty: »Das Denken denkt, das Sprechen spricht, der Blick blickt.« Vgl. das Vorwort zu *Signes*, Paris 1960, S. 30.) Vgl. auch die ersten Zeilen von *Le visible et l'invisible [Das Sichtbare und das Unsichtbare]*: »Wir sehen die Sachen selbst, die Welt ist das, was wir sehen: Formulierungen dieser Art sind Ausdruck eines Glaubens, der dem natürlichen Menschen und dem Philosophen gemeinsam ist, *sobald er die Augen öffnet* [Hervorhebung von mir – J.-B. P.] [...]. Aber seltsam an diesem Glauben ist, daß wir – sobald wir versuchen, ihn als These oder Aussage zu formulieren, sobald wir uns fragen, was dieses *Wir*, dieses *Sehen*, das *Ding* oder die *Welt* sei – in ein Labyrinth von Schwierigkeiten und Widersprüchen geraten.«

Blicks, der Sehende wäre. Der Wunsch zu wissen, der verständlich macht, wäre durch den Wunsch zu sehen ersetzt, der sichtbar macht. Diesseits des Zeichens die Linie. Nichts hat Merleau-Ponty ferner gelegen als jene Versuche aus jüngster Zeit, das gemalte Bild zu *lesen*; bei ihm liegt die umgekehrte Bewegung vor: be-deuten, um zu sehen.

Freud hat aus der »Rücksicht auf Darstellbarkeit« eine *Bedingung der Traumarbeit* gemacht: Die an den Trieb gebundenen Elemente – gleichgültig, welches sensorielle Register, welche erogene »Partialität« bei ihnen den Vorrang haben mag – müssen sich, um im Traum gegenwärtig zu sein, in visuelle Bilder verwandeln. Die in den letzten Schriften Merleau-Pontys beschworene Freilegung des rohen Seins läßt sich anscheinend nur durch das Übergreifen des Sichtbaren und des Unsichtbaren bewerkstelligen. Liegt damit nicht eine bloße Unterstellung oder ein Grundphantasma vor?

Wir sollten nicht übereilt das Gefühl der Fremdheit, des Vertraut-Unvertrauten[23], das die Lektüre des *Sichtbaren und des Unsichtbaren* mit sich bringt, neutralisieren; indem wir uns beispielsweise mit Homologien begnügen zwischen unbewußt (paradoxerweise gibt uns dieses Wort hier Sicherheit!), unsichtbar und latent auf der einen Seite und zwischen sichtbar, wahrgenommen und manifest auf der anderen. Denn dabei hätte man es nicht nur mit oberflächlichen Homologien zu tun, sondern mit einem wahrhaftigen Widersinn, sowohl, was die Psychoanalyse, als auch, was das Denken von Merleau-Ponty betrifft. Für den Psychoanalytiker kann das Unbewußte aus dem Grunde nicht das Unsichtbare sein, weil der Wunsch bereits *Be-deutung* und das Phantasma bereits Konstruktion ist; zudem schließt sich der Analytiker in seiner Person aus dem Feld des Sichtbaren aus, nicht, um dessen Existenz zu annullieren, sondern um es ins Hören zu verwandeln. Und für

23 Auf diese Weise [»d'étrangeté, de familier-non familier«] könnte man im übrigen das Freudsche *Unheimliche** besser wiedergeben als durch die inzwischen akzeptierte Übersetzung mit »inquiétante étrangeté« [wörtlich: »beunruhigende Fremdheit«]. Denn gerade das *Heimliche**-Heimische-Vertraute [le familier], das »wie zu Hause«, schlägt unter bestimmten Umständen ins Fremde um: das Nächste wird mir zum Fremdesten, und da, wo ich mich nicht mehr erkenne, ist das Jemeinigste, wie das die Erfahrung der Übertragung bestätigt.

Merleau-Ponty bezeichnet die Latenz nicht ein Anderswo, das aufgrund seiner Beschaffenheit oder seiner Struktur dem Feld des Sinnlichen äußerlich wäre. Wiederholen wir es: *Die andere Seite* (Husserl) ist nicht *der andere Schauplatz* (Freud).[24] Die Wahrnehmung ist bereits Nichtwahrnehmung: Es gibt nur ein einziges Territorium, und wir haben es bei Merleau-Ponty niemals wie in der Freudschen Topik mit zwei *getrennten* Systemen zu tun. Darüber hinaus müßte die Analyse des sehend-sichtbaren Leibes zur Überwindung der Alternative des Unbewußten und des Bewußten führen, die selbst ungewollt – Freud hatte das bereits vermerkt – von einer Philosophie des Bewußtseins abhängig ist.

Sehen heißt, es nicht nötig zu haben, eine Vorstellung zu bilden. Das Sehen ist nicht nur vor-prädikativ, sondern diesseits aller *Vorstellung*. Und Merleau-Ponty hat sich auch deshalb mehr für die *Arbeit* des Malers interessiert als für das unserer Kontemplation dargebotene *Werk*, weil wir in dieser zweiten Phase von unserer Stellung her auf die Seite der Vorstellung überwechseln, anstatt in uns dieses »*Ausstrahlen des Sichtbaren*, das der Maler unter den Namen ›Tiefe‹, ›Raum‹, ›Farbe‹ sucht«[25], agieren zu lassen.

Freilich werden wir – die wir in der Situation sind, Leser Merleau-Pontys zu sein – dadurch, daß wir die durch den bildlichen Ausdruck vollzogene Enthüllung kommentieren, nicht herausfinden können, worauf unsere Zustimmung gegründet ist. Umgekehrt: allein der Vorrang, den Merleau-Ponty dem Sichtbaren gewährt, läßt uns den Übergang von der sehr bald erkannten phänomenologischen Bedeutung der Malerei zu ihrer ontologischen Dimension erfassen. Hier nun kann man es wagen, den Ausdruck Phantasma anzubringen, und zwar keineswegs in einem pejorativen Sinne, ganz im Gegenteil.

Nehmen wir zum Beispiel die folgenden Zeilen: »Das Sehen ist kein bestimmter Modus des Denkens oder eine Selbstgegenwart; es

---

24 Oder noch anders: Die »Horizonte«, die Tiefe des von einem Ich virtuell erfaßbaren Vorbewußten sind nicht die Andersheit des Unbewußten.

25 *L'Œil et l'Esprit*, S. 71; dt. *Das Auge und der Geist*, S. 35 (Hervorhebungen von mir – J.-B. P.).

ist mein Mittel, von mir selbst abwesend zu sein, von innen her der Spaltung des Seins beizuwohnen, durch die allein ich meiner selbst innewerde.«[26] In ihnen verdichtet sich, was dieser Art *Überschätzung*, ja Idealisierung des *Sichtbaren* zugrunde liegt – offenkundig bis hinein in den lyrischen Ton, der sich auf manchen Seiten findet –, zu der wir eingeladen sind. Zunächst wird mit ihnen – wobei von vornherein jede »mystische« Ausdeutung dessen, woraufhin das späte Denken Merleau-Pontys sich spannte, abgewiesen wird – ein weiteres Mal die Unmöglichkeit einer absoluten Selbstgegenwart[27] behauptet: Das Primordiale kann nicht erreicht, nicht direkt gewußt werden. Das aus seiner Mitte herausgesetzte, leere, inexistente »Subjekt« wird durch das Sehen nach »draußen« mitgerissen, doch dieses Draußen ist keine volle Welt, kein totales Objekt: Das Sein ist gespalten, ist Segregation, Lücke. Die Schlaufe schließt sich mit der Konstitution einer Form: »Ich werde meiner selbst inne.« Neuerliche »Reflexion«: Dieses Körper-Ich wendet sich aufs neue der Welt zu, um sie zu bedeuten. Ein endloses Spiegelspiel. Die *Reflexivität* des (empfindend-empfundenen) Körpers bestimmt ihn dazu – durch eine Art prästabilierter Harmonie –, die Welt zu *reflektieren*.

Findet dasjenige im Stil Merleau-Pontys, wofür der Leser von Beginn an sensibel gewesen ist, indem er sich durch dessen Bewegung hat leiten lassen oder sich irritiert dagegen verwahrt hat, nicht an dieser Stelle seinen Nabel? Ein zirkuläres Denken, ein Phantasma der Zirkularität. Das »Fleisch« – jenes Element in dem Sinne, in dem Wasser ein Element ist – wäre der Vermittler. »Überall und nirgendwo«: Das Sehen ist das Instrument und das Emblem dieses Überallseins. Man ist versucht, diesen Diskurs als Rückweisung jeder irreduziblen Differenz[28], des Verlustes, der Kastration

26 Ebd., S. 81; dt. S. 39.
27 Es dürfte wohl heute kaum noch jemanden geben außer eben Psychoanalytiker, die – unter der Bezeichnung »primärer Narzißmus« – dieser monadischen Illusion noch irgendwie Glauben schenken.
28 Vgl. zum Beispiel folgende Arbeitsnotizen: »Es gibt nur Differenzen von Bedeutungen.« (*Le visible et l'invisible*, S. 225; dt. S. 222.) »Nachdenken über die Zweiheit, das Paar, es gibt nicht zwei Akte, zwei Synthesen, sondern Fragmentierung des Seins, Möglichkeit der Abweichung (zwei Augen, zwei Ohren: Möglichkeit der Unterscheidung, Gebrauch des Diakritischen), *Aufkommen der Differenz*

zu verstehen. Der Austausch, das Geflecht, der »Vorgriff« auf das rohe Sein: am Ende ist nichts jemals »besessen«, aber auch nichts jemals verloren worden.[29] Muß man darin nicht mehr als nur ein spezifisches Phantasma, nämlich den Ursprung schlechthin des Phantasmas sehen?

Man hat stets mit Skrupeln zu kämpfen, wenn man im Werk eines Philosophen die Prägekraft eines Imaginären geltend macht. Ein berechtigter Skrupel, wenn es darum gehen sollte, darin mit Hilfe der »Psychobiographie« ein letztes Mittel zu finden, um die Wahrheitsfunktion philosophischer Untersuchung abzuwerten, aber ein nicht berechtigter Vorbehalt, wenn man im Werk selbst nach Spuren dessen sucht, woraus es seine Inspiration und Organisation gewinnt. Im Falle von Merleau-Ponty wäre es im Gegenteil eine Untreue gegenüber dem Werk, wenn man ihm aus prinzipiellen Gründen Grenzen zuwiese, die es nur, um sich zu vollenden, zu überwinden vermocht hat.

Freuds interessantester Beitrag, schreibt Merleau-Ponty, ist »die Idee eines Symbolismus, der primordial und ursprünglich wäre [...], eingeschlossen in eine ›Welt für uns‹, verantwortlich für den Traum und allgemeiner für die Erarbeitung unseres Lebens«.[30] Bei einem Menschen, für den von einem »philosophischen Leben«[31] zu sprechen mit Sicherheit weder Alibi noch Redensart war, müßte man versuchen, durch die Bewegung des Satzes und des Buches, durch die obsedierenden Metaphern[32], die Gleitbewegungen und Verwandlungen der Begriffe hindurch, diesen in den vielfältigen

(auf dem Hintergrund von Ähnlichkeit [...])« (S. 270; dt. S. 276 – Hervorhebungen von mir – J.-B. P.). Man wird bemerkt haben, daß die Differenz der Geschlechter unerwähnt bleibt.

29 Über das Negative schreibt Merleau-Ponty im Zusammenhang einer Behandlung von Sartres Konzeption des Nichts. »... Mangel an Sein, aber Mangel, der sich selbst als Mangel konstituiert, *ein Riß also, der sich eingräbt genau in dem Maße, wie er sich auffüllt«* (Ebd., S. 79; dt. S. 79 – Hervorhebungen von mir – J.-B. P.).

30 *Résumés de cours*, S. 70.

31 *Éloge de la philosophie*, Paris (1953 und 1960) 1989, S. 13; dt. »Lob der Philosophie«, in: *Vorlesungen I*, S. 15.

32 Der Ausdruck stammt bekanntlich von Charles Mauron [einem der führenden Vertreter der »Psychobiographie« in Frankreich – A. d. Ü.].

Vermittlungen, die er sich gibt, agierenden primordialen Symbolismus aufzudecken: Archäologie eines Denkens. Der angebliche Respekt, den man dem philosophischen Werk schuldig sein soll und der nur dazu dient, es faktisch abzuschneiden (ein dem Autor so überaus fremdes Privileg, denn jeder »Mensch selbst enthält schweigend die Widersprüchlichkeiten der Philosophie«[33]), sollte uns nicht auf der Schwelle zu einem solchen Unterfangen festnageln, das die Philosophie aus dem Körper des Wissens herausreißen würde, in das ihre Historiker es einlagern, mit dem Ziel, ihr am Ende den Körperstatus des Geistes zu geben.

Das Sichtbare und das Unsichtbare hat dazu einiges an Orientierungsmarken beigesteuert, die auch für das Verständnis des Werkes von Merleau-Ponty bedeutsam sind. Das gilt selbstverständlich besonders für die *Arbeitsnotizen*, die sich uns nach Art der Skizzen gewisser Maler als »direkte Vorgriffe auf das rohe Sein« darstellen. Welcher Leser – ob Psychoanalytiker oder nicht – wird nicht gepackt sein von Formulierungen wie diesen hier, die Breschen schlagen *in jegliche Philosophie*: »Eine Psychoanalyse der Natur machen: das ist das Fleisch, die Mutter.«[34]

... so wird man auch für den Traum die Wahrscheinlichkeit nicht abweisen, daß die Verwandlung von Gedanken in visuelle Bilder mit die Folge der Anziehung sein möge, welche die nach Neubelebung strebende, visuell dargestellte Erinnerung auf den nach Ausdruck ringenden, vom Bewußtsein abgeschnittenen Gedanken ausübt. Nach dieser Auffassung ließe sich der Traum auch beschreiben als der durch Übertragung auf Rezentes veränderte Ersatz der infantilen Szene. (Freud, Die Traumdeutung, GW II/III, S. 551.)

33 *Éloge de la philosophie*, S. 63; dt. »Lob der Philosophie«, S. 48 (Übersetzung leicht verändert – A. d. Ü.).
34 *Le visible et l'invisible*, S. 321; dt. *Das Sichtbare und das Unsichtbare*, S. 335. Vgl. auch in den *Résumés de cours* (S. 36): »Das Sprechen ist, so heißt es bei Michelet, die sprechende Mutter. Wenn nun das Sprechen das Kind in eine tiefere Beziehung mit jener Person versetzt, die alle Dinge benennt und das Sein sagt, dann überträgt es gleichfalls diese Beziehung in eine allgemeinere Ordnung: Die Mutter eröffnet dem Kind Kreise, die als erstes einen Abstand herstellen zum mütterlichen Unmittelbaren und Ursache dafür sind, daß es niemals zurückfinden wird.«

Die Beziehungen, die wir im Wachleben mit den Dingen und vor allem mit den Anderen unterhalten, haben vom Prinzip her einen traumartigen Charakter: die Anderen sind uns wie Träume, wie Mythen gegenwärtig, und dies reicht aus, um die Spaltung des Realen und des Imaginären in Frage zu stellen (Merleau-Ponty, *Résumés de cours*, S. 69).

Freud wertet nicht den Traum als solchen auf. Er widersetzt sich dem, was ihm bei Jung als eine Art Okkultismus ins Auge fällt, und weigert sich, darin die Schöpfung irgendeines »geheimnisvollen Unbewußten« zu erkennen. Für ihn, und darauf habe ich bereits nachdrücklich hingewiesen, besteht das Wesen des Traums in seiner »Arbeit«, in den Operationen, Verdichtung, Verschiebung etc., die darin am Werk sind. Der Traum ist in erster Linie deshalb der Königsweg, weil darin diese Mechanismen freier zum Zug kommen, und auch, weil sie darin gleichsam wie in einer Experimentalanordnung zugänglich sind: Nur in diesem Sinne läßt sich behaupten, daß die *neue Analyse des Verstandes*, von der man sagen kann, daß Freuds Ehrgeiz[35] auch in diese Richtung ging, von einer Erforschung des Traumes erwartet wurde – Traum hier genommen als *Urbild* all jener in Form und Zweck verschiedenen Hervorbringungen des Unbewußten.

Gewiß hat der Traum eine wahlverwandtschaftliche Beziehung mit dem Sichtbaren, doch einerseits ist er Nachbearbeitung des Sichtbaren, gibt er uns nur zu sehen, weil er das Unmögliche und das Untersagte re-präsentiert: »Die Infantilszene kann ihre Erneuerung nicht durchsetzen«, zum anderen hat das Gesehene kein prinzipielles Privileg: In der Bildung der Phantasie steht dem Gehörten und in der Erregung des Begehrens dem Berühren die Hauptrolle zu.

Wir sollten eine der Funktionen des Traumes nicht vernachlässigen: Welches auch sein Inhalt sein mag, *er stellt das Unzugängliche bildlich dar und hält es als solches fest.* Eine Banalität, die ihr ganzes Gewicht in bestimmten Analysen wiederfindet, in denen die

---

35 Wie es, beinahe beiläufig, zum Beispiel in den folgenden Zeilen aus der *Traumdeutung** ausgesagt wird: »Vielleicht werden wir hier von der Ahnung erfaßt, daß die Traumdeutung imstande sei, uns Aufschlüsse über den Bau unseres seelischen Apparats zu geben, welche wir von der Philosophie bisher vergebens erwartet haben.« (*GW* II/III, S. 150f.)

beiden Parteien sich unter dem Deckmantel, die Träume zu analysieren, durch den Traum selbst, der nunmehr als ein *besonderer Objekttypus* genommen wird, ablenken lassen: Wie andere Objekte auch macht er eine gewisse Abwesenheit anwesend, verdoppelt er alles Sichtbare durch Unsichtbares, ist er vollständig, obgleich er nur partiell ist – träumen heißt haben auf Distanz ... Mit eben denselben Worten definiert Merleau-Ponty die Welt nicht des Träumers, sondern des Sehenden. Als wäre letztlich das Modell der Wahrnehmung der Traum und die ursprüngliche Wahrnehmung die Traumwahrnehmung. Dieser gedanklichen Linie folgend, ließe sich die These aufstellen, daß jeder Traum Figur der Mutter oder daß die Mutter ein Traum ist.[36]

Was den Leib betrifft, haben sich Merleau-Pontys Aussagen nicht gewandelt. Der Leib – von Descartes in die Ausdehnung projiziert, um so dem Wissen oder, in moderner Terminologie: der Informationsmaschinerie überlassen zu werden – erlangt seine gegenwärtige Subjektivität zurück, wird zur Verankerung für das Subjekt. Bis in die letzten Texte hinein wird er immer wieder als der »Wachtposten, der schweigend hinter meinen Worten und meinen Handlungen steht«[37] in Anspruch genommen.

Trotzdem hat man das Gefühl, daß Merleau-Ponty nicht mehr voll und ganz zufrieden ist mit einer Konzeption, die den *eigenen* Leib, *meinen* Leib, zum Ort macht, von dem alles ausgeht und zu dem alles zurückkommt.[38] Das Fleisch ist nicht ein anderer Name für den Leib; wir gehen über vom Individuum zum Ungeteilten [indivis]. *Mein* Leib ist nur der Vorgriff, in der Gleichzeitigkeit, auf

36 Vgl. »Das Eindringen in den Traum« in diesem Band.
37 *L'Œil et l'Esprit*, S. 13; dt. *Das Auge und der Geist*, S. 14.
38 In diesem Sinne würden sich die jüngst von Pierre Fédida vorgebrachten Kritiken (»L'anatomie dans la psychanalyse«, in: *Nouvelle revue de psychanalyse*, Nr. 3, 1971) eher auf die von Maine de Biran ausgehende existentielle Psychologie beziehen als auf den späten Merleau-Ponty. Umgekehrt träfen sie auf eine bestimmte angelsächsische *psychoanalytische* Strömung als Ganzes zu, die – unter Berufung auf die Phänomenologie – die analytische Erfahrung über das *self* neu zu zentrieren versucht. Was unbestreitbar die Gefahr mit sich bringt, daß das *Erlebnis* an die Stelle des Unbewußten und die totale Person an die des gespaltenen Subjekts gesetzt wird.

das Sein der Ungeteiltheit: »Durch das Fleisch der Welt wird schließlich der eigene Leib verständlich [...].«[39]

In einem in seiner Eindringlichkeit bemerkenswerten Artikel hat André Green die Behauptung zu begründen versucht, daß »das psychoanalytische Denken eine bestimmende Rolle in der letzten Wendung Merleau-Pontys gespielt habe«.[40] Man kann diese Hypothese nur unterschreiben, mit einem Vorbehalt freilich, der die Rolle des »Denkens« betrifft. Merleau-Ponty hat gegenüber *allen* begrifflichen Apparaten der Psychoanalyse stets eine große Zurückhaltung gezeigt.

Doch einen kleinen Satz habe ich nicht vergessen, ausgesprochen während eines Kolloquiums, das 1960 die führenden Spezialisten in Sachen des Unbewußten zusammengebracht hatte ...: »Die Philosophen sind mit Sicherheit keine Psychoanalytiker, aber es sind doch Leute, die ebenfalls ein tête-à-tête mit dem Unbewußten haben.« Green, als geübter Kenner von Freud und aufmerksamer Leser von Merleau-Ponty, hat sicher recht, wenn er am Ende seiner genauen Gegenüberstellung schreibt, daß das Rendezvous zwischen ihnen »fehlgeschlagen« sei; das Rendezvous jedoch mit dem Unbewußten, das einzige, das für das Schicksal eines Werkes zählt,

---

39 Arbeitsnotiz aus *Le visible et l'invisible*, S. 304; dt. *Das Sichtbare und das Unsichtbare*, S. 316.
40 André Green, »Itinéraire de Merleau-Ponty«, in: *Critique*, Nr. 211, 1964. Green geht auf das Werk von Melanie Klein ein, das um die Urmechanismen des psychischen Lebens zentriert ist: Introjektionen und Projektionen, in einer Reihe von Bewegungen hin und zurück, Spaltung, Zerstückelung. Eine interessante Annäherung, die mir indes nicht redlich erscheint, denn die gesamte Kleinsche Konstruktion beruht auf einer zwar in Fortentwicklung begriffenen, aber doch axialen Differenzierung zwischen dem Draußen und dem Drinnen. Wenn denn eine Konvergenz mit einem Postfreudianer anzuzeigen wäre, dann würde ich eher an Winnicott denken, dessen Arbeiten Merleau-Ponty nicht bekannt sein konnten, die aber, daran zweifle ich nicht, seine Aufmerksamkeit gefunden hätten. Bei Winnicott ist die Annahme eines Unbewußten als eines getrennten Bereichs kaum mehr vorhanden; ihn interessiert vor allem der Übergangsraum, in dem die Frage der Zugehörigkeit Ich/Nicht-Ich, Kind/Mutter, sich nicht stellt, der »virtuelle« Raum (ein Ausdruck, den man auch bei Merleau-Ponty wiederfindet) diesseits der Kategorien des verifizierten Wahren und des Falschen, aus dem dann der Raum der *Kultur* werden wird.

hat Merleau-Ponty nicht verfehlt.[41] Darin kann ein Ereignis in der Geschichte des Denkens liegen, wenn es denn wahr ist, daß die Philosophie stets ihre Zielsetzung darin gehabt hat, sich in einem Raum »ohne Schlupfwinkel«, in der Zeit eines »Überflugs« zu entfalten, wo jedes Sein letztlich seinen zugewiesenen Platz hat. Wenn es im letzten Bemühen Merleau-Pontys so etwas wie eine Zurückweisung der Trennung gegeben hat, läßt das nicht seinerseits die philosophische Diskursivität als getrennt, als Negation des Fleisches erscheinen?

---

41 Man ist umgekehrt überrascht darüber, daß die psychoanalytische Literatur sich so selten von ihrem Gegenstand gezeichnet zeigt.

Die aufrechterhaltene Illusion

Es ist eine Tatsache, wenn auch eine paradoxe Tatsache, daß die Psychoanalytiker nach wie vor versuchen, die Illusion als eine psychische Kategorie zu gebrauchen und in einem spezifischen Sinne darauf Bezug zu nehmen. Der Ausdruck dürfte heute wohl seinen Platz in einem Vokabular der Psychoanalyse haben ... Der Antrieb dazu ist unbestreitbar von Winnicott gekommen. Doch denke man auch an die zwiespältige Funktion der Illusion bei Lacan: das Ich als Ort des *Verkennens*, das Objekt als *Köder des Begehrens*.

Zunächst aber gilt es hervorzuheben, daß die Illusion als Trägerin einer positiven Funktion gesehen werden will: Sie tritt als ein für die Erfahrung *konstitutives* Feld in den Blick. Nun hat freilich eine ganze, aus dem klassischen Rationalismus hervorgegangene und in die Allgemeinbildung aufgenommene Tradition des Denkens umgekehrt nichts unversucht gelassen, sie zu denunzieren, und sie methodisch in ihrer Vielgestaltigkeit gebrandmarkt, mit dem Ziel, sich so besser vor ihren erneuten Täuschereien zu schützen. Descartes' *Erste Meditation* behält hierbei ihren exemplarischen Wert, sowohl was den Extrempunkt betrifft, bis zu dem ihre Durchführung gelangt, als auch im Befremdenden ihrer Akzentsetzung. Ihre Argumentationsschritte sind bekannt. Am Anfang der Verdacht gegen das verallgemeinerte Prinzip: ... *muß ich in ebenso vorsichtiger Weise bei dem nicht ganz Gewissen und Unzweifelhaften wie bei dem offenkundig Falschen mich zurückhalten, ihm Glauben zu schenken* [donner créance].[1] Der alte Ausdruck

1 Zitiert nach der deutschen Übersetzung von Artur Buchenau: *Meditationen über die Grundlagen der Philosophie mit den sämtlichen Einwänden und Erwiderungen*, Hamburg ⁴1972 (Übersetzung leicht verändert – A. d. Ü.).

créance, der den ganzen Text hindurch immer wiederkehrt – obgleich doch der Ausdruck *croyance* bereits gebräuchlich ist – muß uns im Gedächtnis bleiben und zurückhalten: Man darf nicht »sein Vertrauen schenken« oder »im Vertrauen annehmen«, um so von jeder Schuld und jedem beschlagnahmenden Zugriff frei zu sein.[2] Sodann die Evidenzen, die von den Sinnen kommen: *daß eben dies meine Hände, daß dieser gesamte Körper der meine ist, wie könnte man mir das abstreiten?*, oder vom Verstand: *Denn ich mag wachen oder schlafen, so ist doch stets* 2 + 3 = 5, die gleich anschließend in Verdacht geraten und sich einen Moment später in der Verneinung wiederfinden (*aber das sind eben Wahnsinnige*), um so wiederum verlorenzugehen, als ob die einmal überstürzt in Gang gebrachte Befragung sich auf nichts mehr stützen könnte und, eingeleitet im Namen der fordernden, aber gleichsam verrückt werdenden Vernunft, in ihre eigene *Derealisierungs*bewegung abdriftete bis zum letzten Punkt, an dem ihr Einhalt geboten würde.

Das rationalistische Projekt, sich von den »falschen Meinungen« zu befreien, geht in Sprüngen und Durchbrüchen über sein explizites, begrenztes Ziel hinaus; ihm liegt tatsächlich ein radikalerer Wunsch (oder eine Abwehr) zugrunde, jede Illusion *auszutreiben* und das Subjekt außerhalb ihrer Zugriffsmöglichkeiten zu plazieren; infolgedessen verwandelt es sich in sein Gegenteil: in eine immer aufdringlichere Macht der Illusion – und nun ist das Leben ein Traum: *... mein Erstaunen ist derart, daß ich beinahe fähig bin, mir einzureden, daß ich schlafe* – und daß das ganze Universum nur das Werk einer Augentäuschung und meines Geistes ist. Eine Macht, der im *genius malignus* eine buchstäblich grenzenlose Existenz gewährt wird: *So will ich denn annehmen, daß nicht der allgütige Gott, die Quelle der Wahrheit, sondern daß irgendein böser Geist, der zugleich höchst mächtig und verschlagen ist, allen seinen Fleiß daran gewandt habe, mich zu täuschen; ich will glauben, Himmel, Luft, Erde, Farben, Gestalten, Töne und alle Außendinge seien nichts als das täuschende Spiel von Träumen, durch die dieser*

---

2 *Créance* heißt sowohl »Glauben«, »Vertrauen« als auch »(ausstehende) Schuld«, »Schuldschein«, »Forderung«, »Gutschrift«. Den Übergang zwischen diesen beiden Registern spielt der vorangegangene Satz durch. A. d. Ü.

meiner Leichtgläubigkeit Fallen stellt; mich selbst will ich so anse-
hen, als hätte ich keine Hände, keine Augen, kein Fleisch, kein
Blut, überhaupt keine Sinne, sondern glaubte nur fälschlich, dies
alles zu besitzen.

Versuchen wir, diesseits der Auslegungen, die dieser Augenblick
des Schwindels auf den Plan gerufen hat und die darauf zielen, ihn
auf ein metaphysisches *Argument* zurückzuführen, an diesen Worten zu vernehmen, was in ihnen an Maßlosem, ja wagen wir das
Wort, an Wahnsinnigem ausgesagt wird. Ich weiß: danach kommt
gleich das *Cogito.* Doch eben erst *danach* …

Daß dieses verworfene Feld der »trügerischen« Illusion – vom
Unsinnigen des Traums bis zum Ausschweifen der Phantasien,
von den »eingebildeten« Krankheiten bis zur Paramnesie, von der
Verliebtheit bis zu den Ritualen, vom Mythos und vom Märchen
bis zu den Halluzinationen – durch Freud dem funktionierenden
Denken zurückerstattet wurde, ist noch schwach und eher banal
ausgedrückt: die »Verrückte aus dem Dachstübchen« hat da ihren
Platz. Man wird also nicht darüber verwundert sein, daß die klassische Differenzierung zwischen der Realität und dem Imaginären, auch wenn sie bei Freud stets vorhanden ist wie bei jedem anderen auch, bei ihm keine wirkliche Funktion ausübt und nur,
und zwar stets als ein *konflikthafter* Dualismus, aufgegriffen
wird, um überschritten zu werden. So wird denn auch in der Kur
die zunächst in einer Form, die cartesianischer Abkunft sein
könnte, als »falsche Verknüpfung« definierte Übertragung fortschreitend immer weniger als ein zu berichtigender Irrtum angesehen, sondern als bewegende Verkörperung der psychischen *Realität* anerkannt. Es wäre also keine Überraschung, teilte Freud uns
nichts über die Illusion mit, da er sie schließlich selbst sprechen
läßt und auf diese Weise ihren *Logos* aufdeckt. Doch Tatsache ist,
daß er sich mit ihr befaßt, aufs ausdrücklichste sogar, und zwar
indem er – was uns eigentlich aus dem Konzept bringen sollte[3] –

---

3 Der mögliche Einwand ist Freud nicht entgangen: »Wenn wir die religiösen Lehren
   als Illusionen erkannt haben, erhebt sich sofort die weitere Frage, ob nicht auch
   anderer Kulturbesitz, den wir hochhalten und von dem wir unser Leben beherr-
   schen lassen, ähnlicher Natur ist. Ob nicht die Voraussetzungen, die unsere staat-
   lichen Einrichtungen regeln, gleichfalls Illusionen genannt werden müssen, ob

ausnahmsweise die verbreitete Auffassung teilt, die sie als ein *wishful thinking* derer denunziert, die, wie es so heißt, ihre Wünsche für die Wirklichkeit nehmen. Es handelt sich, wie man weiß, um die religiöse Illusion.

Von *Die Zukunft einer Illusion* möchte ich nur eine Passage festhalten, der ich zutraue, daß sie – wenn man sich nicht mit der Erklärung durch Freuds angeblichen Positivismus zufriedengeben will –, die Position ihres Autors und das vorwiegend ungnädige Urteil, das er dort über die Religionen fällt, zu erklären vermag.

In jenem Text wird eine Analogie mit den Fabeln behauptet, welche die Erwachsenen den Kindern erzählen, um deren Fragen nach ihrer Herkunft aus dem Weg zu gehen:[4] mit jenen Fabeln *für* Kinder, nicht jedoch mit den *vom* Kind aufgebauten phantastischen Konstruktionen, das sich die Empfängnis, die Geburt und die Differenz der Geschlechter zu verbildlichen versucht. Nun, erstere verdienen es, als Kindereien behandelt zu werden, denn der Erwachsene entstellt in ihnen wissentlich sein Wissen – zum Gebrauch für das Kind, so gibt er vor, in Wirklichkeit jedoch, um sich zu schützen und die Inzestschranke aufrechtzuerhalten –, letztere dagegen verdienen den Namen *Theorien*. Zusammengebastelt aus den Materialien, welche die Wahrnehmungen, die Triebkomponenten und die bevorzugten Körperzonen bereitstellen, liegt ihren Quellen nichts Willkürliches zugrunde, und das gilt auch für ihre Funktion: Aufgegriffen innerhalb des ödipalen Konflikts, der gerade agiert

nicht die Beziehungen der Geschlechter in unserer Kultur durch eine oder eine Reihe von erotischen Illusionen getrübt werden?«; etc. *(Die Zukunft einer Illusion*, in: *GW* XIV, S. 356; Anfang von Kap. VII). Doch Freud geht darüber hinweg: »Aber das Vermögen des Autors verweigert sich einer so umfassenden Aufgabe [...]« (S. 357). Eine bemerkenswerte Zurückhaltung, vergleicht man sie mit der umgekehrten Bewegung Descartes'. Ist das Feld der Illusion einmal zurückerobert, kann das philosophische Problem einer Welt-Illusion als Scheinproblem erscheinen.

4 Hier nun der Text dieser Passage: »Die Wahrheiten, welche die religiösen Lehren enthalten, sind doch so entstellt und systematisch verkleidet, daß die Masse der Menschen sie nicht als Wahrheit erkennen kann. Es ist ein ähnlicher Fall, wie wenn wir dem Kind erzählen, daß der Storch die Neugeborenen bringt. Auch damit sagen wir die Wahrheit in symbolischer Verhüllung, denn wir wissen, was der große Vogel bedeutet. Aber das Kind weiß es nicht, es hört nur den Anteil der Entstellung heraus, hält sich für betrogen« (*GW* XIV, S. 368).

wird, geben sie eine Antwort darauf und be-deuten ihn. Deshalb widerstehen sie auch dem positiven Wissen und wirken unverändert, insgeheim als »ihre alten Götzen«[5] bewundert, fort. Die Storchenfabel zum Beispiel und die infantile Theorie der Geburt sind gleichermaßen absurd mit Blick auf das Wissen und können gleichermaßen als abseitige Antworten angesehen werden. Doch die »Theorie« ist der Ausdruck von Urphantasien, die Fabel indes ist ein vom Erwachsenen verfälschtes Wissen und in diesem Sinne eine trügerische Illusion.

Diese Idee, derzufolge eine Konzeption, die – wie Freud sagt – »in grotesker Weise fehlgeh(t)«, nichtsdestoweniger – wie er ebenfalls sagt – *auf Wahrheit gegründet* ist, stellt den eigentlichen Grundsatz psychoanalytischer Forschung dar, der die Richtung vorgibt bis hin zur Annäherung an den Wahnsinn, der nicht zurückgewiesen werden darf: Man muß im Gegenteil versuchen, daran das »Körnchen Wahrheit«[6] ausfindig zu machen. Berechtigt, von religiöser *Illusion* zu sprechen, wären wir offensichtlich nicht durch die Entstellung des Wunsches und seine Verschiebungen und auch nicht durch das Verkennen der Realität, die man in *allen* Bildungen des Unbewußten am Werk sieht. Doch in all seinen Bildungen ist die Erfüllung des Wunsches nicht zu trennen von den Bahnen, die er durchläuft, von den Partialobjekten, an denen er sich fixiert, und von den Vorstellungen, die er sich gibt: Es gibt eine *Arbeit* des Traums, eine *Ordnung* der Phantasie, eine wahnhafte *Konstruktion* und einen *Verlauf* der Übertragung. Ebendiese »Illusionen« sind die Realität der Analyse.

Die berühmte Formulierung – »die Annahme der allgemeinen Neurose überhebt ihn [den Gläubigen] der Aufgabe, eine persönliche Neurose auszubilden«[7] – könnte nun so verstanden werden:

---

5 Ein Ausdruck Freuds aus »Über infantile Sexualtheorien« (*GW* VII, S. 181). Was diese Illusion eines Wissens angeht, das *den Platz* der Phantasie *einnehmen* könnte, vgl. »Das Kind als Frage« in diesem Band.

6 Vgl. insbesondere die letzten Seiten von »Konstruktionen in der Analyse« (1937): »Wesentlich an ihr ist die Behauptung, daß der Wahnsinn nicht nur *Methode* hat, wie schon der Dichter erkannte, sondern daß auch ein Stück *historischer Wahrheit* in ihm enthalten ist« (*GW* XVI, S. 54 – Hervorhebung des Wortes »Methode« von J.-B. P.).

7 *Die Zukunft einer Illusion*, in: *GW* XIV, S. 367.

97

Die Illusion ist da angebracht, wo es um *Weltanschauung* geht[8], das Versprechen einer *Platzzuweisung*, die unter der Vorgabe, eine »Lösung« zu erbringen, ein für allemal den Zugang zum Inszenieren, Ausagieren oder Träumen der Konflike des Wunsches versperrt. Die religiöse Illusion wird dadurch entwertet, so könnte man sagen, daß sie das freie und schöpferische Spiel der Illusion in eine vorgefertigte und allgemeine Symbolik entfremdet ...

Die Aufgabe, eine persönliche Neurose auszubilden. Es wäre widersinnig, hierbei den Gegensatz zwischen dem »Persönlichen« und dem »Allgemeinen« für entscheidend zu halten (es können sich auch kollektive Neurosen entwickeln, wir kennen das nur allzu gut). Er wird in dieser Passage lediglich deshalb in den Vordergrund gerückt, weil ihm der Gegensatz von »Annahme« und »Ausbildung« zugrunde liegt. Es sieht ganz danach aus, als würde Freud die Illusion als solche – und zwar in Worten, die denen nahe sind, die jeder auf die Realität abhebende Diskurs verwendet, der den Fortschritten der Aufklärung vertraut – erst dann zurückweisen, wenn eine symbolische Ordnung als Wahrheit festgelegt wird und die einzige Aufgabe des Individuums nunmehr darin besteht, in ihr seinen Platz einzunehmen. Die Religion bietet da nur einen besonders beweiskräftigen Fall; das soziopolitische Feld würde weitere Beispiele liefern. Ist die Weigerung, mit der Freud den Ansichten Jungs entgegentritt, von gleicher Beschaffenheit? Im »anagogischen« und synthetischen Gebrauch des Symbols erkennt er die zu der der Analyse exakt gegenläufige Bewegung.[9]

Ich denke, man tut den Dingen keinen Zwang an, wenn man in den Anregungen Winnicotts die gleiche Zurückhaltung wiederfindet, dieses Mal freilich dem psychoanalytischen Wissen bzw. der psychoanalytischen Religion gegenüber, insbesondere in der in

8 Es ist bekannt, inwieweit Freud sich bemüht hat, es den zahlreichen Verlockungen der Humanisten entgegen zu verhindern, daß die Psychoanalyse sich darauf einläßt.
9 Vgl. das Vorwort von Daniel Widlocher zur französischen Ausgabe des Briefwechsels von Freud mit Oskar Pfister: *Correspondance de Freud avec le Pasteur Pfister*, Paris 1966 [*Sigmund Freud – Oskar Pfister, Briefe 1909–1939*, Frankfurt am Main 1963].

Melanie Kleins »System« gegebenen Form. In dieser Dramaturgie sind die Objekte, mit denen das Ich – der Held – von Beginn an in Beziehung tritt, genauso wie im traditionellen Theater bloß Varianten von *dramatis personae*, die fest zum Repertoire gehören; die gute Brust, die böse Brust, das verfolgende oder das idealisierte Objekt ... Es besteht ein vollständiger Parallelismus zwischen dem Schicksal der inneren Objekte und dem des Ichs. Die Tragödie muß, um sich schließlich in der Auflösung vollenden zu können, eine notwendige Abfolge von *Akten* durchlaufen (die Kleinschen »Positionen«). Die Deutungsmaschine arbeitet hierbei um so unerbittlicher, als das Subjekt – wenn man von einem solchen noch sprechen kann – selbst eine Maschinerie ist: mit der Funktion, die typischen Phantasien zu integrieren, gleichermaßen typische Abwehrhandlungen auszuarbeiten, Ängste zu überwinden, denen es unvermeidlich begegnen wird, bis hin zur stabilen Introjektion des »guten Objekts«, welches das Gleichgewicht sichert, in dem die Lebenstriebe am Ende über die Todestriebe siegen: ein unaufhörlich wiederholtes Schicksal. Zweifellos war das, was Winnicott über die *Selbstgefälligkeit* und die Organisation eines *falschen Selbst* hat schreiben können, ebenso wie seine Warnungen vor der »Introjektion von Deutungen«[10], als Seitenhieb auf diesen Typus psychoanalytischer Illusion gemünzt, deren *Träger jeder Analytiker ist*. Eine Illusion, die ihre Macht darin findet, daß sie unter in diesem Sinne idealen Bedingungen nur das Einbegriffensein des Kindes im Erwachsenendiskurs und dessen erzwungene Inkorporation verdoppelt: was Ferenczi eine vorzeitige *Aufpfropfung* nannte.

Daß es hier um anderes geht als um eine Sache des analytischen *Takts*, beweist dann das gesamte Werk von Winnicott. Das Problem, auf das er unaufhörlich gestoßen ist, ist jenes, für das sein berühmter Artikel über die Übergangsobjekte (1951) eine erste Formulierung gegeben hat und dessen Konsequenzen uns sein letztes Werk *Playing and Reality* (1971) ermessen läßt: Zwischen der *in-*

---

10 Welch diskrete Ironie zum Beispiel in den folgenden Worten: »Als ich Freudianer wurde, *erkannte* ich seine Bedeutung. [...] Als ich mich dann mit der Symbolik des Unbewußten beschäftigte, *erkannte* ich (man *erkennt* ja stets), daß das Meer die Mutter ist«, etc. (D. W. Winnicott, *Vom Spiel zur Kreativität*, Stuttgart ²1979, S. 111).

neren *Realität* – es ist die eigenständige Leistung der Kleinianer gewesen, daß sie versucht haben, deren Dialektik zu rekonstruieren – und der *äußeren Realität* existiert ein *neutrales* Feld, ein drittes Gebiet, welches als das der Illusion bezeichnet wird, ohne dessen Existenz, Aufrechterhaltung und Entwicklung das Subjekt sich nicht als *self*, als Selbst erkennen könnte.[11] Wichtig für Winnicott – und wir heben das hervor, weil es in diesem Punkt häufig zu Mißverständnissen gekommen ist – war nicht so sehr die Beschreibung eines neuen *Objekt*typus, der zwischen dem Gebrauch des Daumens zum Lutschen und dem des Teddybären einzuordnen und in unserem Katalog neben Talisman und Fetisch unterzubringen wäre; es waren die Übergangs*phänomene*, insofern sie einen Raum bilden: den Möglichkeitsraum, der die Spaltung zwischen dem Drinnen und dem Draußen überwindet, auf dem die gesamte Kleinsche Problematik beruht; ein Raum, in dem die Frage der *Zugehörigkeit* Ich / Nicht-Ich sich allein für den äußeren Beobachter stellt, jedoch nicht im Erlebten; ein Raum schließlich diesseits der Kategorien des verifizierten Realen und des Falschen. Dieser Raum der Illusion ist derjenige, in dem sich die spielerische Aktivität entfaltet, in dem das Kind aufgesogen ist, in dem man sich, wie es heißt, »verliert«, während man in Wirklichkeit *sich* findet: Als Aktivität des Spiels, *playing* und nicht *play, play* und nicht *game* (welches Regeln voraussetzt), als Ort der Kreativität umschreibt er nach Winnicott den Platz der zukünftigen kulturellen Erfahrung.

Der dem Übergangsobjekt zuerkannte privilegierte Wert hängt zu einem Teil von seiner kodifizierten *Stellung* auf halbem Wege zwischen der des äußerlichen Objekts und der des inneren Objekts ab: *not-me possession*, mein, ohne mir zu gehören, unterscheidet es sich vom ersten, dem Objekt der direkten Begegnung und des

---

11 Erinnern wir an die Hauptaussage des Artikels von 1951: »Diese [Übergangs-] Objekte und Phänomene geben jedem Menschen, was stets für ihn Bedeutung behalten wird: einen neutralen Erfahrungsbereich, der nicht in Frage gestellt wird. Hinsichtlich des Übergangsobjektes herrscht sozusagen eine Art Übereinkunft zwischen uns und dem Kleinkind, daß wir nie die Frage stellen werden: ›Hast du dir das ausgedacht, oder ist es von außen an dich herangebracht worden?‹ Wichtig ist, daß eine Entscheidung in dieser Angelegenheit nicht erwartet wird. Die Frage taucht gar nicht erst auf.« (D. W. Winnicott, *Vom Spiel zur Kreativität*, S. 23.)

Lernens, und vom zweiten, dem wir ausgeliefert sind und das wir zu kontrollieren versuchen.[12] Vor allem aber hängt er von seiner *Funktion* ab: Einerseits ist dieses intermediäre Feld Vermittler, notwendiges Medium für den Aufbau einer nicht von Unterwürfigkeit, von *compliance* geprägten Beziehung zwischen dem Individuum und der umgebenden Welt; andererseits ist es, als Erfahrungsfeld, offen: seine Grenzen sind nicht definiert, wie das bei dem in seine räumlich-zeitlichen Koordinaten eingeordneten *Objektiven* oder bei der *Psyche* der Fall ist, die, wie komplex sie auch organisiert sein mag, dem Körper eines Bläschens nachgebildet zu sein scheint.

Zweifellos wird man nun, auch nach diesen zugegeben schematischen Andeutungen[13], der Reichweite der Verkehrung gewahr, die uns hier, die Funktion der Illusion betreffend, vorgeschlagen wird. Herkömmlicherweise war sie als der vom Wunsch unterhaltene falsche Schein verworfen worden und mußte angesichts der vollen Anerkennung der Realität ihre Austilgung erfahren: vor Freud war dies die Realität der Außenwelt, nach ihm die Realität des psychischen Konflikts. Das waren die verlorenen Illusionen. Hier jedoch wird sie nun als die notwendige Bedingung für eine kreative Relationsbildung zwischen diesen beiden Realitätsordnungen definiert und generell als der subjektive Wahlmodus betrachtet, durch den wir uns ködern, die anderen und uns selbst; hier nun soll ihre Ausübung die Selbstakzeptanz des Subjekts und die intersubjektive Anerkennung in der Gegenseitigkeit erlauben: die aufrechterhaltene Illusion.

Hierzu nun eine Anmerkung. Man wird feststellen, daß die Institution der analytischen Situation, das, was die Angelsachsen gelungener mit dem Ausdruck *setting* bezeichnen, darauf hinzielt, diesen Bereich der Illusion zu aktualisieren. Marion Milner hat das trefflich auf den Punkt gebracht: »Es ist Voraussetzung der psychoanalytischen Technik, daß auf dem Wege jener *schöpferischen Illu-*

---

12 Liegt die Beherrschung der Realität nicht zwangsläufig auf dem zwangsneurotischen, die der inneren Welt auf dem manisch-depressiven Strang?
13 Eine ausführlichere Behandlung des Übergangs- oder Möglichkeitsraums findet sich in »Naissance et reconnaissance du ›soi‹. Pour introduire à l'espace potentiel«, in der frz. Originalausgabe dieses Bandes, S. 159–189.

sion mit Namen Übertragung sich am Ende eine bessere Anpassung an die Außenwelt erreichen läßt.«[14]

Nun jedoch eine Frage und eine Hypothese. Man entkommt der Zwiespältigkeit der Illusion – des Wortes und der Sache – nicht.

Daß das Spiel der Illusion eine notwendige Bedingung ist, damit es nicht zuviel oder *zuwenig* Realität gibt, eben weil es ein gewisses *Spiel* zwischen dem Raum des Draußen und dem Raum des Drinnen einführt, weil es eine Beweglichkeit von Leere ergründet, ist für uns eine Evidenz, die von aller Kunst bestätigt wird, auch von derjenigen, die auf den »Gesetzen« oder den »Täuschungen« der Perspektive gegründet ist. Doch andererseits finden der von den Illusionisten, denen, die Illusion *erzeugen*, erregte Argwohn und Anreiz ihr Motiv nicht bloß in der Angst, zum Narren gehalten zu werden, oder in der künstlichen Erzeugung des Schwindels. Auf dem psychoanalytischen Feld wird die Zwiespältigkeit stärker: Welch Unterschied zwischen jenen fast *unsichtbaren* Momenten des *playing*, die Winnicott sensibel offenzulegen weiß, und zum Beispiel dem provozierenden, abgekarteten – und pathetischen – Gebrauch der weiblichen Anziehung bei der Travestie oder dem Einsatz des Verführungsarsenals bei der Hysterikerin! Es gibt da gleichsam ein *Vorher* und ein *Nachher*: Vorher strebt etwas, das sich im Innersten befindet, danach, ans Licht zu kommen; nachher strebt etwas im Vorgezeigtwerden danach, geleugnet zu werden.

Doch in beiden Fällen verlieren die Ausdrücke, die wir im Anschluß an Winnicott verwenden, um das zu definieren, was die Zeit der Konstitution des Bereichs der Illusion einbegreift, ihre Trefflichkeit nicht: diesseits der Zugehörigkeit zum Ich und zum Nicht-Ich das Heraushalten der Kategorien des Wahren und des Falschen, etc. Eine von Robert Stoller durchgeführte glänzende und genaue

14 Marion Milner, *On not being able to paint*, London 1971, S. 119 (Hervorhebung von mir – J.-B. P.). Die Erstausgabe erschien 1950. Marion Milner hat innerhalb der psychoanalytischen Literatur als erste die Notwendigkeit der Illusion (so eine Kapitelüberschrift ihres Buches und die Grundidee des ganzen Buches) anzuerkennen und ihre positiven Wirkungen zu beschreiben vermocht. Die Tatsache, daß sie selbst mit dem Drang und mit der Schwierigkeit des Malaktes zu tun hatte, hat besser als jedes theoretische Anliegen vermocht, sie dorthin zu führen.

Beobachtung gibt uns den Anfang einer Antwort.[15] Man wird darin gewahr, auf welchen Wegen eine Mutter, der es, so gut es eben geht, gelingt, ihren sexuellen Identitätskonflikt in den Grenzen ihrer Psyche zu halten, ihren eigenen Mangel auf ihren kleinen Jungen projiziert. Das Kind, schreibt Stoller, »hat nie richtig gelernt, wo seine Mutter endete [...] Er mußte zu gleicher Zeit sie und nicht sie, alles in allem das primitivste aller Übergangsobjekte sein«. Wir erkennen daran, was – über die semantische Zweideutigkeit hinaus – den hauptsächlichen Zwiespalt der Illusion begründen dürfte: Wenn es dazu kommt, daß das Subjekt den Platz des Übergangsobjekts einnimmt, dann, so könnte man sagen, wird das Feld der Illusion pervertiert. Es geht nun nicht mehr darum, die Illusion als eine bestimmte *Abweichung* zwischen zwei Realitäten aufrechtzuerhalten, sondern darum, *sich* aufrechtzuerhalten – um ein Wort aufzunehmen, das Marivaux seinem *indigent philosophe [armseligen Philosophen]* in den Mund legt und an dem man das Ganze begreifen kann, worum sich sein Theater dreht – *entre le zist et le zest* [16] *[nicht Fisch noch Fleisch].*

Die psychoanalytische Klinik sollte es erlauben, die Beziehungen zwischen den Schicksalen des Illusionismus und denen des Kastrationskomplexes zu verdeutlichen: Die »Realitätsverleugnung« des Fetischisten liefert dafür einen zentralen Anhaltspunkt [17], insofern sie sich weniger auf eine unterstellte Wahrnehmungstatsache (die

---

15 Robert Stoller, »Création d'une illusion: l'extrême féminité chez les garçons«, in: *Nouvelle revue de psychanalyse,* Nr. 4, 1971, sowie: »The Transsexual Boy: Mother's Feminized Phallus«, in: *British Journal of Medical Psychology,* 1970, Nr. 43 [beide Texte – der erste unter dem Titel »Extreme Feminity in Boys: The Creation of Illusion«, in: Robert Stoller, *Sex and Gender,* Bd. 2: *The Transsexual Experiment,* London 1975 – A. d. Ü.].

16 »Überdies, wie sagt das Sprichwort, die Verrückten denken nach und die Klugen tun es; und ich, ich trinke: in welche Klasse gehöre ich? Das Sprichwort verliert darüber kein Wort, und das bringt mich in Verlegenheit. Sollte ich nicht zufällig *entre le zist et le zest [nicht Fisch noch Fleisch]* sein? Hm! Wie denkt Ihr darüber?« Marivaux, *L'Indigent Philosophe,* in: *Journaux et Œuvres diverses,* Paris 1969, S. 294.

17 Verständlich, daß Winnicott darauf bedacht war, seine Vorbehalte gegenüber einer übereilten Assimilation von Übergangsobjekt und Fetischobjekt deutlich zu machen, welche aus dem ersten nur den bloßen Vorläufer des zweiten machen würde.

Entdeckung der Abwesenheit des Penis bei der Frau) als auf ein Gründungselement der menschlichen Realität bezieht. Die Perversion bestätigt das in deutlicher Form, doch versucht jede Organisation – ob individuell oder kollektiv, Neurose oder Ideologie – auf ihre Weise, die *Wunde* zu verschließen und zu vermeiden, daß sie in *Trauer* umschlägt.

»Ich glaube, man müßte sich, so befremdend es auch klingt, mit der Möglichkeit beschäftigen, daß etwas in der Natur des Sexualtriebes selbst dem Zustandekommen der vollen Befriedigung nicht günstig ist.«[18] Es wäre vielleicht gewagt, diese Worte an den Giebel eines »Hauses der Illusionen« zu schreiben, doch ist es nicht so, daß aus all dem, was *diese Abweichung erzeugt*, endlos immer wieder die Illusion entspringt, die in der Desillusionierung immer wieder neu ihr Vermögen erlangt, die Abwesenheit bildlich darzustellen und das ursprüngliche Untersagte in eine aktuelle Aufrechterhaltung des Unmöglichen zu verwandeln?

18 Freud, »Über die allgemeinste Erniedrigung des Liebeslebens«, in: *GW* VIII, S. 89.

Das ungreifbare Zwischen

1. Alles oder Nichts?

Kékséksa?[1]
Jean-Pierre Brisset

Nur wenige Mythen sind, zumindest auf den ersten Blick, so klar wie der des Androgynen. Keine Gestalt würde seine Merkmale so unmittelbar preisgeben wie, in ihrer offenkundigen Zwiespältigkeit, die des Hermaphroditos. In einer ersten Phase, durch das Privileg seiner Geburt, zu gleichen Teilen ein Kind des Hermes und der Aphrodite zu sein, stellt er in einer einzigen Gestalt deren Paarung dar, vereint er, »kombiniert« er (wie Melanie Klein sagen würde) die Eltern in harmonischer Proportion, ist er die Schönheit.[2] Eine zweite Phase wird dann, durch eine Metamorphose, seine Zugehörigkeit körperlich zum Ausdruck bringen, doch unter Verkehrung ihres Wertes: In diesem jungen Mann – in diesem Kind [*puer*], sagt Ovid, und dieser Hinweis ist wertvoll – und in dieser jungen Frau, die so sehr ineinander verschlungen sind, daß sie zu einem einzigen verschmelzen, wird man eher ein geschlechtlich unbestimmtes Wesen als ein zweifach bestimmtes erkennen. Ovid gesteht seine Ratlosigkeit ein: Weder das eine noch das andere [*neutrumque*] oder das eine und das andere [*utrumque*]? Erst nachdem sich Hermaphroditos ins Wasser und damit in das Reich gewagt hat, in dem der Najade der Sieg ihres Begehrens sicher ist, ist er zu einem Hermaphroditen geworden ... Als Mann *und* Frau in einem bestimmten Sinne ist er hineingegangen, nun, siehe da, als halb

---

1 *Kékséksa?* ist die Lautumschrift der Frage »Qu'est-ce que ça?«, »Was ist das?« – A. d. Ü.

2 Was den Bezug zwischen der Schönheit, ihrer »phallischen« Bedeutung und der Bisexualität angeht, wird man so manchen interessanten Hinweis bei Fritz Wittels finden, »Mona Lisa and Feminine Beauty: A Study on Bisexuality«, in: *International Journal of Psycho-Analysis*, XV, Nr. 1, 1934, S. 25–40.

Mann und halb Frau kommt er wieder heraus. Doch kommt er wirklich heraus, aus diesem weiblichen Gewässer, dessen Durchsichtigkeit sich unter unseren Augen in die Düsternis des Wassers des Todes verwandelt? Sein Trost wird sein, daß er seinerseits seinen Wunsch erhört sehen wird: die Verurteilung derer, die ihm gleichen, derer, die sich in dieselben Gewässer stürzen wie er, zu einer Ohnmacht, die den Tod bildlich vorwegnimmt. Er zeugt, wenn man das so sagen kann, diesen Halbmenschen oder Halbgott, eine Abstammungslinie des *Selben*. Narziß, der ebenfalls sich selbst genügen wollte, ist nicht weit entfernt ...

Die etwas morbide Anmut der Sage gibt uns die negative Seite des Mythos wieder: die Aneignung einer doppelten Macht (Vater-Mutter, Junge-Mädchen) schlägt um in Ohnmacht/Impotenz; die verschmelzende Vereinigung des Paares führt zum Tod und zur Unfruchtbarkeit. Das Zweigeschlechtliche ist ein Geschlechtsloses.

Wenn wir uns nun die positive Seite vor Augen halten wollen, so genügt es, auf den großen Ursprungsmythos aus dem *Symposion* zurückzugehen. Man sieht auch dort, ohne daß eine Analyse zwingend notwendig scheint, wie sich mit außerordentlicher Stärke die Sehnsucht nach einer Zeit (in der die Menschen imstande waren, »die Götter anzugreifen«) und nach einem Raum (der Kugel) behauptet, die der Sektion des ersten Wesens – dem Schnitt, der Fragmentierung, dem Riß oder später in der gnostischen Überlieferung dem *Fall* – vorausliegen. Wenn man sich auf den Mythos des Aristophanes bezieht, dann ist zumeist vom Mythos des Androgynen die Rede. Man vergißt, daß Platon von drei Geschlechtern spricht, wobei das Androgyne nur eines dieser drei ist, und man erst dann berechtigt ist, Sektion als »Sexion«[3] zu verstehen. Dieses Vergessen verstärkt in Wirklichkeit die Hauptabsicht des Mythos: den

---

3 Diesen Terminus hat Roger Lewinter in bezug auf Groddeck vorgeschlagen, von dem bekannt ist, welchen Nutzen er aus der Etymologie gezogen hat. Wir würden ihm die Etymologie vorziehen, die Jean-Pierre Brisset kunstreich erfunden hat und die ihn von Gleichung zu Gleichung bei der umgekehrten Aussage ankommen läßt: *Dieses Übermaß* ist das Geschlecht. [Cet excès, c'est le sexe.] Man sieht, daß das Geschlecht [le sexe] das erste *Übermaß [excès]* ist. Man hat von denen, die kein Geschlecht haben, kein Übermaß zu fürchten.« (»La formation du sexe«, in: *La Science du Dieu* [1900], wiederaufgelegt Paris 1970).

anderen für *komplementär* zu halten, seine *Differenz* zu annullieren. Der Antagonismus wird ausgestrichen. Der Antagonismus zwischen den Menschen und gar zwischen ihnen und den Göttern: der Mensch hört auf, übermäßig zu sein, sich mit ihnen auf den Kampf einzulassen, wenn es ihm zum Schicksal wird, seine eigene »Hälfte« zu suchen.

Ist die sexuelle Differenz erst einmal auf eine akzidentielle Differenzierung zurückgeführt, so kann sie als ein sekundärer Zustand und im Extremfall als eine Illusion, ein einfacher, behebbarer *Seinsmangel* angesehen werden; und wenn es stimmt, daß sie als Prototyp jeglicher Differenz wirksam ist, so würde ihre Ausstreichung nach und nach eine Reduktion des gesamten Feldes des Unausweichlichen nach sich ziehen: Abstammung, Tod, Trennung, die Grenzen eines Körpers.

Jeder Gott transzendiert die Differenz der Geschlechter. Selbsterschaffung und Unsterblichkeit, Allmacht: göttliche Attribute. Die Zweigeschlechtlichkeit als ein vermittelndes Prinzip par excellence, eine realisierte Vereinigung, ist letztlich, für das von ihr hervorgerufene zirkuläre Denken, der totale Abstand zwischen der Ordnung der Götter, der menschlichen Ordnung und der Ordnung der Natur, der auf ein Spiel von Entsprechungen, von Zustandsänderungen, von möglichen Metamorphosen reduziert werden könnte. Das Sein ist ein Ei: Die unvollendeten Darstellungen des Seins können stets in einer schönen, vereinheitlichenden und homogenen Ganzheit, in jener vollen und geschlossenen Form wieder zusammengefügt werden, die bereits das Gesetz ihres eigenen Werdens in sich enthält.

Mircea Eliade hat dazu angemerkt: »Die Idee universeller Zweigeschlechtlichkeit [ist] eine notwendige Folge der Idee der göttlichen Zweigeschlechtlichkeit. [...] Alles Vorzügliche muß vollständig sein, und so wird die *coincidentia oppositorum* auf alle Ebenen übertragen«.[4] Ist die Zweigeschlechtlichkeit einmal anerkannt, so wird sie überall (an)erkannt, von der Biologie bis zur Theogonie. Als Manifestation der Totalität verlangt sie selbst danach, total zu sein. In der *coincidentia oppositorum* löschen sich die Entgegensetzungen zugunsten der Koinzidenz aus.

4 Mircea Eliade, *Méphistophélès et l'Androgyne*, Paris 1962, S. 133.

Aber noch im Namen – Hermaphroditos, Androgyn – drückt die in der Verbindung der Terme verleugnete Differenz ihren Stempel auf: um verleugnet, »überschritten« zu werden, muß sie zunächst einmal bejaht werden. Das »Rand an Rand«[5] geht nicht ohne Narbe ab. Das heißt, daß die zweigeschlechtliche Bestrebung weniger eine Einheits- als eine Phantasie der *Wiedervereinigung*, der Vereinheitlichung ist: daß in einem einzigen Körper zwei Körper, zwei Begierden sich vermählen und nur mehr zu einer werden mögen! Daß dies zugleich die geläufigste, wenn nicht die am sichersten erhörte Formel für die Liebe ist, soll uns aber nicht daran hindern – im Gegenteil –, einmal genauer hinzuschauen: Möchte die Darstellung der ursprünglichen Zweigeschlechtlichkeit wirklich die Differenz der Geschlechter abschwächen und letztlich abschaffen? Oder zielte sie nicht vielmehr unter dem Deckmantel eines vollständigen, ungespaltenen Seins darauf ab, *weniger die Differenz zu überwinden als sich vor ihren Wirkungen zu schützen?*

Die Zuweisung *eines* Geschlechts beraubt [prive] der Organe und der Möglichkeiten des anderen Geschlechts, dessen, welches man nicht hat; das Zweigeschlechtliche erscheint demnach als vollständig. Das zu glauben, legt uns der manifeste Inhalt des Mythos oder der Theorie nahe. Man sieht das Begehren, das sich darin erfüllt; aber man erahnt auch, wodurch es garantiert wird: Wenn die »Sexion« *bereits* vollzogen worden ist, so ist das mit nur einem Geschlecht ausgestattete Individuum eben ungeteilt und unzerschneidbar [insécable]. Oder auch: Die der Vollständigkeit korrelative Privation bannt die Kastration: *alles, nur das nicht!*

Kommen wir nun zur zweiten der zweigeschlechtlichen, von Ovid erzählten Fabeln zurück.[6] Was gewinnt Caenis in ihrer Metamorphose von der Frau zum Mann? Zunächst die Macht der *Unverwundbarkeit*; keine Lanze kann ihm eine Verletzung zufü-

5 »Bord à bord« steht an sich für »dicht nebeneinander«. – A. d. Ü.
6 Die erste über Salmacis und Hermaphroditos findet sich in Buch IV der *Metamorphosen*, w. 285–388, die zweite über Caenis und Caeneus in Buch XII, vv. 165–210 und 460–535.

gen[7]; der Frau-Mann hält den Tier-Menschen (den Kentauren) in Schach. Des weiteren wird ihm, als er einmal, zwar nicht von Männern besiegt, doch unter dem Gewicht von Baumstämmen zusammengedrückt wird, das Vermögen unendlicher Erneuerung zuteil. Denn in »jenem Vogel mit einem Federkleid aus Feuer, so wie man es niemals gesehen hat und auch nie wieder sehen wird«, erkennt man notwendig den Phönix wieder. So wird man auch Marie Delcourt folgen müssen, wenn sie den Schluß der Fabel wie folgt verdichtet: »Der Phönix hat die beiden Geschlechter gleichzeitig, die Kaineus – Caeneus nacheinander gehabt hat. Er stirbt auf einem Scheiterhaufen, doch nur, um sogleich wiedergeboren zu werden, stets sich selbst gleich in der Abfolge seiner Wiedergeburten.«[8] Wir können jetzt die beiden Metamorphosen auf den Unterschied ihrer Wirkungen hin vergleichen: die des Hermaphroditos, die in der todbringenden Verschmelzung beider Geschlechter endet, und die des Caeneus, wo der Wechsel des Geschlechts die Heraufkunft eines unsterblichen Phallus erbringt – dies, so sei noch angemerkt, unter der Bedingung, immer nur dasselbe zu vollbringen.[9] Die beiden Vorgänge werden auf strikt symmetrische Weise ausgelöst: Hermaphroditos erfährt die Erfüllung seines Wunsches, nachdem

---

7 »Die griechischen und lateinischen Vokabularien setzen auf allen ihren Stufen, vom Stil der Tragödie bis hin zu dem der Farce, den sexuellen Akt einer Verletzung gleich.« Marie Delcourt, *Hermaphrodite. Mythes et rites de la bisexualité dans l'Antiquité classique*, Paris 1958, S.54.

8 Marie Delcourt, S. 55. Die Etymologie ist hier innerhalb der von ihr hergestellten Verbindungen wertvoll: »Was auch immer die wirkliche Etymologie des Namens Kaineus gewesen sein mag«, merkt Marie Delcourt noch an, »die Griechen erkannten darin zugleich *kainis*, das Schwert; *kainō*, töten; *kainumai*, hervorragen; *kainos*, neu. Die Verstellung des Geschlechts ist ein Übergangs- und Initiationsritus. Der Erneuerte ist unverwundbar und bleibt unter den Bäumen, die ihn zusammengedrückt haben, *aufrecht* und *lebendig*« (S. 54).

9 Bekanntlich ist der Phönix der *einzige* seiner Art. Er kann sich also nur selbstreproduzieren. Die bekannteste Version ist die, wonach er aus seiner Asche wiedergeboren wird, nachdem sein Nest in Feuer aufgegangen ist. Doch es gibt noch eine weitere Version, die das Thema des toten Vaters aufscheinen läßt: »Der Phönix legt sich auf seinem Nest schlafen und stirbt, wobei er es mit seinem Samen durchtränkt. Der neue Phönix wird daraufhin geboren, nimmt die sterblichen Überreste seines Vaters auf und schließt sie in einen ausgehöhlten Myrrhestumpf ein, den er dann bis zur Stadt Heliopolis mitnimmt« (Pierre Grimal, *Dictionnaire de la mythologie grecque et romaine*, Paris 1969, S. 366).

er von Salmacis, Caenis die des ihren, nachdem sie von Neptun ver-
gewaltigt wurde. Ein unerträglicher Einbruch für einen Körper, der
sich als makellos ansah und sich selbst Erfüllung sein konnte. Jeder
fremde Körper ist folglich eine Bedrohung, jedes Begehren ist bereits ein Fremdkörper. Selbst die »vollständige« geschlechtliche
Vereinigung kann als Garant gegen einen unwiederbringlichen, un-
umkehrbaren Verlust erscheinen. Diese Funktion der Rückversicherung gegenüber der Kastration, welche die heterosexuelle Vereinigung mitsamt dem beinhaltet, was sie in der *wechselseitigen
Identifizierung* der Partner an Zweigeschlechtlichkeit impliziert,
hat niemand besser ins Licht gerückt als Ferenczi.[10]

Bekanntlich hat man in der Antike die Kinder, die als »Hermaphroditen« geboren wurden, ausgesetzt und dem Tod überlassen. Statt in ihnen Göttergleiche zu sehen, die einer Verehrung wür-
dig waren, behandelte man sie als Ungeheuer; ihre Doppelnatur
wurde in Wirklichkeit als unerträgliche Abweichungen von der
Natur betrachtet. Das Bemerkenswerte daran war, daß diese
»Kehrseite« des Mythos mit dem Mythos zusammen vorkam. Das
heißt, daß die *Realität* des Hermaphroditismus nicht für seine Aktualisierung gehalten wird; sie ist ganz im Gegenteil dessen Negation: Der positive Androgyne kann nirgendwo existieren außer im
Mythos. Wird er aber verkörpert und *gesehen*, so evoziert er eine
zweifache Kastration: Er ist tatsächlich und gleichzeitig der kastrierte Mann und die kastrierte Frau. Man wird dieses Verhalten
der Menschen der Antike gegenüber dem Kind oder dem Heran-
wachsenden zwiespältigen Geschlechts mit den aktuellen Fakten
vergleichen können, wie sie L. Kreisler hat berichten können: die

---

10 »Das Küssen, Streicheln, Beißen, Umarmen dient dazu, die Grenze zwischen den
beiden Ich der sich Begattenden zu verwischen, so daß dann z. B. der Mann während des Koitusaktes, da er doch auch die Organe des Weibes sozusagen introji-
ziert hat, nicht mehr die Empfindung haben muß, sein höchstgeschätztes Organ,
der Vertreter seines Lust-Ichs, einer fremden, deshalb gefährlichen Umgebung an-
vertraut zu haben; er kann sich also den Luxus der Erektion ganz gut gestatten,
da doch *das wohlbehütete Glied infolge der stattgehabten Identifizierung gewiß
nicht verlorengeht, es bleibt ja bei einem Wesen, mit dem sich das Ich identifizierte.*« Sándor Ferenczi, »Versuch einer Genitaltheorie«, in: ders., *Schriften zur
Psychoanalyse*, Bd. II, Frankfurt am Main ²1982, S. 331 f. (Hervorhebungen von
mir – J.-B. P.).

elterliche Skotomisierung, die Angst des Arztes vor der Macht, die ihm zukommt, ein Geschlecht zuzuweisen da, wo die Natur ihrer Aufgabe nicht nachgekommen ist …[11]

Auch läßt sich eine Entwicklung in der plastischen Darstellung des Zweigeschlechtlichen feststellen, die im allgemeinen bedauert wird: vom archaischen bärtigen Zeus mit seinen sechs in Dreiecksform angeordneten Brustwarzen zum grazilen effeminierten Jüngling aus der Zeit Alexanders. Der zweifache Gott, Inhaber der gesamten sexuellen Potenz, verwandelt sich gleichzeitig mit dem Herabsinken des Zeichens zum Bild in ein zweideutiges, unbestimmtes »Wesen«; die visuelle Darstellung des Hermaphroditischen wird nun stets mit Dekadenz assoziiert. Doch diese Entwicklung bekundet nur, was bereits in die zweifache Polarität des Mythos eingeschrieben ist: In seiner positiven Form zielt er darauf ab, die binäre Opposition der Geschlechter zu transzendieren (er ist *transsexuell* im vollen Sinne des Ausdrucks); in seiner negativen Form läßt er nur dem seinen Platz, was sich dem Paar maskulin / feminin widersetzt: dem *Neutralen*. Die Faszination, die der Mythos vom Androgynen ausübt – den man in sehr verschiedenen Religionen und Traditionen wiederfindet –, dürfte damit zu tun haben, daß er das Negative *miteinzuschließen* versucht. Ich möchte hierzu Roland Barthes zitieren: »… das Neutrale kann in einer sexuellen Struktur nicht direkt erfaßt werden; in den indo-europäischen Sprachen ist der Gegensatz des Männlichen und des Weiblichen weniger wichtig als der des Beseelten und des Unbeseelten; er ist ihm im übrigen untergeordnet: *Beseelt (männlich / weiblich) / Unbeseelt (neutral).*«[12] Der Mythos von der Zweigeschlechtlichkeit stößt dieses »Sprach«gesetz um: Indem er den Primat des Gegensatzes von männlich und weiblich behauptet, indem er dessen Überschreitung verherrlicht, um darin letztlich eine erhabene Form zu sehen, verwirft er das Unbeseelte ins Außerhalb. Einen genau entgegengesetzten »Mythos« wird Freud mit *Jenseits des Lust-*

---

11 Vgl. L. Kreisler, »L'enfant et l'adolescent de sexe ambigu ou l'envers du mythe«, in: *Nouvelle revue de psychanalyse*, 1973, Nr. 7.
12 R. Barthes, »Masculin, Féminin, Neutre«, in: *Mélanges offerts à Claude Lévi-Strauss*, Bruxelles 1970.

prinzips[13] konstruieren: Das Negative ist drinnen, das Primäre beim Menschen ist nicht der lärmende Eros, sondern die geräuschlose Arbeit eines Todes, der nicht länger als Unfall oder organische Fatalität definiert wird, sondern als Trieb.[14] Von unendlich auf null ...

Doch eben diese Möglichkeit liegt bereits in jedem Mythos der Zweigeschlechtlichkeit vor. Denn dieser enthält zwei äußerst unterschiedliche, ja entgegengesetzte Phantasien, deren unmögliche Versöhnung er zu erreichen sucht: eine absolut positive Phantasie, die darauf abzielt, den vollen Besitz eines – väterlichen und mütterlichen – Phallus zu sichern, dessen Vorzüglichkeit nur unvollständig in dem einen wie in dem anderen Geschlecht verkörpert und bedeutet werden kann; eine negative Phantasie, die darauf abzielt, sich gegen Trennung, Kastration und Tod in jeglicher Form zu versichern, und zu einer immer stärker akzentuierten Ausstreichung des begehrenden Subjekts führt. Ruhmreiche Metamorphose oder tödliche »Amorphose«? Freilich treffen diese beiden Absichten in dem zusammen, was die Psychoanalyse im Modell des Fetischismus als Verleugnung der Kastration beschrieben hat. Das Paradoxon der zweigeschlechtlichen Phantastik besteht jedoch darin, daß, selbst wenn ihre *Funktion* derjenigen gleichgesetzt werden muß, die in der fetischistischen Perversion am Werk ist, das Träger-*Objekt* kein »Partial«objekt ist. Man könnte die Behauptung wagen, daß es sich in der ersten angezeigten Absicht um einen Fetischismus des totalen Objekts und in der zweiten um einen Fetischismus des Nichts handelt.

13 Eben jener Text, in dem Freud auf den platonischen Mythos zu sprechen kommt.
14 Vgl. »Die Arbeit des Todes« in diesem Band.

2. Das andere Geschlecht, die andere Seite?

Der erste Mensch (Adam) war auf der rechten Seite Mann
und auf der linken Seite Frau: doch Gott hat ihn in zwei
Hälften zerspalten.

Zitiert von Mircea Eliade

Auch Freud hat seinen Referenzmythos; es ist allerdings nicht der von Aristophanes, es ist der Mythos von Empedokles. Im Gegensatz von φιλία und νεῖκος findet er die bildliche Darstellung seines eigenen Dualismus wieder, in dem sich Eros als Kraft der Bindung und des Zusammenhalts, die immer mehr Einheit herstellt, und eine destruktive Macht, die wiederum darauf hinzielt, »diese Vereinigungen aufzulösen«, gegenüberstehen. Man hat uns immer wieder gesagt, daß die Forderung nach einem fundamentalen Dualismus eine Konstante des Freudschen Denkens ist.[15] In der Tat gibt es nichts, das häufiger wiederholt wird, merkwürdigerweise aber auch nichts, das leichter mißverstanden werden kann. Indem man nun das Thema der Zweigeschlechtlichkeit zum Anlaß nimmt, den Dualismus und die Zweigeschlechtlichkeit auf ihre Verbindung hin zu denken, wird vielleicht das eine wie das andere in eine neue Perspektive gerückt werden.

Denn der Dualismus hat innerhalb der Freudschen Theorie recht verschiedene Formen anzunehmen und sehr unterschiedliche Gegensatzpaare ins Spiel zu bringen vermocht. Sobald eine der Triebpaarungen nicht mehr als Gegensatz zu funktionieren scheint, verschiebt sich der Dualismus und behauptet sich aufs neue als noch ursprünglicher, gegebenenfalls also auch auf der Ebene des Mythos; in diesem Sinne ist der letzte Dualismus, der der Lebenstriebe und der Todestriebe, gar nicht »neu«; er radikalisiert die vorhergehenden, indem er den Tod (das Unbelebte, die Trägheit, die Null) in

---

15 Das »*Zusammen- und Gegeneinanderwirken* psychischer Kräfte« ist, wie Strachey angemerkt hat, eine Formulierung, die unter Freuds Feder in jeder Etappe seines Werkes wiederkehrt; man findet sie von den ersten Zeilen der *Traumdeutung* an. Sie ist seinem Denken derart eng verbunden, daß man nicht wüßte, wie man sie datieren, auf einen bestimmten theoretischen Kontext begrenzen könnte.

die Psyche einschreibt. Die »Zwietracht« ist nicht zu lokalisieren, weder in einer psychischen Instanz – sie wohnt jeder von ihnen inne – noch in einem Funktionsprinzip – sie ist jenseits eines jeden von ihnen: Lust, Konstanz, Realität –, noch gar in einem Trieb: allein indem er die eigentlich psychoanalytische Bedeutungsweise des Ausdrucks *Trieb* durchsetzt, das heißt, nur indem er sie zu »mythischen Wesen« macht, kann Freud sich auf die *Todestriebe** berufen, die *überall* ihre Wirkungen zeitigen, ohne jemals im Reinzustand greifbar zu sein.[16] Was so definiert wird, ist also weniger ein Pol des Konflikts denn der Konflikt als solcher in seiner *Irreduzibilität*.

Todestrieb: Zwietracht und Mißklang [discorde et discord], geräuschlos wirksam, im Konzert des Eros. Die Synthese, die schöne Ganzheit, ist anders denn als Wunschphantasie unmöglich. Man kann im Gegensatz zu dem, was die Vertreter der *Ego-psychology* für sich in Anspruch nehmen, behaupten, daß Freud im weiteren Gang der Reflexion über das Ich und der Erfahrung mit demselben einen immer größeren Argwohn gegenüber seiner synthetischen Funktion entwickelt hat: als narzißtische Bildung; als »Synthesezwang« (und nicht als Synthesefunktion); als Veränderungen, Fixierungen im Ich, die mit veritablen, anachronistisch gewordenen Institutionen verglichen werden; am Ende als *Ichspaltung**, die die psychotische Struktur in jedes menschliche Wesen einschreibt. Wir finden uns immer weiter von der Sicherheit gebenden Idee entfernt, daß irgendeine »Provinz« in uns dieses »rißlose Sein«, den tiefen Wunsch des Mythos der Zweigeschlechtlichkeit, aufnehmen könnte.

Wenn Freud gegen Ende seines Lebens mit ergreifender Ehrlichkeit die Gründe für therapeutische Mißerfolge zu bestimmen versucht[17], wenn er sich im Grunde fragt, warum der Mensch *nicht*

---

16 Vgl. unseren Artikel »L'utopie freudienne«, wiederaufgenommen in der zweiten Auflage von J.-B. Pontalis, *Après Freud*, Paris 1968; dt. »Die Freudsche Utopie«, in: *Nach Freud*, Frankfurt am Main 1974.

17 In »Die endliche und die unendliche Analyse« (1937). Wie weit wir doch von der heutzutage so wohlfeil unterhaltenen Idee einer Indifferenz gegenüber therapeutischen Resultaten entfernt sind! Was gegenwärtig zu kritisieren wäre, ist in der Tat nicht mehr die therapeutische, sondern die verallgemeinerte didaktische Ambition: sich Jünger heranzuzüchten, und auch da die Abstammungslinie des Sel-

gesund werden *will*, stößt er ganz zwangsläufig auf die *Grenzen* der Macht der Analyse: die Grenzen seiner Theorie, die Grenzen seines Handelns. Nun, über die verschiedenen Motive hinaus, die diese methodische Bestandsaufnahme erkennen läßt – Triebstärke oder Widerstand des Es, Ich-Verzerrung etc. –, trifft die Freudsche Vorgehensweise auf zwei *Eckpunkte*. Der eine ist theoretischer Natur und nötigt ihn, sich in letzter Instanz auf die Idee einer »Neigung zum Konflikt« als spezifischen Faktor (als Manifestation des Todestriebs?) zu berufen; an dem anderen nimmt die Erfahrung Anstoß: Warum hat der Mann in einem solchen Maße Furcht davor, eine Frau zu *sein* (»*Ablehnung*« der Weiblichkeit«[18])? Warum fällt der Frau der Verzicht auf ihren Wunsch, den Penis zu *haben*, zu erhalten, so schwer, ja warum verzichtet sie niemals darauf? Das genau ist der Fels. Es existiert eine offenkundige Entsprechung, teilt Freud uns mit, zwischen den beiden Themen, der Ablehnung beim Mann und der Einforderung bei der Frau: »Etwas, das beiden Geschlechtern gemeinsam ist, ist durch den Geschlechtsunterschied in eine andere Ausdrucksform gepreßt worden.«[19]

Man muß den »Fels« der Erfahrung und den »Fels« der Theorie, die beide für die Analyse irreduzibel zu sein scheinen, zusammen betrachten: die Neigung zum Konflikt und dieses beiden Geschlechtern Gemeinsame. Freud bringt uns im übrigen selbst darauf, indem er folgende Frage stellt: Warum gelangen die homosexuellen und heterosexuellen Strebungen, die bei jedem Individuum existieren, nie zu einer ausgeglichenen Verteilung? Warum ist ein »guter Gebrauch« der Bisexualität so schwierig?[20] Wie könnten

ben zu verewigen, *sich* in der Idealisierung des analytischen Prozesses und der analytischen Funktion zu *reproduzieren*.
18 Freud zieht diesen Ausdruck dem des »männlichen Protests« nicht nur vor, um gegen Adler zu »protestieren«. Der Mann kann die Unterwerfung unter eine Frau durchaus akzeptieren – und kann sogar danach suchen. »Der Mann wehrt sich«, schreibt Freud, »nur gegen die Passivität im Verhältnis zum Mann, nicht gegen die Passivität überhaupt« (»Die endliche und die unendliche Analyse«, in: *GW* XVI, S. 99, Anm. 1). Die Angst rührt daher, daß die passive Einstellung mit einer Kastration identifiziert wird.
19 »Die endliche und die unendliche Analyse«, in: *GW* XVI, S. 97.
20 Ebd., S. 89 f.

wir denn den Freudschen Standpunkt hinsichtlich der Bisexualität anders verstehen? Denn wenn man sich allein an die direkten Aussagen hält, ist er nur schwer zu begreifen.

Die *Tatsache* der menschlichen Bisexualität wird von Freud schon sehr früh in klaren und beherzten Worten behauptet. Das bisexuelle Thema lag zu der Zeit in der Luft. Freuds Originalität bestand nicht darin, daß er sich dieses Themas annahm, sondern daß er es in seiner Bandbreite beschränkte, als wollte er es als erstes aus der Phantastik herauslösen, die es unter dem Deckmantel embryologischer und anatomischer Gegebenheiten hervorruft, um es dann in einer allgemeinen Theorie zum Abschluß zu bringen. Freud selbst erkennt die Rolle der Bisexualität erst dann voll an, als es ihm gelungen ist, sie in eine Struktur einzufügen, deren determinierende Wirkungen erst nach und nach entdeckt und spezifiziert werden: Ödipus und Kastration. Doch zunächst spürt man wenig Neigung bei ihm, der Bisexualität allzuviel Platz zu lassen; man sieht, wie er sich dagegen verwahrt, aus ihr eine theoretische Achse zu machen. Eine äußerste Zurückhaltung zeigt er insbesondere dem Bestreben gegenüber, im »psychischen Hermaphroditismus« die Erklärung für die »Inversion« zu suchen, wie das um 1900 herum von zahlreichen Autoren als Ziel verfolgt wurde. Man wird sich in dieser Sache eher die Frage stellen, ob die Theorie der Bisexualität nicht vor allem die *erwachsene* Sexualtheorie des Homosexuellen ist, dessen infantile Sexualtheorie sicherlich ganz anders aussehen dürfte.

Man ist umgekehrt verblüfft über die wesentliche Rolle, die sie bei den Dissidenten oder Randgängern der Psychoanalyse spielen wird. Als erster natürlich Fließ, bei dem bedeutsamerweise die Themen Bisexualität und Bilateralität eine Verbindung eingehen.[21]

---

21 Wenn man um die Rolle weiß, die Fließ in der Beförderung des Begriffs Bisexualität gespielt hat, und um dessen relative Verdrängung bei Freud, dann wird man auch die Frage nach dem Anteil aufwerfen können, den Freuds latente Homosexualität in dieser Geschichte gespielt hat. Unzweifelhaft fällt der Bruch mit Fließ mit einer Zurückweisung des Themas Bisexualität-Bilateralität zusammen, ein Thema, das in der berühmten Photographie verkörpert scheint, auf die Octave Mannoni die Aufmerksamkeit hat lenken können und auf der die beiden Freunde fast das Aussehen eines Paares haben, nicht eines gegengeschlechtlichen, sondern

Adler, der vor der *Wiener Psychoanalytischen Vereinigung* einen Vortrag hielt, der dem psychischen Hermaphroditismus galt. Er richtet den psychischen Konflikt entlang der Opposition männlich/weiblich aus und weist der Analyse die Aufgabe zu, »das Weib im Neurotiker darzustellen und alle seine krankhaften Züge als von dieser weiblichen Tendenz durchströmt nachzuweisen«.[22] Jung, dessen Interesse am Mythos des Androgynen bekannt ist: Funktioniert nicht das Paar *Animus-Anima* in einem vergeistigten Modus als bisexuelles Wesen? Groddeck, der in einem bestimmten Sinne zu Recht behaupten kann, die Psychoanalyse habe die Bisexualität, »die Wirklichkeit, daß es gar keinen Mann getrennt vom Weibe gibt, daß der Mensch Weibmann und Mannweib ist, [...] verdrängt«.[23] Und sogar Ferenczi mit seinem in einer Bio-Analyse verallgemeinerten Begriff der Amphimixis.[24] Die Hypothese müßte in einer gründlichen Untersuchung – in eben jener psychoanalytischen Geschichte der Psychoanalyse, die wir uns wünschen – überprüft und verfeinert werden; sie hat so zumindest den Nutzen, uns eine Ahnung davon zu geben, was dabei auf dem Spiel steht. Jenseits der Verleugnung der Kastration, welche die gesamte Theorie der Bisexualität offen oder implizit beinhaltet, steht dabei sogar die Freudsche Konzeption des Unbewußten auf dem Prüfstand.

Wenn Freud in »Die endliche und die unendliche Analyse« auf den Fels unter den psychologischen Schichten stößt und, mehr noch, ihn als »biologisch«[25] definiert, nähert er sich scheinbar den Ansichten Adlers an und holt mit der Behauptung, »das stärker

eines Zwillingspaares! Doch sollten wir das Freuds Analytikern überlassen: Diese werden ja seit einiger Zeit immer zahlreicher.

22 In: *Protokolle der Wiener Psychoanalytischen Vereinigung*, Bd. II, 1908–1910, Frankfurt am Main 1977, S. 386 (Sitzung vom 23. Februar 1910).

23 G. Groddeck, »Das Zwiegeschlecht des Menschen«, in: ders., *Psychoanalytische Schriften zur Psychosomatik*, Wiesbaden 1966, S. 257.

24 Sándor Ferenczi, »Versuch einer Genitaltheorie«, in: ders., *Schriften zur Psychoanalyse*, Bd. II, Frankfurt am Main ²1982, S. 317–400.

25 Freuds Verlegenheit ist hier offenkundig: nur wenige Zeilen zuvor schreibt er – und nimmt damit eine immer wieder an Fließ gerichtete Kritik auf –, daß er sich, was ihn betrifft, geweigert habe, die Verdrängung durch biologische Motive zu erklären, und daß man sich an die rein psychologischen Motive zu halten habe. Und hier nun beruft er sich auf »das Biologische«, um eine Antwort auf das »große Rätsel der Geschlechtlichkeit« (GW XVI, S. 99) zu geben.

ausgebildete, in der Person vorherrschende Geschlecht habe die seelische Vertretung des unterlegenen Geschlechtes ins Unbewußte verdrängt«[26], nach einer langen Schleife scheinbar Wilhelm Fließ wieder ein. Wäre somit das Verdrängte, jenes Verdrängte, dem am Ende immer noch seine Wiederkehr gelingt, nicht zu guter Letzt das andere Geschlecht? Das war genau das, was Fließ behauptet hat; doch machte er aus diesem anderen Geschlecht zugleich eine andere Seite und schloß damit ebenfalls, freilich ohne es zu wissen, an eine ganze Tradition des Mythos vom Androgynen an. Für Freud indes führten die Universalität und Permanenz der Kastrationsangst zu der Entdeckung, daß diese ihren Ursprung und ihre Wirksamkeit *auf der Seite* des eigenen Geschlechts hat. Muß man die Frauen von heute (man wagt nicht mehr zu sagen: die Feministinnen) daran erinnern, daß die Gleichung Abwesenheit des Penis = Kastration nicht die Freudsche Konzeption der Weiblichkeit definiert, sondern das Produkt einer infantilen Sexualtheorie ist? Im übrigen: nicht den Frauen hat die Psychoanalyse ihre Kastration aufgezeigt (sie hat ihnen vielmehr gezeigt, daß sie wie der Mann in der Illusion leben können, den Phallus zu haben oder Phallus zu sein), sondern dem Mann; die Psychoanalyse hat die Kastration im männlichen Diskurs vorgefunden, zuvorderst in direktester Weise im Fall des kleinen Hans, dann in einer unbewußten Form in dem des Wolfsmanns.

Der Unterschied verläuft weniger *zwischen* den Geschlechtern als *über* das Geschlecht, wie es etwa im Zeichencharakter der Beschneidung vergegenwärtigt wird. Der Neid auf das andere Geschlecht und die Furcht vor dem anderen Geschlecht sind sekundär: Sie dienen dazu, all dem einen Namen und einen Träger, ein berührbares Zeichen zu geben, was das Begehren von seinem Objekt abhält und das Subjekt von einem *Selbst* abtrennt.[27] Das Unbewußte – vor allem, wenn es unzugänglich ist – für eine andere Seite zu halten und das andere Geschlecht – vor allem wenn es la-

---

26 In diesen Worten faßt Freud, um sich dem *entgegenzusetzen*, die Konzeption von Fließ zusammen (»Ein Kind wird geschlagen«, in: *GW* XII, S. 222).

27 Balzacs Genie ließ ihn seinen androgynen Roman *Séraphita* (Séraphitus-Séraphita) mit der Beschreibung eines *Fjords* beginnen: »Riß«, »Bruch«, »Bresche«.

tent bleibt – für den verborgenen Teil seiner selbst zu halten heißt, zur Möglichkeit einer gefahrlosen Verbindung zurückzufinden; die Trennung ist nun eingeschlossen in das Ganze.[28]

3. Doppelspiel, Doppelsinn

Man kann sich selbst nicht entgehen.
Freud

Was wir unter Männlichkeit und Weiblichkeit verstehen, ist so vage und trägt eine so offensichtliche Last einbezogener biologischer und sozialer Bedeutungen mit sich, daß allein schon deshalb Freuds Zurückhaltung begründet sein dürfte, aus dem Paar männlich-weiblich eine als Achse ausgebildete Opposition, eine in der Psychoanalyse zulässige Polarität zu machen. Seine vielfach wiederholte Behauptung, das Oppositionspaar Aktivität–Passivität stehe an erster Stelle, bedeutet nicht nur, daß es als einziges die Modalitäten des Trieblebens definiere, sondern hat auch den Sinn, Termini auseinanderzuhalten, die fälschlicherweise vermengt werden. Wie viele Autoren, selbst unter den Psychoanalytikern, haben schließlich nichts anderes getan, als sich auf einen »natürlichen« Unterschied – (und warum nicht?) des Verhaltens von männlichen und weiblichen Geschlechtszellen zueinander – zu berufen, um die als Ausgangspunkt gesetzte Äquivalenz von Männlichkeit und Aktivität und von Weiblichkeit und Passivität zu bekräftigen! Eine Position, die prinzipiell zurückzuweisen ist: »Der Eigenart der Psychoanalyse entspricht es dann, daß sie nicht beschreiben will, was das Weib *ist*, – das wäre eine für sie kaum lösbare Aufgabe, – sondern untersucht, wie es *wird*, wie sich das Weib aus dem bisexuell

28 Mircea Eliade hat zu Recht die Wichtigkeit des Themas der Vereinigung und der Verbindung der Gegensätze in der Jungschen Theorie hervorgehoben: »Nach Jung besteht der Prozeß der Individuierung im wesentlichen in einer Art *coincidentia oppositorum*, denn das Selbst umfaßt ebensosehr die Ganzheit des Bewußtseins wie auch die Inhalte des Unbewußten« (*Méphistophélès et l'Androgyne*, S. 99). Man wird bei Winnicott auf ein und dieselbe doppelte Beförderung des »Selbst« und des »weiblichen Elements« achtgeben müssen.

veranlagten Kinde entwickelt.«[29] Und Jones wiederum wird seinen berühmten Artikel über die phallische Phase mit einer Berufung auf das *Buch der Weisheit* beschließen:»Im Anfang [...] männlich und weiblich schuf er sie.«[30] Ein letzter Rückgriff auf eine ursprüngliche Zweiteilung, um der Differenz in der Entwicklung der Sexualität beim Jungen und beim Mädchen gerecht zu werden, da, wo Freud diese Differenz (die er erst später in ihrer ganzen Reichweite hat erkennen können) von Wirkungsweisen des Kastrationskomplexes abhängig sein ließ. Freuds Phallozentrismus? Man spräche besser von einem Phallo-Exzentrismus, denn beide Geschlechter sind gleichermaßen, jedoch nicht auf symmetrische Weise vom Referenten ausgeschlossen.

Dem Bisexuellen ist das zwar nicht unbekannt, doch versucht er, sich vor den Wirkungen zu schützen: er fungiert, als stünde es in seinen Möglichkeiten, das Zentrum zurückzuerlangen und dessen Platz einzunehmen, indem er gleichzeitig oder nacheinander in der bewußten oder unbewußten Phantasie die Rollen des Mannes und der Frau übernimmt, so wie sie ihm von *jeder* Darstellung des Ödipus zur Verfügung gestellt werden.[31] Er könnte so die Differenz auf eine Unähnlichkeit zurückführen:[32] Wäre es nicht zu guter Letzt der Traum des Bisexuellen, ein Polysexueller zu sein? Verleugnung jeder Geschlechtszuweisung: das Geschlecht ist überall ... und nirgendwo. Reduktion der Unähnlichkeit auf eine Komplementarität:

29 *Neue Folge der Vorlesungen zur Einführung in die Psychoanalyse*, in: GW XV, S. 124 (Hervorhebungen von mir – J.-B. P.).

30 Ernest Jones, »The Phallic Phase« (1933); dt. »Die phallische Phase«, in: *Die Theorie der Symbolik und andere Aufsätze*, Frankfurt am Main/Berlin/Wien 1978, S. 262–301.

31 Vgl. »Hysterische Phantasien und ihre Beziehungen zur Bisexualität« (1908). Freud zeigt in jenem Artikel, wie »der Masturbant in seinen bewußten Phantasien sich sowohl in den Mann, als auch in das Weib der vorgestellten Situation einzufühlen versucht, und weitere Gegenstücke zeigen gewisse hysterische Anfälle, in denen die Kranke gleichzeitig beide Rollen der zugrunde liegenden sexuellen Phantasie spielt« (*GW* VII, S. 198).

32 J. Laplanche hat die Aufmerksamkeit auf die Tatsache gelenkt, daß man bei Freud beide Ausdrücke findet:»*Verschiedenheit* * und *Unterschied* *. *Verschiedenheit* * mit der Möglichkeit von *n* oder *n* + 1 etc.; *Unterschied* * impliziert das Ja oder Nein, das ›Entweder-Oder‹« (in: *Bulletin de Psychologie*, 1971–1972, Bd. XXV, Nr. 13).

Jedes Geschlecht wird zum Spiegel des anderen. Diese Illusion wird ihm nicht nur in den Verhaltensweisen dargeboten, indem sie die doppelte Identifizierung ausagieren (in der Masturbation zum Beispiel, im Voyeurismus, der die gehörte Urszene in Gesehenes übergehen läßt), sondern auch im Spiel der Partialtriebe und -organe – insbesondere aller Körperöffnungen sowie der Haut: deren Bipolarität von Aktivität-Passivität wird für jede von ihnen aufgegriffen und in die »Komplementarität« männlich-weiblich verwandelt, wie das auf poetische Weise Groddeck behauptet:[33] Mund, Nase, Ohr, Auge, Gesicht, kein Körperteil, der nicht Mann und Frau zugleich ist. Selbst der Penis kann als bisexuell erscheinen. Die Opposition phallisch-kastriert ist damit kurzgeschlossen. Selbst die psychischen Instanzen – insbesondere die des Ichs samt dessen, was dessen Struktur an Passivität impliziert (»es geschieht mir«, »es macht mich«) – können die Bedeutung erhalten, weiblich zu sein. Im Extremfall wird der gesamte psychische Schauplatz zu einem erotisierten, bisexuellen Theater: Es zirkuliert, es verschiebt sich, es tauscht sich aus, es enthüllt sich, um sich besser zu verhüllen, das eine geht ins andere über, das eine streicht das andere aus. Und wie willfährig ist doch die Sprache – und manches Mal auch die Analyse: nichts, das keinen Doppelsinn hätte! Keine Gefahr nun, keine Chance, sich am »Fels« zu stoßen. Es läuft, es läuft, das Ungreifbare … Weit davon entfernt, den Primat des Phallus zu verneinen, macht der Bisexuelle ein Heiligtum daraus.

In diesem Sinne hat Jones nicht unrecht, wenn er die phallische Phase weniger als ein Stadium denn als eine Abwehr*position* phobischer Natur definiert. Ein Vorposten gewissermaßen: Wenn er weicht, so schwebt auch der Rest in großer Gefahr, zerstört zu werden. Und der ganze Rest ist eben das, was mir letztlich erlaubt, »ich« zu sagen, so etwas wie eine Identität zu haben.

Sobald das Kind im Spiel ist, sind zwei Fragen unvermeidlich: Mädchen oder Junge? Wie heißt er (oder sie)? Ihrer Form nach eine doppelte Frage, aber in ihrer Zielrichtung eine einzige, denn von der gegebenen Antwort hängt unsere Identität ab. Wer würde

33 In dem angeführten Artikel.

in der Unfähigkeit zu antworten eine Gnade der Götter sehen? Zumal man dabei generell, doch für uns ist das nicht zu viel, mit einem Leben bürgt, um bereits gegebenen Antworten *in personam* zu entsprechen.

Klagen wir nicht darüber, daß die Figur des Hermaphroditos sich bloß in den Erzählungen fortsetzt und daß sein Name nicht auf der Tagesordnung steht. Er verkümmert im Imaginären, doch nur da kann er, solchermaßen der einzige Phönix, wiedergeboren werden. Denn das Leben würde ihn töten: unter dem Fels liegt der Abgrund.

Zwischen Wissen und Phantasie

1. Das Kind als Frage

Die Beobachtung, die den ersten von Melanie Kleins *Contributions to Psycho-Analysis* ausmacht, bewahrt noch heute, das heißt mehr als fünfzig Jahre nach ihrer Veröffentlichung, eine überraschende Frische und Kraft.[1] Die Frage, welche die Autorin leitet und von der man annehmen kann, daß sie als Grundfrage auch ihrer gesamten weiteren Forschung die Richtung gewiesen hat, lautet: Was legt dem Kind Fesseln an? Das ist, halten wir es fest, die Frage, die man, untergründig oder offen verkündet, als das eigentliche Prinzip des Begehrens des Erziehers – vom Rousseau des *Émile* bis zu Maria Montessori – wiederfindet und die sogar dessen Abirrungen motivieren kann: Die pädagogische Versuchung erreicht schließlich ihre Vollendung in der Ermordung des Eleven, wie dies von Ionesco in *La Leçon [Die Unterrichtsstunde]* im Mord an einer Schülerin illustriert wird.

Melanie Kleins ausdrückliche Absicht unterscheidet sich in diesem anfänglichen Moment ihrer Berufung nicht von einem Willen zur *Aufklärung**, der sich auf die »durch die Psychoanalyse gefundenen Erkenntnisse« stützt: »Wir werden dann eben das Kind, in dem Maße, als es die Entwicklung seiner Wißbegierde verlangt, der Kenntnis der, mit den Schleiern zugleich eines großen Teiles ihrer Gefährlichkeit entkleideten, Sexualität teilhaftig werden lassen.«[2] Die Verdrängung wird in der äußerlichsten Weise als das Produkt sozialen Drucks definiert, und die glücklichsten Wirkungen wer-

---

1 Melanie Klein, »Eine Kinderentwicklung«, in: *Imago*, 7. Jg., 1921.
2 Ebd., S. 252.

den vom Abnehmen dieser »Belastung durch überflüssige Leiden« erwartet: derart »[...] legen wir die Grundlagen für Gesundheit, für seelisches Gleichgewicht und günstige Charakterentwicklung«. Wirkungen auf das Individuum, die sich in erster Linie auf seine intellektuelle Potenz und seine Kreativität beziehen. Wirkungen, die auf lange Sicht der Entwicklung der Menschheit dienen.

Das also ist der Ausgangspunkt Melanie Kleins, von der man doch später hat sagen können, sie habe mit der Aussage, Neid und Schuldgefühl lägen im Herzen des kleinen Kindes, bloß eine psychoanalytische Transkription des Mythos der Ursünde geschaffen. Gewiß, ein derartiger Wille zum frühzeitigen Eingreifen ist zu der Zeit nichts Originelles: Viele Psychoanalytiker teilen dieselbe Illusion der Prophylaxe und malen sich Kindergärten aus, welche die Kristallisation der Neurose vermeiden würden. Doch liegt dem hier eine ganz besondere Besorgnis zugrunde. Wenn in jenem inauguralen Text vor allem die Hemmungen des Kindes das Interesse Melanie Kleins berühren, so deshalb, weil diese für sie einen exemplarischen Wert haben: Das Kind hat mehr zu sagen, als es sagt. Deshalb sieht sie auch keine Mängel in dieser oder jener »Charakteristik« des Kindes, die, wie Anna Freud das befürwortet, an seiner Natur, an seiner tatsächlichen Abhängigkeitssituation oder an einem Entwicklungsstadium festzumachen wären. Sie wird sich folglich dafür stark machen, daß nicht die Bedingungen zu definieren sind, denen die Kinderanalyse genügen *müßte*, sondern daß psychoanalytische Theorie und psychoanalytische Methode der beunruhigenden Überprüfung am Sprechen des Kindes unterworfen werden. Mit ihr wird die Psychoanalyse nicht mehr auf das Kind oder später auf den Psychotiker im eigentlichen Sinne *angewandt*; beide halten sie in Schach, und diese Schwierigkeit konnte weder abgewendet noch »bewältigt« werden, was die Analyse ins Straucheln kommen läßt, und genau das ist es, was heute wie gestern nicht aufhört, sie zu begründen. In der Auseinandersetzung um die technische Vorgehensweise zwischen Melanie Klein und Anna Freud als Opponenten stoßen zwei Ethiken aufeinander: Für Anna Freud geht es letztlich darum, daß das Kind Anschluß an die behauptete Autonomie des Erwachsenendaseins gewinnt; für Melanie Klein geht es darum, sich »in einem Geist freier und vorurteilsloser Forschung« auf die Begegnung mit der psychischen Realität des Kindes einzustellen und diese zum Maß des Erwachsenenwissens zu machen.

Worauf wird Melanie Klein folglich in ihrem Dialog mit dem kleinen Fritz stoßen?[3] Augenscheinlich auf etwas, das ihre Überzeugung begründen wird. Fritz ist in der Tat voll von Fragen und, indem er ihnen nicht ausweicht, indem er sich nicht von dem Unbehagen überwältigen läßt, das sie in ihm hervorrufen können, gelingt es dem Erwachsenen, zu sehen, wie sich das Kind eine bessere Beherrschung der symbolischen Funktion und der Realität sichert. Doch zugleich werden auch die Grenzen des aufklärenden Handelns, des erzieherischen Eingreifens, selbst wenn es mit noch so viel Fingerspitzengefühl, Beständigkeit und Verständnis für die Angst des Kindes, wie Melanie Klein es an den Tag legt, durchgeführt wird, unübersehbar.

Wenn wir uns nur an die Ebene der Sexualerziehung halten, so fällt unweigerlich das Künstliche in der Übermittlung des sogenannten objektiven Wissens auf, wenn dieses dem Kind eingetrichtert wird. Man wird als erstes bemerken, daß sich im Ausdruck »Sexualerziehung« eine bereits im Wort »informieren« (Auskünfte und Erklärungen geben, aber auch eine Form geben) vorhandene und hier noch beträchtlich verstärkte Verdichtung verbirgt: Ist die Absicht nicht eher die zu *erziehen* als anzuleiten? Die »wilde«

---

3 Es handelt sich nicht um eine Analyse im eigentlichen Sinne, sondern um den Fall einer »Erziehung mit analytischem Einschlag«; Melanie Klein hatte, so teilt sie uns mit, die Möglichkeit, das Kind jeden Tag zu sehen und sich mit ihm zu unterhalten. Aus einer nicht allzu genauen klinischen Beschreibung geht hervor, daß der Knabe mit fünf Jahren an einer Verspätung im Spracherwerb und allgemeiner an der Schwierigkeit leidet, eine elementare symbolische Beherrschung (die Verständnisweisen von Zeit und Tausch) zu erwerben. Melanie Klein gewahrt ebenfalls ein »Allmachtsgefühl«. (»So zeigte er sich trotz aller Gegenbeweise unter anderem davon überzeugt, vollkommen kochen, lesen, schreiben und französisch sprechen zu können.«) Insgesamt gesehen, erscheint er trotzdem als ein lebhaftes, intelligentes und mit einem exzellenten Gedächtnis begabtes Kind. Mit etwa viereinhalb Jahren beginnt er Fragen zu stellen (nach der Geburt, später dann nach der Existenz Gottes und nach der Existenz im allgemeinen), und Melanie Klein zeichnet die Geschichte des Falles nach, wobei sie beinahe ausschließlich die Entwicklung der Fragen in ihrem Inhalt und ihrer Art verfolgt.

Sexualität – in eben dem Sinne, in dem es auch ein »wildes« Denken gibt – *erziehbar* zu machen, um hier Freuds Wort wiederaufzunehmen, der den »unerziehbaren« Sexualtrieb den Selbsterhaltungstrieben gegenüberstellt, die sich wiederum leicht erziehen lassen. Es wird nun verständlich, daß der anzutreffende Widerstand gegen die Sexualerziehung beim Erwachsenen, der sich eine solche kulturelle Zielsetzung zu eigen macht, relativ leicht zu überwinden ist und daß er sich beim Kind so hartnäckig hält, weil sie bei diesem die gesamte Organisation der Wünsche erschüttert.

Freud hat sich, was diesen Punkt angeht, ohne zu zögern ausgesprochen: »Die Kinder wissen jetzt etwas, was sie bisher nicht gewußt haben, aber sie machen nichts mit den neuen, ihnen geschenkten Kenntnissen. [...] Noch lange Zeit, nachdem sie die sexuelle Aufklärung empfangen haben, benehmen sie sich wie die Primitiven, denen man das Christentum aufgedrängt hat und die im Geheimen fortfahren, ihre alten Götzen zu verehren.«[4] Eine Feststellung, welche diejenigen bedenken sollten, die von dem in der Schule erteilten Sexualunterricht – und unter Schule verstehen sie nicht den Pausenhof oder die Toilettenräume, sondern den Platz des Lehrers – die zur Sicherung der künftigen ehelichen Harmonie geeignetste Propädeutik erwarten.[5] Gewiß, Freud hat sich nicht immer so reserviert gezeigt, was die Wirkungen der »Aufklärung« in Sachen Sexualität angeht. Man wird freilich bemerkt haben, daß der für den externen Gebrauch verfaßte Aufsatz, worin er sich zu deren eifrigen Befürworter erklärt (»Zur sexuellen Aufklärung der Kinder«, 1907), sogleich durch eben den im eigentlichen Sinne psychoanalytischen Aufsatz über die infantilen Sexualtheorien (1908) verdoppelt wird; »Theorien«, deren »typischer« Charakter an sich

4 »Die endliche und die unendliche Analyse« (1937), in: GW XVI, S. 79.
5 Fügen wir, für den Gebrauch derer, welche die heutzutage erteilte Sexualerziehung als hemmungslos normativ anklagen, hinzu, daß es nicht ausreicht, die Rockfarben des Erziehers zu ändern, um sich vor jeder Kritik dieses Typs zu wappnen. So gibt es Lobgesänge auf die »polymorphe Perversion« des Kindes, die der monomorphen Perversion des Erwachsenen entsprießen ... Was hier zur Verhandlung ansteht, das ist die Macht, die sich der Erwachsene anmaßt, »zum Guten« des Kindes wohlgemerkt, eine Sexualität *in Beschlag zu nehmen*, die nicht weiß, wohin sie geht und was sie will. Alle Diskurse *über* das Kind, die vorgeben, an seiner Statt die Sprache *des* Kindes zu sprechen, sind gleichermaßen suspekt.

schon deutlich macht, daß sie auf Wahrheit gegründet sind. Im übrigen besteht zwischen diesen beiden gleichermaßen freudianischen Stellungnahmen kein Widerspruch: In der Tat gilt es, Eltern und Erzieher zu ermutigen, das Kind nicht mit Lügen abzuspeisen, ihm nicht mit »Kindereien« zu antworten, mit anderen Worten: mit für den Gebrauch der Kinder zurechtgemachten Erwachsenenmythen, doch ohne deshalb anzunehmen, daß dieses Wissen an die Stelle des Unbewußten treten könnte.

Allerdings ist diese Mahnung Freuds sogar von vielen Psychoanalytikern schlecht verstanden worden, so als ob sie demgegenüber die Überzeugung bewahrt hätten, die »infantilen Sexualtheorien« wären imaginäre Bildungen, die, sobald sie erst einmal mit einem positiven Wissen konfrontiert würden, ohne weiteres weichen müßten. So daß es sich bei ihnen allenfalls um anachronistische Überbleibsel handelte, insofern sie ihre einzige Stütze in überwundenen Stadien der Trieborganisation hätten. Daß Freud selbst die Dinge auf derart restriktive Weise hätte angehen können, möchte ich nicht bestreiten. Doch bereits der Titel seines Aufsatzes – *Über infantile Sexualtheorien* –, der ein Echo gibt auf seine *Drei Abhandlungen zur Sexualtheorie*; die Häufigkeit, den ganzen Text hindurch, solcher Termini wie »Forschertrieb«, »Wissensdrang«, »sexuelle Wißbegierde« etc., welche die Kraft des Wunsches und die Aktivität des Denkens unauflöslich verbinden, und schließlich die implizite Bezugnahme auf den Ödipus zeigen deutlich, daß Freud in den Sexualtheorien aktive Organisationsfaktoren sieht, die ebensowenig auf die Partialtriebe, die ihnen zu ihrer »Sprache« verhelfen, wie auf die zufälligen Wahrnehmungen reduziert werden können, die ihnen die Außenwelt zuführt.

Sehr schnell – und jeder, der einem fragenden Kind gegenübersteht, kann das, selbst wenn dessen Fragen harmlos sind, bestätigen – findet man sich dort wieder, wo kein Wissen je eine Antwort liefern wird: beim Inzestverbot. Die Mangelhaftigkeit des Wissens über die Sexualität erhält noch ein stärkeres Gewicht, während gleichzeitig seine ursprüngliche Funktion offenbar wird, wenn das Wissen gerade von der Person weitervermittelt wird, die zugleich als *natürliches Objekt* des Wunsches und als *motivierende Kraft zu dessen Untersagung* gesetzt ist – die Mutter. Nun ist das hier genau der Fall, denn Melanie Klein ist in Wirklichkeit *die Mutter des Kindes*![6] Die elterliche Antwort ist nun zwangsläufig mangelhaft; sie zeigt sich unfähig, sich in den Worten zu rechtfertigen, in denen der Erwachsene dennoch das Kind dazu aufruft, sich zurechtzufinden. Was eine Umkehrung zur Folge hat, die sich dank der von Melanie Klein berichteten Beobachtung aufs lebhafteste erfassen läßt: Die Phantasien des Kindes scheinen nun näher an dem zu sein, worum es tatsächlich geht, als das vom Erwachsenen ausgegebene Wissen.

Die Beobachtung umfaßt zwei Phasen und steht unter zwei Titeln. Der erste Titel: *Sexualaufklärung und Autoritätsmilderung in ihrem Einfluß auf die intellektuelle Entwicklung des Kindes.* Der zweite, zwei Jahre später geschriebene Teil trägt den Titel: *Der Widerstand der Kinder gegen die Aufklärung.* Diese beiden Aussagen machen die Umkehrung kenntlich, auf die ich gerade angespielt habe. So ging es zunächst darum, Eltern und Erzieher von der Notwendigkeit zu überzeugen, das Kind nicht in der Unwissenheit zu belassen, auf seine Fragen zu antworten, ohne ihnen zuvorzukommen, wobei die Verdrängung anscheinend von äußeren Geboten, von der Weigerung oder dem Schweigen Erwachsener ausgelöst wurde; auf seiten des Kindes läge demnach eine spontane, natürliche Neugier vor: der Widerstand geht vom Erwachsenen aus. Nun aber wird in einer zweiten Phase der Widerstand beim Kind angetroffen, der sich massiv in einer Verweigerung des Wissens oder in abgelenkter Form durch den Rückgriff auf die eine oder andere Zwangshandlung bekundet. Angesichts bestimmter Veränderungen in den Verhaltensweisen von Fritz, »ergab sich mir«, schreibt Melanie Klein, »als Überzeugung: Der sehr starke Forschungstrieb des Kindes sei mit seiner ebenfalls starken Verdrängungsneigung, die den im Unbewußten gewünschten Teil der Auf-

---

6 Den Beweis für das, was ich hier behaupte, liefert uns ein anderer Aufsatz aus derselben Zeit, »Der Familienroman in statu nascendi«, in: *Internationale Zeitschrift für Psychoanalyse*, 1920, Bd. VI, S. 151–155. Darin taucht ein Teil derselben Beobachtung auf, nur daß Melanie Klein dieses Mal eindeutig schreibt: »Mein ... Sohn Erich«, etc. Man wird bemerken, daß dieser Artikel nicht in die Ausgabe der Gesammelten Werke der Autorin, *The Writings of Melanie Klein*, London 1975, 4 Bde., aufgenommen wurde. Es sind eben jene Familiengeheimnisse, deren Verschleierung im analytischen Familienroman für nötig gehalten wird.

klärung ablehnte, in Konflikt geraten [...]. Nachdem er als Ersatz für die von ihm verdrängten Fragen viele und andere gestellt hatte, sei er im weiteren Verlauf der Entwicklung dort angelangt, das Fragen überhaupt, aber auch das Zuhören, *das ungefragt von ihm Abgelehntes bringen könnte*, zu vermeiden.«[7]

Was passiert wirklich? Nachdem Fritz ziemlich rauh aus seinem »falschen« Glauben[8] herausgerissen und ordnungsgemäß über die Realität der sexuellen Vorgänge (Befruchtung, Schwangerschaft) unterrichtet worden war und auch nachdem diese Kenntnis, wie es schien, gut integriert war, wie es vor allem die Aufhebung der sichtbarsten Hemmungen und das Ende der stereotypen Fragen bezeugen, bleibt ein Rest: »Trotz Aufklärung und wiederholter Berichtigungen hielt er an der Auffassung fest, die er bei verschiedenen Gelegenheiten äußerte, daß die Kinder im Magen der Mutter wachsen.« Der Magen wird zu dem, was man einen Signifikanten nennen könnte, mit dem sich alles machen läßt ... Einem Kind, das ihm sagt: »Geh in den Garten«, gibt er zur Antwort: »Geh in Deinen Magen«; Personen, die ihn danach fragen, wo sich dieser oder jener Gegenstand befindet, gibt er zurück: »In Ihrem Magen«. Und seine Mutter möchte er nackt sehen, denn »Ich möchte auch Deinen Magen sehen, und das Bild, das in Deinem Magen ist«![9]

Mit anderen Worten: die dem kleinen Fritz gegebenen Erklärungen blieben ihm im Magen liegen! Diesen »Rest« als Überlebsel einer Sexualtheorie deuten, auf die er nicht verzichten konnte – die Kinder sind aus Nahrung gemacht und sind mit den Fäzes identisch –, hieße, den Teil fürs Ganze zu nehmen; denn, sagen wir es noch einmal, wenn es wahr ist, daß die oralen und analen Körperfunktionen und die daran gebundene Lust der »Theorie« Elemente zur bildlichen Darstellung liefern, so liegt diese doch nicht in deren Kalkül, insofern ihre Aufrechterhaltung gegenüber dem positiven Wissen und ihm zum Trotz sich als notwendig erweist. Man geht sicherlich einen Schritt zu weit, wenn man in dem Glauben

---

7 Melanie Klein, »Eine Kinderentwicklung«, S. 282 f. (Hervorhebung von mir – J.-B. P).

8 Der innerhalb der Familie nicht geduldet wurde: weil es dem Kind die Storchenfabel erzählt hatte, wurde das Kindermädchen fortgeschickt ...

9 Melanie Klein, »Eine Kinderentwicklung«, S. 287.

des kleinen Fritz, wie Melanie Klein es uns nahelegt, eine hartnäckige Weigerung sieht, die Erkenntnis der Rolle, die der Vater spielt, anzunehmen: die Sexualtheorie wird damit in die ödipale Struktur eingebunden. Doch das ist noch nicht alles: Die Sexualtheorie oder allgemeiner die phantastische Konstruktion wird nicht nur in den Ödipus hineingenommen, sie wird zu dessen Artikulationsmodus.

Ein spürbares Anzeichen dafür, daß die Phantasie bei Fritz an dieser Stelle hereinkommt und sich der Injektion des Erwachsenenwissens entgegensetzt, insofern sie eine Wahrheit enthält, die die Realität unmöglich beizubringen vermag, wird man in einer Art Lapsus finden, der in jener Phase auftaucht, in der Spiele und Phantasien mit ödipalem Inhalt zur Entfaltung kommen. Fritz ist gerade dabei, mit Bleifiguren zu spielen, mit zwei Soldaten und einer Krankenschwester, »und sagt, daß das er und sein Bruder und die Mama ist. [...] ›Der, der da unten so etwas hat, was sticht, bin ich.‹ Ich frage, was denn das ist, was unten so sticht? Er: ›Ein Wiwi.‹ ›Und das sticht?‹ Er: ›*Im Spiel nicht, aber in Wirklichkeit* – nein, ich habe mich geirrt, in Wirklichkeit nicht, aber im Spiel.‹«[10] Der Fehlgriff ist hierbei ein Ergreifen des Wahren. Denn in diesem Zusammenhang könnte man wohl kaum auf eine Schwierigkeit des Kindes schließen, das Reale vom Imaginären zu differenzieren, eine Differenzierung, die sich fortschreitend vollenden würde und auch Momente des Hinfälligwerdens kennen dürfte. Die Differenzierung funktioniert übrigens außerhalb jenes Feldes der menschlichen Realität, welches die Sexualität ist, sehr gut. Ein Feld, dem man keine Schranken zuweisen kann: mehr als für den Erwachsenen, bei dem die Sexualfunktion tatsächlich »funktioniert«, ist für das Kind nichts sexuell und alles sexuell. Ein Beispiel: wenn der kleine Fritz danach fragt, wie ein Mensch hergestellt wird, so ist das sexuelle Neugier, wird man sagen. Wenn er fragt: »Wie lange kommt dann immer noch ein neuer

---

10 Ebd., S. 293 (Hervorhebung von mir – J.-B. P.). Spiel und Wirklichkeit: es sind genau diese beiden Ausdrücke, die Winnicott, der die Wirklichkeit des Spiels in seiner konstitutiven Funktion für das Subjekt zu erkennen vermochte, im Titel seines letzten Buches verknüpft.

Tag?«, wird man dieses Mal sagen, daß er sich im metaphysischen Alter befindet. Doch die beiden Fragen, die beiden »Konzeptionen« kommen zusammen auf.

Die infantile Sexualtheorie, die »in grotesker Weise fehlgeh(t)« (Freud), erweist sich nicht nur als wirksamer als die von den Erwachsenen zum Gebrauch für die Kinder geschmiedeten Fabeln, sondern auch als das Wissen, das sie ihnen zukommen lassen. Das wird durch den Sprachgebrauch bestätigt, den unser kleiner Frager zu einem bestimmten Zeitpunkt anbringt (»Nicht wahr, es heißt Sparherd, weil es Sparherd ist«, etc.). Melanie Klein sieht darin etwas vorschnell einen Fortschritt im Erwerb des Wirklichkeitssinns, einen Fortschritt, der eine Folge der wahren Antworten sein soll, die auf die ängstlichen Fragen nach dem Unterschied der Geschlechter gegeben wurden. Fritz hätte von selbst seine unaufhörlichen »warum« zu einem Abschluß bringen können. Und doch bestätigt sich offensichtlich in diesem Verzicht eine Spaltung zwischen einer strikt tautologischen – einer unterschiedslosen und nur auf sich selbst verweisenden – Realitätsordnung und einem Ort der Phantasie, an dem die Kastrationsangst allein sich entfalten und eine Antwort finden kann.

Wir erwähnten gerade als den Horizont der Begierde des Kindes nach sexuellem Wissen – oder seiner sexuellen Wißbegierde – das Rätsel des Inzestverbots. Der kleine Fritz versteht es, Melanie Klein bis an diesen Punkt zu führen, und sie kann dabei nur versagen. Man braucht sich nur den Text der gegebenen Antwort anzusehen: sie ist mehr als verlegen, ihr haltloser Charakter sticht ins Auge.[11] Ebensosehr im Ansprechen – wenn man das so nennen kann – des sexuellen Aktes (»Der Papa kann mit seinem Wiwi etwas machen, das wirklich etwas ähnlich wie Milch aussieht, und Samen heißt: das macht er ähnlich, wie wenn man Wiwi macht, nur nicht so viel«, etc.) wie in der Erklärung, falls man auch das so nennen kann, des Verbots der Mutter (»Jeder Mann hat nur seine Frau. Wenn du groß bist, ist deine Mama schon alt«, etc.). Nur: was soll man sonst anderes sagen?

Die Antwort könnte gar nicht anders als haltlos sein, vor allem,

11 Melanie Klein, »Eine Kinderentwicklung«, S. 288.

wenn sie in jener Zeit der Kindheit vorgetragen wird, in der die Artikulation des Wunsches und der Untersagung – des Wunsches als untersagt – sich in einem fruchtbaren Moment ihrer Wirkungskraft befindet. Allein die Antwort der Phantasie kann »haltvoll sein«, einen für eine derartige Artikulation geeigneten Raum bieten. Die infantilen Sexualtheorien, die man als sekundäre Formen von Urphantasien[12] ansehen kann, bilden eine dem »theoretischen« Charakter des ödipalen Gesetzes homologe Realität. Ein Gesetz, das zu begründen nicht in der Macht der »Realität« liegt, weder der Realität der Natur noch der der sozialen Institution.

Ist es wirklich, wie Ernest Jones es andeutet[13], ein Instückereißen, weitergetrieben als bei Freud, des Mythos vom unschuldigen Kind – ein Mythos, der heute mit großer Kraft wiederkehrt –, der die Annahme von Melanie Kleins Beschreibungen der Innenwelt des Kindes später so schwierig machen wird? Ist tatsächlich der frühzeitige Sadismus, den sie seit 1927, einige Jahre nach der Beobachtung von Fritz in einem Artikel mit einem ohne Umschweife formulierten Titel »Über kriminelle Triebregungen bei normalen Kindern« in den Vordergrund stellt, für sie eine primäre Gegebenheit? Gewiß, im Vergleich zu dem derart auffälligen Ausgangspunkt der anfänglichen Forderung nach *Aufklärung** und »Autoritätsmilderung« sind die Rollen nunmehr umgekehrt: Alles scheint nun von dem seinen inneren Dämonen ausgelieferten Kind auszugehen; seine »Entwicklung« wird allein noch von dem Ausgang eines durch und durch inneren Kampfes zwischen dem guten und dem bösen Objekt, zwischen Eros und Thanatos abhängen.[14]

---

12 Vgl. J. Laplanche und J.-B. Pontalis, »Fantasme originaire, fantasmes des origines, origine du fantasme«, in: *Les Temps Modernes*, 1964, Nr. 215; dt. *Urphantasie. Phantasien über den Ursprung, Ursprünge der Phantasie*, übersetzt von Max Looser, Frankfurt am Main 1992.

13 In seiner *Introduction* zu Melanie Kleins *Contributions to Psycho-Analysis 1921–1945*: »Frau Kleins ausführliche Darstellung der kindlichen Phantasien vom Zerschneiden, Zerreißen, Durchbohren und Verschlingen dürfte die Mehrzahl der Leute mit einem [...] Aufschrei zurückschrecken lassen.« (London 1948, S. 11.)

14 Zur Kleinschen Konzeption des Objekts und den Problemen, die diese aufwirft, erlauben wir uns, den Leser auf ein Kapitel unseres *Après Freud*, Paris 1968, zu ver-

Doch bringt uns das Erkennen dieser Rollenverkehrung kaum weiter, außer daß wir in einen Zirkel hineingeraten, in dessen Innerem in einer Schwundform die Praxis der Kinderanalyse hin- und herschwankt, so als gäbe es für sie letzten Endes keinen anderen Ausweg, als entweder den Erwachsenen oder das Kind für schuldig zu erklären.

Ferenczi, der ebenfalls die »Verwirrung der Sprachen« erkannte und beklagte, machte aus dem Kind ein Wesen, das dazu bestimmt ist, den von Haß, Schuldgefühl und Verbot gezeichneten Erwachsenenwunsch zu interiorisieren.[15] Sich hier auf diese These zu berufen, die schon an sich überraschend ist, insofern als sie – indem sie in der Verführung ihre Mitte hat – eine im Verhältnis zur Entdeckung der infantilen Sexualität ältere Freudsche Konzeption wieder ins Leben ruft, mag paradox scheinen: stehen wir damit nicht in absoluter Gegenposition zu Melanie Klein? Indessen sollte man in Ferenczis These nicht voreilig bloß eine erneuerte Variante der alten Freudschen Verführungstheorie sehen. Zunächst, welche Wichtigkeit er auch immer den Tatsachen der Verführung zugestanden haben mag, so haben sie doch nur einen illustrativen Wert. Andere Gegebenheiten werden mit herangezogen: »leidenschaftliche ... Strafsanktionen« und vor allem der »Terrorismus des Leidens«, der dem Kind die gesamte Last der offenen oder geheimen Konflikte der Mitglieder der Familie aufbürdet und ihm so als Gesamtfunktion zuweist, Träger und Bote des elterlichen Unbewußten zu sein.[16] Doch die Verführung treibt in den Augen Ferenczis die Sprachverwirrung, die »vorzeitige Aufpfropfung« einer mit Schuldgefühlen gespickten leidenschaftlichen Form von Liebe auf ihren Höhepunkt. Vorzeitige Aufpfropfung: halten wir das Bild

weisen: »Nos débuts dans la vie selon Melanie Klein« [»Unser Eintritt ins Leben nach Melanie Klein«, in: *Nach Freud*, Frankfurt am Main 1968].

15 »Sprachverwirrung zwischen den Erwachsenen und dem Kind. Die Sprache der Zärtlichkeit und der Leidenschaft« (1932), in: *Schriften zur Psychoanalyse*, Bd. II, Frankfurt am Main 1982, S. 303–313.

16 Man sieht, daß diese heutzutage bald hier, bald dort als originär vorgebrachte Idee – das Kind als Symptom der Eltern – nicht nur Vorläufer hat, sondern vor allem den *Ausgangspunkt* jeder psychoanalytischen Reflexion über den »Dialog« zwischen dem Kind und dem Erwachsenen und weniger eine letzte Antwort bildet.

und seinen körperlichen Widerhall fest. Zum anderen entdeckt Ferenczi im privilegierten Beispiel der Verführung einen Vorgang von einer sehr weitreichenden Bedeutung: die Identifizierung mit dem Angreifer oder besser: seine Introjektion. Er bezeichnet damit eine weitaus grundlegendere Modalität des Psychischen als das, was im Anschluß an Anna Freud als Abwehrmechanismus beschrieben wird (der Angegriffene, der zum Angreifer, der Beherrschte, der zum Beherrschenden wird). Ferenczi wiederum spricht von einer durch die ungeheure Angst hervorgerufenen vollständigen Unterwerfung unter den Willen des Angreifers. Die Einwirkung des Erwachsenen, seine Macht, Einfluß zu nehmen, sind grenzenlos. »Ein Kind wird getötet«[17], scheint bereits Ferenczi auszurufen, dessen gesamte therapeutische Zielsetzung darin bestehen wird, ihm zu seiner Wiedergeburt zu verhelfen.

Für Melanie Klein ist offenbar ganz im Gegenteil das Kind von vornherein Träger von sexuellen und aggressiven Wünschen. Doch beachten wir, daß es die von ihnen angestrebten *Objekte* sind und nicht ein Ziel, das ihnen immanent wäre, welches sie als solche zu qualifizieren erlaubt. Der *Neid* zum Beispiel, den Melanie Klein am Ende für die primitivste spürbare Form des Todestriebes (die Entleerung des Objekts) halten wird, ist keine »rein« triebhafte Kraft; außerhalb seiner Beziehung auf das Objekt, welches ihn hervorruft, ist er nicht greifbar. Nun ist sogar ein so »natürliches« Objekt wie die Brust etwas anderes als das schlichte Korrelat des Triebes, das, was ihn befriedigen würde oder nicht: es ist in eine Opposition einbegriffen, die es definiert (gut / böse), und es hat, so sehr es auch Produkt einer Phantasie sein mag, die Autonomie einer »Person«. Schließlich ist das Feld des Triebes selbst von Beginn an in Lebenstriebe und Todestriebe gespalten und sind, sofern die primäre und permanente Ursache der Angst die aus der innerlichen Arbeit des todbringenden und zerstückelnden Triebes herrührende Gefahr ist, die primären Objekte – Brust, Penis – gerade diejenigen, die von der Libido besetzt werden[18]: ihre Stärke als Objekte, die symboli-

17 »On tue un enfant«, Titel eines Buches von Serge Leclaire (Paris 1972). A. d. Ü.
18 Vgl. insbesondere Melanie Klein, »Zur Theorie von Angst und Schuldgefühl«, in:

schen Äquivalenzen untereinander sind nicht vom Trieb abgeleitet, sondern von ihrer eigenen transindividuellen Ordnung.

Wenn man Melanie Klein vorhält, beinahe von Beginn an komplexe Objektbeziehungen zu unterstellen, so setzt man die Existenz einer Zeit voraus, in der das Leben des Kindes rein und schlicht von der Suche nach Befriedigung, als Abmilderung einer inneren Spannung definiert, regiert würde. Im Grunde würde das Kind zunächst als eine biopsychische Individualität existieren, die aufgrund ihrer Verfrühung mit Sicherheit in Abhängigkeit gesetzt wäre, wenn auch abhängig von einem Wesen derselben Natur. Melanie Klein sagt etwas ganz anderes: es gibt auch für sie beim Kind eine »vorzeitige Aufpfropfung« vom Erwachsenen her. Doch während Ferenczi in dem, was wir seinen Ursprungsmythos von der Begegnung zwischen dem Kind und dem Erwachsenen nennen können, auf ein Subjekt abzielte, das bereits seine eigene Welt und eine ausgebildete Sprache hat – die Sprache der Zärtlichkeit –, auf die alsdann in der Tat in einem gewaltsamen Einbruch die Sprache der Erwachsenen aufgepfropft würde – die Sprache der Leidenschaft –, erhebt Melanie Klein den Anspruch, diese Verbindung bereits in den Grundlagen der Konstitution eines Selbst erfassen zu können. Und dort, wo Ferenczi sich metaphorisch auf die Introjektion einer Sprache berief, spricht sie wiederum in einer quasi buchstäblichen Sinnvariante von der Inkorporation von Objekten. Das Unbewußte ist nicht mehr System, sondern Körper. Der Trieb fixiert sich nicht mehr an »Vorstellungen«, sondern an Objekten oder an als Objekte behandelten Eigenschaften: die unaufhörliche Wiederholung von Introjektionen und Projektionen, die ein provisorisches Ende – denn es handelt sich weniger um eine Entwicklung als um ein Hin- und Herschwanken – allein im Sieg des Stärkeren findet: des guten Objekts.

Gewillt, vor dem Kind als Frage nicht zu flüchten und sein Phantasieleben wiedereinzuholen, glaubte Melanie Klein, an eine Zeit heranreichen zu können, die der traditionell als Teilung Unbewuß-

Das Seelenleben des Kleinkindes und andere Beiträge zur Psychoanalyse, Reinbek bei Hamburg 1972, S. 126–143.

tes/Bewußtes bezeichneten vorausliegt, welche durch die Verdrängung eingeführt wird. Sie unterstellte dabei, daß, je weiter sie in der Zeit zurückging, sie um so tiefer reichte und am Ende gar sich in der gleichen Zeit wie ein ursprüngliches Unbewußtes befinden würde. Mehr noch: indem sie sich an der Analyse von sehr jungen Kindern versuchte, würde sie sogar in der Lage sein, an der »Geburt« des Unbewußten teilzuhaben und, wenn man das so sagen kann, dieses zu bemuttern.[19] Es ist zu erkennen gewesen, daß, je mehr sich die Sprache Melanie Kleins in ihrer Besonderheit herausbildete, bis sie sich am Ende wie ein System ausnahm, sie auch immer monotoner wurde: ein Zeichen der Überzeugung Melanie Kleins, einen Zugang zu den Grundworten gefunden zu haben, deren Handhabung ihr einen Zugriff auf die elementaren Strukturen der Psyche sichern würde.

Der Kreis schließt sich: vom Wissen zur Phantasie, von der Phantasie zum Wissen. Das Kind der Psychoanalyse, der Raum eines Augenblicks, bringt das Wissen der Mutter ins Wanken, doch am Ende glaubt die Psychoanalyse-Mutter, als sie ihren festen Ort wiedergefunden hat, das letzte Wort zu haben. Doch kann sich jedes Wissen über das Unbewußte nur wirkungsvoll ausbilden, wenn es sich weiterhin der Prüfung durch das aussetzt, was ihm von einem anderen Ort aus, ohne einen festen anweisbaren Platz, widersprechen wird: die Orte oder der Nicht-Ort des Unbewußten.

19 Diese Hoffnung oder diese Illusion kommt fast unumwunden von Anbeginn der Karriere Melanie Kleins zum Ausdruck. So zum Beispiel: »[...] ergibt sich uns die Einführung einer möglichst frühen analytischen Beobachtung und gelegentlicher analytischer Eingriffe als unbedingte Notwendigkeit« (»Eine Kinderentwicklung«, S. 308).

2. Zur Einführung in ein Nachdenken über die Funktion der Theorie in der Psychoanalyse

FESTSTELLUNG

Nichts ist gängigere Vorstellung, als die Einheit von Theorie und Praxis in der Psychoanalyse zur petitio *principii* zu erheben. Der Analytiker, der nicht »theoretisiert«, wäre auf Gedeih und Verderb den von seinem »Erlebten« übermittelten Signalen ausgeliefert, wobei berücksichtigt wäre, daß seine eigene – als immer noch aktuell unterstellte – Analyse sie außerhalb der Reichweite jeglichen Verdachts plaziert. Doch wäre er nun wahrscheinlich der Träger einer Phantasie, also einer verborgenen Theorie, die eine unmittelbare Kommunikation von Unbewußtem zu Unbewußtem postuliert, es sei denn, er nimmt sich, unter dem Deckmantel einer Empathie diesseits nicht nur jeder Theorie, sondern auch jeder Sprache, das Erreichen einer »dualen Einheit« mit seinem Patienten vor. Umgekehrt würde der Analytiker, der seine theoretische Aktivität mit der Aneignung eines Wissens verwechselte – auch wenn er versicherte, daß sie niemals als gesicherter Erwerb angesehen werden kann, und auch wenn er dieses Wissen gemäß den Verführungen des Zeitgeistes der Umarbeitung preisgäbe –, recht bald zu seinem eigenen Schaden bestätigen können, daß diese ohne jede Zugriffsmöglichkeit auf das ihr angeblich zugehörige Objekt ist: die unbewußten Vorgänge, denen der Analytiker und der Analysierte beide, wenn auch nicht in *gleicher* Weise, unterworfen sind. Eine Theorie, die nicht auf Eingriffe angelegt wäre, ist weder gut noch schlecht; sie ist nichtig für uns, auch wenn sie eine noch so große Bereicherung für die Ideengeschichte darstellt. Und eine rein empirische Klinik, die nicht in der Lage wäre, das Wagnis einzugehen, sich einem Gesprächspartner gegenüber auszusagen, ist nicht psychoanalytisch. Denn die psychoanalytische Arbeit ist in jeder ihrer Phasen stets ein und dieselbe Bewegung: sie setzt beim Subjektivsten und Privatesten in unserer Erfahrung an, um die Bedingungen einer Intersubjektivität zu erschaffen.

Man behauptet, daß Theorie und Praxis zusammengehen müssen, und konstatiert zugleich deren Auseinandertreten. Und von diesem meinem Verständnis nach notwendigen Auseinandertreten geht man bereitwillig weiter zu einem Gegensatz zwischen »Klinikern« und »Theoretikern«. Der Gegensatz beschränkt sich nicht darauf, geschmeidig zwischen zwei Orientierungen, zwei wahlweise möglichen Herangehensweisen zu differenzieren; er wird bei der ersten Gelegenheit zur Karikatur, beispielsweise bei der Begegnung von Analytikern unterschiedlicher Kulturen: die Engländer – das Land Humes – stehen dem klinischen Empirismus nahe; die Franzosen – das Land Descartes' – sind vor allem um theoretische Strenge bemüht! Als ob sich dies nicht umkehren ließe, als ob es nicht eine dogmatische Weise gäbe, »klinisch zu sprechen«, wie das so viele mißbräuchlich als analytisch qualifizierte »Fallgeschichten« durch die einfache Tatsache bezeugen, daß sie sich auf Patienten beziehen, die noch in Analyse sind, und eine eigentlich analytische Methode, die Freudschen Texte zum Sprechen zu bringen, den Sinn zirkulieren zu lassen, um dann ohne Unterlaß die scheinbar geschlossene und eingefrorene Struktur des begrifflichen Apparats zu »de-konstruieren«.

Das Überraschende an einer solchen Situation ist, daß die Auseinandersetzung – wenn man sie so nennen kann, denn zumeist bleibt sie auf dem Niveau der Stimmungen, wird nicht gedanklich geführt – nichts spezifisch Analytisches hat. Sie könnte tatsächlich inmitten jeder beliebigen Disziplin entstehen und entsteht dort auch. In der Soziologie, in der Geschichtswissenschaft, in der Psychologie, überall unterscheidet man in groben Zügen, selbst wenn die Unterscheidung nicht haltbar ist, zwischen den Konstrukteuren von »Modellen« und denen, die den Anspruch erheben, sich enger an die Beobachtung zu halten.

Haben die Psychoanalytiker nichts über die Theorie zu sagen, innerhalb der Topik und der Ökonomie ihres eigenen Feldes? Nichts zu sagen als Analytiker über die Situation, die sie darin einnimmt, über die Funktion oder die Funktionen, die sie darin für ihre Patienten und für sie selbst erfüllt?

Den vorangehenden Bemerkungen entspringt eine doppelte Unbefriedigung. Wir können uns in der Tat weder mit einer Beziehung spontaner Erzeugung zufriedengeben wie derjenigen, die ein kürzlich von Sacha Nacht vorgelegter Titel nahelegt (»De la pratique à la théorie psychanalytique«), noch mit einer quasi-deduktiven Relation, die aus der Kur eine – wenn auch privilegierte – Anwendung einer Wissenschaft machte. Der Parcours, den die Freudsche Entdeckung sich unablässig hat bahnen müssen, ist in dieser Hinsicht lehrreich. Eher noch als von einem beständigen Austausch müßte man bei Freud von einer wirklichen Verflechtung sprechen zwischen einem theoretischen, ja spekulativen Diskurs und einem alltäglichen Sich-der-Seinsweise-des-Unbewußten-Aussetzen in seiner »Selbstanalyse« und in seinen Kuren. Man kann ohne jedes Paradoxon im *Entwurf* von 1895, der oft als eine von der entstehenden analytischen Erfahrung meilenweit entfernte, neurophysiologisch inspirierte Ausarbeitung angesehen wird, ganz im Gegenteil eine ergreifende Transkription der Logik, die der analytischen Erfahrung eigen ist, erkennen. Man muß in *Jenseits des Lustprinzips* – jener inspirierten Schrift, von der man hat sagen können, daß Freud in ihr kein anderes Publikum zu haben scheint als sich selbst, so sehr wie »darin seine oft widersprüchliche Argumentation den einer Reihe freier Assoziationen eigenen Gang annimmt«[20] – gerade die Bewegung einer Analyse wiederfinden, mit ihren Durchbrüchen und ihren Rückfällen, ihren Wiederholungen, ihrem beständigen Fordern; eine nicht-lineare Bewegung, ein Fordern, das auf der Ebene der Arbeit des Denkens genau das Äquivalent des Wunsches ist, der nicht verzichten will. Und, allgemeiner gesprochen, wer würde wagen, außer zu Zwecken der Edition, das Ganze der Schriften Freuds in Rubriken aufzuteilen: theoretische Psychoanalyse, klinische Psychoanalyse, angewandte Psychoanalyse? Alles zählt *gleich* im Freudschen Werk: der *Abriß* oder *Das Unheimliche*, die *Vorlesungen zur Einführung* oder *Eine Erinnerungsstörung auf der Akropolis*, *Das Motiv der Kästchenwahl* oder *Die Zukunft einer Illusion*. Die Zweiteilung in marginale und fundamentale Texte ist, ob damit nun die einen oder die anderen privilegiert werden sollen, unannehmbar. Eine Lektüre Freuds, die ihre Aufmerksamkeit auf die von ihm bevorzugt ge-

20 Michel de M'Uzan, »Freud et la mort«, in: *L'Arc*, Nr. 34, 1968. Wiederaufgenommen in: *De l'art à la mort*, Paris 1977.

wählten »Vorstellungen« richtet, ist im gleichen Maße trefflich wie eine Lektüre, die die Arbeit mit den Begriffen nachzeichnet. Doch trägt der Rückgang auf Freud hier überhaupt als Beispiel? Stellen sich die Dinge oder stellt sich die analytische »Sache« heutzutage in derselben Weise dar?

Freud konnte noch von seinen ersten Schülern erwarten, daß die Entdeckung seiner Bücher, dessen, was darin zum ersten Mal ausgesagt wurde, für sie eine derartige Offenbarungsbedeutung hatte, daß ihre eigene Analyse (die damals legitimerweise als »Lehr«analyse bezeichnet werden konnte) nur die Rolle einer Bekräftigung, einer Erprobung *in vivo* hat spielen können. Doch sehr schnell und mit Sicherheit ab der zweiten Generation von Analytikern, als nämlich das Freudsche Werk bereits den *Platz* einer allgemein geteilten Bezugnahme *einnahm*, war deutlich zu erkennen, daß die Kenntnis eindeutig Gefahr lief, ihre eröffnende Funktion zu verlieren, um statt dessen den Widerstand zu bestärken.

In einem bestimmten Sinne hat dieser Sachverhalt seitdem nur noch eine weitere Bestärkung erfahren und in jüngster Zeit zum Beispiel die Zurückhaltung psychoanalytischer »Gesellschaften« motiviert, die Einführung in die Lehre vorzeitig in die »Ausbildung« eingreifen zu lassen. Dieser Zurückhaltung, die eine Zeitlang bis zum Verbot des Lesens psychoanalytischer Schriften hat gehen können, lag eine prinzipielle Einschätzung zugrunde: jeder Rückgriff auf das Wissen oder auf das im Text Niedergelegte wurde auf der Seite zwanghafter Intellektualisierung oder phobischer Vermeidung der Begegnung mit dem Es situiert; man sah darin zumindest eine Kurzschließung dessen, was in der Übertragungsbeziehung (der einzigen in ihrem Prozeß und nicht nur in ihrem Resultat erfaßten *aktuellen* Bildung des Unbewußten) im Begriff war, sich auszubilden. Nichtsdestoweniger kam als Lösung ein Kompromiß heraus: etwas theoretische Lehre, nicht zu viel und nicht zu früh; mit dem sich verstärkenden Gefühl, daß das alles im Grunde nicht allzu wichtig sei.

Dieses sich verstärkende, gegenwärtig ganz allgemein geteilte Gefühl ist bei den Analytikern nicht nur aus der Feststellung einer Ohnmacht entstanden, die allgemeine Verbreitung der Psychoanalyse bremsen zu können. Die Verbreitung geht hierbei weit über die einer einfachen Kenntnis hinaus: sie ist Aneignung und Verweige-rung. Und in dieser Aneignung – Inkorporation – der psychoanaly-tischen Theorie[21] findet man wieder dieselben Mechanismen am Werk, die sie ans Licht geholt hat: Widerstand, Verdrängung, Ent-stellung, Verschiebung, Wiederholung etc. Um nur das gröbste Bei-spiel aufzunehmen: jeder Analytiker und nicht nur der »in Ausbil-dung« befindliche hat die Erfahrung machen können, daß eben jener Artikel Freuds, den er »vergessen« hatte, jene Formulierung, die er nicht »verstanden« hatte oder die für ihn toter Buchstabe blieb, diese verdrängende Behandlung nur deshalb hat erfahren können, weil sie ihn als Leser an einem besonders empfindlichen Punkt betrafen.

Man kennt das Selbstvertrauen Freuds, der für seine Weigerung, Nietzsche zu lesen, uns als Grund angab, »daß ich in der Verarbei-tung der psychoanalytischen Eindrücke durch keinerlei Erwar-tungsvorstellung behindert sein wolle«.[22] Doch wir, können wir schamlos den Anspruch erheben, den namenlosen Kontinent aus-zuforschen, wie Freud es tat, wir, die wir mitunter von Erwar-tungsvorstellungen wie von Gepäckstücken umstellt sind oder die wir am psychoanalytischen Gebäude – theoretischen wie institutio-nellen, Lehrkörper wie Baukörper – angeflanscht bleiben wie der moderne, mehr mit seinen Apparaturen verschaltete als ins Unbe-kannte vorrückende Astronaut?

Es gehört im analytischen Milieu zum guten Ton, über die so-genannten Arbeiten in angewandter Psychoanalyse die Nase zu rümpfen: alles, was nicht Reinprodukt der analytischen Situation ist, wäre demnach mißbräuchliche und unkontrollierte Überschrei-tung. Aber man übersieht dabei, daß die Frage der angewandten Psychoanalyse sich in der analytischen Praxis selbst stellt. Es ist

21 Wir sagen: *die* Theorie, obgleich heute die Existenz einer Pluralität psychoanaly-tischer Theorien konstatiert werden kann – Kleinsche, Hartmannsche, Winni-cottsche, Lacansche ... –, eine Pluralität, die die Diskussionen unter Analytikern oft in die Nähe einer babylonischen Sprachverwirrung rückt. Nicht nur, daß sie sich alle von Freud herleiten, sondern daß sie, wie es auch um ihre jeweilige in-nere Kohärenz bestellt sein mag, nur aus der Verbiegung heraus, die sie dem Gründungstext antun, verständlich sind.

22 »Zur Geschichte der psychoanalytischen Bewegung«, in: *GW* X, S. 53.

leicht, sich ironisch über den Schüler, eben den »eifrigen Anwender«, auszulassen, der seinen Eifer darauf verwendet, in diesem literarischen Werk oder in jener Kultur die Modalitäten des Ödipuskomplexes oder die Imago der bösen Mutter wiederzufinden; es ist ebenfalls üblich, den Analytiker – den Anfänger natürlich ... – zu kritisieren, der allzu prompt eine Simultanübersetzung des Sagens seines Patienten in die Kleinsche oder Lacansche Vulgata vollführt. Doch die *Anwendung* beginnt nicht erst an dieser Schwelle: sie beginnt, wenn der Analytiker sich mit einer Position als Analytiker und der Analysierte mit der des Analysierten identifiziert. Die *Situation* hat sich nunmehr an die Stelle des *Prozesses* gesetzt und birgt die Gefahr, nach Art der früheren Situation der Kindheit die Verdrängung zu verstärken und nicht ihre Aufhebung zu bewirken. Das vorgeblich vom Vater ausgesprochene Verbot schützt faktisch den kleinen Jungen vor seiner Ohnmacht, seiner Impotenz; die Mutter, ob sie kalt ist oder verführend, kann die zwischen ihr und ihrem Kind agierende Sexualität nur verbergen oder verkleiden. Ebenso können der als solcher identifizierte, auf seine Funktion eingeschränkte Analytiker und die einer Arbeit gleichgesetzte Analyse, die es an einem Material zu vollziehen gilt, das als das der Analyse eigene angesehen wird, von beiden beteiligten Parteien dazu genutzt werden, eine Erfahrung zu umschreiben, deren Grenzen alles andere als gesichert sind. Es gibt Analysen, in denen nichts Lebendiges geschieht, wo bloß Maschinen rotieren; Traum-, Assoziier-, Phantasier- und Deutungsmaschinen.[23] Gegenseitiger Schutz vor der Aktualisierung von Liebe und Haß, wobei die heute in den Vereinigten Staaten geheiligte Formel des *working alliance* zu nichts anderem taugt, als diesen Schutz begrifflich zu rechtfertigen. Man alliiert sich stets *gegen*. Stellen wir also hier die Frage: wogegen?

Sich auf die Grenzen der analytischen Situation berufen, vorweg ein Urteil fällen über die Szenen und den Ort, die sie zur

---

23 Manchmal denke ich, daß ein schlichter Hausarzt, den man aufsucht, weil »es nicht geht«, oder ein Dorfkneipier, mit dem man sich über die kleinen Dinge des Lebens unterhält, in einer analytischeren Position sind als der als solcher ausgewiesene Analytiker, den der »Klient« gleich mit »mein Vater ... meine Mutter ... die Analyse ...« etc. umgarnt.

Vorstellung kommen läßt, dient nur dazu, Analytiker und Analysierten vor dem zu schützen, was eine jedesmal neue Beziehung ihnen hinsichtlich ihrer eigenen Grenzen zu offenbaren vermag. Es gibt eine spezifische Weise, in *Analyse zu sein*, die es gestattet, die Bandbreite dieser Verzichtleistungen nicht mehr zu ermessen.

VORSCHLÄGE

Vielleicht haben wir nun – nachdem diese Fragezeichen einmal gesetzt sind – eine Position gefunden, von der aus sich die Achsen besser aufzeigen lassen, entlang derer eine Überprüfung der Funktion der Theorie in der Psychoanalyse sich zu orientieren hätte.

1. Jede Theorie, die den Menschen zum Gegenstand nimmt, wartet nicht die Aufstellung von spezifischen Hypothesen, Vorgehensweisen, Begriffen und einer entsprechenden Sprache ab, um tätig zu werden. So faßt beispielsweise ein jeder spontan und oft endgültig die Entscheidung, wer das Agens der Geschichte ist: die großen Männer, die großen Mächte, die soziale Klasse oder die namenlosen »sie«. Wenn es um einen selbst oder um seinesgleichen geht, so ist das noch offensichtlicher: jeder ist nun Träger der expliziten oder latenten Vorstellungen über seine persönliche Geschichte. Ein Neurotiker hat bestimmte Vorstellungen, was seine Neurose angeht, schreibt ihr eine Herkunft zu und sucht Erklärungen dafür. Doch dieses mehr oder weniger ausgearbeitete »Modell«, das er sich konstruiert, ist Teil ihres Funktionierens, ist selbst Symptom. Ein Zwangskranker wird die Suche nach einer wirklich in seiner Kindheit vorgefallenen traumatischen Szene bevorzugen, mit dem Ziel, zugleich den Ort und Anlaß seiner Angst darauf verschieben, endlos weitere Details hinzufügen und die Genauigkeit der Erzählung in Frage stellen zu können und so zugleich auch dem unmöglichen Wiederfinden des verlorenen Objekts zu genügen. Rousseau hat es buchstäblich vermocht, die genetische Psychologie zu erfinden, um so mit der Gewißheit seiner Unschuld besser verbergen zu können, was sein Begehren ihn zu tun drängt: »Ich bemühe mich,

überall die ersten Ursachen richtig zu entwickeln, um die Verkettung der Wirkungen anschaulich zu machen.«[24]

Die Zweideutigkeit des Wortes Psychologie ist unter diesem Aspekt entlarvend. Es bezeichnet ebenso die Zielsetzung der fraglichen Disziplin – Psychologie des Verhaltens, psychoanalytische Psychologie – wie ihren Gegenstand: »Die Psychologie von A. ist wahrlich kompliziert, die von B. ist so elementar, wie es elementarer nicht mehr geht.« Nicht nur, daß jede Psyche ihre eigene Psychologie absondert. Sie *ist* Psychologie, ihre Funktion ist es, sich selbst in dem zu repräsentieren, was sie aufgehört hat zu sein: ein Körper. Der »psychische Apparat« ist nicht ein Produktions-, sondern zuvorderst ein Reproduktionsapparat.

Wenn psychoanalysieren nicht darin besteht, eine neue *Vorstellung* vom Individuum vorzuschlagen, und wäre es auch eine »vollständigere«, »tiefere« als die vorhergehenden, so besagt das, daß es keine Psychologie gibt, die nicht eine »Fiktion« wäre (das Wort stammt von Freud und gilt für die zweite genauso wie für die erste Topik). Die Psychoanalyse trennt sich von der Psychologie, insofern sie nicht nur die kognitiven und affektiven Operationen der Psyche, sondern auch für jede von ihnen die Arbeit in Rechnung stellt, die das psychische Ereignis ausmacht. Für jede von ihnen und für die Psyche als solche, insofern sie dadurch differenziert wird. Denn eine Psyche ist immer nur eine Metapher eines Körpers, nur eine Übertragung von einem Ort zu einem anderen, der Weg der Metapher – das, was den analytischen Prozeß wieder in Gang bringt. In diesem Sinne ist die relativ autonome fortschreitende Konstitution eines Feldes des Psychischen, das seine eigene Logik hat, bereits theoretische Arbeit.

2. *Theoria*: die Tatsache, zu beobachten, später: bei einem Fest, einem Schauspiel zuzuschauen; aufgrund eines metonymischen Gleitens kann sie das Schauspiel selbst bezeichnen, alsdann die

24 *Confessions*, livre IV, in: *Œuvres complètes*, Bd. I, Paris 1959 (édition Pléiade), S. 175; dt. *Die Bekenntnisse*, Buch IV, München 1981, S. 175. Vgl. zu Rousseau in der französischen Originalausgabe dieses Bandes »Lieux et séparation«, S. 139–157.

zu Festen delegierte Gesandtschaft, schließlich die Wesensschau des Geistes. Was den modernen Sinn angeht, wird sie in einem gängigen Wörterbuch wie folgt definiert: »Das systematisierte Ganze von Erkenntnissen, das für eine bestimmte Anzahl von Tatsachen eine vollständige Erklärung gibt.« Der letzte angezeigte Sinn: »Unterrichtsfach in der militärischen Ausbildung«.

Findet der Psychoanalytiker in dieser Reihe von Verschiebungen nicht die verschiedenen Phasen seines eigenen Vorgehens wieder? Entstanden aus dem Wunsch zu beobachten, setzt er an die Stelle jener brennenden, auf die Ursprünge gerichteten Neugierde Repräsentanten, die sich besser ... präsentieren lassen, bevor er sich wie in einem Spiegel beschaut, der ihm die Illusion von Herrschaft und Vollständigkeit gibt. Um dann am Ende bei der Indoktrinierung von Patienten-Jüngern-Schülern zu landen, womit sich ein singuläres Sprechen, das um zu finden nur irregehen kann, in die Anmaßung eines Wissens verwandelt, das nichts mehr reflektiert als seine eigene Selbstgefälligkeit. Der Tod des Ödipus: der Triumph des Narziß.

Die Psychoanalyse hat die enge Verbindung zwischen der Sexualforschung des Kindes und der Bildung von Theorien aufgedeckt, ob nun an dem von Freud begutachteten Genie Leonardos oder beim kleinen Fritz, den Melanie Klein in ihrer allerersten Beobachtung auf dem Gipfelpunkt seiner metaphysischen Phase hat erfassen können. Wie das Forschen des Kindes ist die psychoanalytische Forschung unauflöslich Begierde nach sexuellem Wissen und sexuelle Wißbegierde; wie der Besitz eines immer ursprünglicheren und verborgeneren Geheimnisses ja genau das ist, was ihr Leben gibt; doch genauso wie die vom Kind erstellten Sexualtheorien laufen die psychoanalytischen Theorien stets Gefahr, das leisten zu wollen, was Freud, bezogen auf erstere, nicht ohne Humor »geniale Lösungen« nannte.[25]

Ein Indiz für diese enge Bindung zwischen einer der Funktionen der psychoanalytischen Theorie und der Sexualität findet sich in der Parallelität der Entwicklung ihrer Konzeption im Freudschen Werk. Die zunächst als »unversöhnlich«, als »unvereinbar« mit

25 Vgl. »Über infantile Sexualtheorien« in: *GW* VIII, S. 177.

den Forderungen des Ichs beschriebene Sexualität schlägt mit der »Kehre« von 1920 in ein *Bindungs-*, ein Vereinigungsprinzip um, wobei das Anrufen des Eros nunmehr – ganz im Gegensatz zum Unversöhnlichen – die durch den zerreißenden Todestrieb bedrohte Versöhnung bedeutet. Parallel dazu läuft die Theorie mit der zweiten Topik Gefahr, sich auf eine Maschinerie zu reduzieren – ich behaupte nicht, dies liege in ihrer Struktur, es liegt vielmehr in dem Gebrauch, zu dem man verleitet werden kann. Ermöglicht hat diesen Umschwung die Konzeption des Narzißmus, einer Libido, die das Ich als Bild zum Objekt nimmt, ein Umschwung, der – auf der theoretischen Ebene – selbst nur die Umschrift des bereits erfolgten Umschwungs vom Autoerotismus – bei dem die Sexualität durch Ablösung vom natürlichen Objekt entsteht, um der Phantasie zu frönen – zum Narzißmus ist.

Daraus ergibt sich folgender Vorschlag: der Funktion der Theorie in der Psychoanalyse eignet eine analoge Bipolarität, eine Art Duplizität. Sie fasziniert als das immer umfassendere, immer homogenere, immer entfremdendere, von der Rückversicherung eines beherrschten Wissens getragene »schöne Ganze«. Sie verführt als vom Phantasma des Immer-weiter-*Sehens* getragene Forschung.

3. Eine dritte Herangehensweise besteht darin, der Theorie im Verhältnis zur Deutung und zur Konstruktion, jener zwei Koordinaten der psychoanalytischen Methode und des psychoanalytischen Objekts, ihren Ort zu geben.

Deutung und Konstruktion: man ist versucht, sie deutlich gegeneinander abzugrenzen, sie sogar einander entgegenzusetzen, wie im übrigen auch Freud es uns in dem Artikel, den er den »Konstruktionen in der Analyse« gewidmet hat, nahelegt. Darin den seiner privaten Lexik zugehörigen Vergleich zwischen der analytischen Untersuchung und der archäologischen Forschung wieder aufnehmend, sieht er es als Aufgabe des Analytikers an, in Ersatz für die unmögliche Wiedererinnerung von den in der Übertragung zutage tretenden Indizien her eine Konstruktion der Vergangenheit aufzubauen. Die Mitteilung einer derartigen Konstruktion, die sich in der von Freud angesprochenen offenkundigen Form auf eine Periode der Geschichte des Subjekts bezieht, wird explizit von der einer

Deutung unterschieden, die sich wiederum auf Elemente der assoziierenden Rede bezieht, auf Elemente, die bis hin zum Wort oder zum Phonem reduziert werden können.

Muß man demnach die Konstruktion für einen Notbehelf halten, der eine Ersatzfunktion ausübt? Allein die Deutung könnte dann den Wunsch aufspüren, seiner Spur folgen und ihn am Ende in der Überschneidung der Spuren einkreisen, während in der Konstruktion der Analytiker sich im Umstände-Bedingten befände, ihrer Gültigkeit niemals sicher und damit eher sein eigenes System, seine eigene geistige Form verratend.

Und doch wird in diesem gegen Ende der Freudschen Erfahrung geschriebenen Text etwas ganz anderes ausgesagt (er stammt aus dem Jahre 1937, und das sollte uns aufhorchen lassen): die Notwendigkeit für den Analytiker, zu konstruieren, wenn er die unbewußte Phantasie einholen möchte. Oder, um es anders, abrupter zu sagen: die Deutung ist für den Wunsch, was die Konstruktion für die Phantasie ist.[26] Jegliche Bildung des Unbewußten – nach dem Vorbild des Traums – ist deutbar nur, weil sie bereits eine Deutung ist. Die unbewußte Phantasie kann nur deshalb rekonstruiert werden, weil sie bereits eine Konstruktion, eine Ordnung des Unbewußten ist.

Ließe man sich auf diesen Weg ein, so wäre man versucht, die Funktion der Theorie in der Psychoanalyse anders einzuschätzen: nicht mehr als etwas, das am Ende kommt, um die Erhaltung des Gebäudes zu sichern, sondern als etwas, das am Ursprung selbst des Prozesses steht, das Körnchen Wahrheit, wie Freud es für die Konstruktion des Wahns behauptet, wobei er nicht zögert, eine gewisse Äquivalenz zu den analytischen Konstruktionen zu sehen. Die Theorie stünde an beiden Enden der Kette, in größter Nähe zu der dem Unbewußten eigenen Logik und in größter Ferne, wenn sie den Anspruch hegt, im Sein eines »theoretischen Korpus« zu verharren, der eher noch einem »Übertod« als dem Überleben geweiht ist.

Die theoretische Arbeit sollte nur die Wiederaufnahme der in der

26 Vgl. G. Rosolato, »Interprétation et construction«, in: *Essais sur le symbolique*, Paris 1969.

Psyche tätigen Kräfte sein, in denen das die Psyche Erregende bereits »durchgearbeitet« und »theoretisiert« wird, durch das Denken. Und wie jeder Apparat gewinnt der theoretische Apparat, wenn er nicht zu gut funktioniert.

Das Abwesende finden,
aufnehmen und anerkennen

*Diese wenig verbreitete Fähigkeit … die schlimmste Wüste
in ein Spielgelände zu verwandeln.*

Michel Leiris, Vorwort zu *Soleil bas*,
von Georges Limbour

But tell me where do the children play
Cat Stevens

In einer seiner allerersten Definitionen der Verdrängung hatte Freud von dieser behaupten können, sie sei eine »Versagung der Übersetzung«.[1] Wie wird man dann von der – zwangsläufig unzulänglichen – Übersetzung selbst anderes behaupten können, als daß sie stets Gefahr läuft, ein *Zusätzliches* an Verdrängung herzustellen? Ja, schlimmer noch: eine doppelte Verdrängung, die der Muttersprache des Autors und gleichermaßen die derjenigen des Übersetzers.

Jeder Übersetzer ist sich dessen bewußt oder sollte es sein. Er schwankt stets zwischen einem von der Sorge um die Lesbarkeit und das Richtig-Sagen gezeichneten »Zuviel-Übersetzen« und einem unter das Signum der Buchstäblichkeit, der absoluten Treue zum Originaltext gesetzten »Nicht-genug-Übersetzen«. Im ersten Fall will er sich allein den Anforderungen seiner eigenen Sprache, ja seines eigenen Stils unterwerfen; im zweiten Fall möchte er allein der Sprache und dem Stil des Autors gehorchen. Hinübersetzen oder durchpausen? Tatsächlich ist der Übersetzer, für welche Op-

---

1 Brief an Fließ vom 6. Dezember 1896, in: *Briefe an Wilhelm Fließ. 1887–1904*, Frankfurt am Main 1986, S. 219.

tion er sich entscheidet, der Agent eines *anders gesagt*: noch der Abschreiber, der sein eigenes Eingreifen zu tilgen bemüht ist, entstellt. Im übrigen, warum sollte der Übersetzer der einzige sein, der den Listen des Unbewußten entgeht? Und doch fällt einem das Eingeständnis, daß die *Operation* des Übersetzens nicht ohne Verlust, sprich: Kastration, vonstatten geht, nicht leicht. Man findet sich nur deshalb mit dem Verlust ab, weil man notwendig damit rechnet, daß irgendein Gewinn herausspringt.

Es ist schade, daß sich die Psychoanalytiker nicht für Übersetzungsprobleme interessiert haben. Wo diese doch im Herzen ihrer Praxis parat liegen. Und Winnicott, um den es nun ein weiteres Mal gehen wird, wirft sie mehr als ein anderer auf: wird sein ganzes Unternehmen nicht von der Versagung zu *übersetzen* in Gang gebracht und unterhalten? Doch, ob man es will oder nicht, das Übersetzen ist immer im Spiel, in der Deutung und sogar im Hören. Man könnte sogar die These wagen, daß jede neuerliche Theoretisierung der Analyse aus der Nichtbefriedigung angesichts der vorherigen »Übersetzungen« herrührt. Nicht, daß sie schlecht verstehen, die anderen Analytiker, sie »übersetzen« es nur falsch ...; bzw. wenn sie es richtig übersetzen, dann liefern sie uns am Ende der Operation einen leblosen Körper: eine Aneinanderreihung von Wörtern, dessen beraubt, was sie, indem es zwischen ihnen zirkuliert, belebt. Welches übersetzte Werk hat je seine Leser inspiriert!

Die Schwierigkeiten, auf die der Übersetzer stößt, werden selten durch Passagen oder Worte hervorgerufen, die für den Autor selbst, aufgrund ihrer Zweideutigkeit oder Kompliziertheit, zum Problem geworden sind.[2] Im Gegenteil: was den Übersetzer einhalten läßt, ist für den Autor zumeist etwas Selbstverständliches, etwas, das sich ihm als eine gleichermaßen in seine Muttersprache wie auch in den Boden seines Denkens verwurzelte Evidenz ergeben hat. Es ist somit der Abstand zwischen den beiden Sprachen, das Stolpern über ein eindeutiges Übersetzungshindernis, welches das Vorhandensein einer sensiblen Stelle bezeugt und eine beson-

---

2 Dieses Kapitel ist durch unsere in Zusammenarbeit mit Claude Monod erstellte Übersetzung von Winnicotts *Playing and Reality* ins Französische veranlaßt worden.

ders besetzte und mit Sinn beladene Zone in der persönlichen Welt des Autors anzeigt.

Bei *Playing and Reality* ist die Schwierigkeit bereits vom Titel her zu erkennen: das Wort »jeu« ist mit Sicherheit kein Äquivalent für *playing*. Zunächst, weil das Französische im Unterschied zur englischen Sprache nicht über zwei verschiedene Ausdrücke verfügt, um diejenigen Spiele zu bezeichnen, die nach Regeln verlaufen, und diejenigen, die nicht nach Regeln verlaufen; bei einem Erwachsenen, der an einem Fußballspiel oder einer Partie Go teilnimmt, ebenso wie bei einem Kleinkind, das seine Rassel in Bewegung setzt oder mit seinem Teddybären schwatzt, sprechen wir gleichermaßen von *jeux*. Und vielleicht haben wir damit nicht ganz unrecht, denn das Fehlen von expliziten und anerkannten Regeln impliziert nicht das Fehlen jeglicher Regel, selbst wenn diese dem Beobachter und dem Spieler entgeht. Die Tatsache, daß ein Kind unserem Eindruck nach »irgendwas« tut, berechtigt uns nicht zu der Schlußfolgerung, daß es sich einer »reinen Spielhandlung« hingibt, daß es nicht gerade mit seinem Spiel *dabei* ist, *sich* eine Regel *zu schaffen*. Das berühmte, von Freud gedeutete, doch zunächst von ihm als Zuschauer erfaßte Spiel mit der Holzspule gibt dafür ein glänzendes Beispiel ab. Denn wie viele Beobachter hätten als Zeugen zugegen sein können, ohne daran auch nur die geringste Abfolge zu erkennen!

Nichtsdestotrotz hält Winnicott, der Engländer ist – und zwar Engländer durch und durch (was bei den Psychoanalytikern Großbritanniens seltener ist, als man glaubt) –, die Unterscheidung zwischen dem streng durch die Regeln, die seinen Verlauf vorschreiben, definierten Spiel *(game)* und dem, das sich frei entwickelt *(play)*, für wesentlich. Und man braucht nur an den inneren Aufruhr zu denken, der Panik nahe, der uns, ob Kinder oder Erwachsene, ergreift, wenn die Regeln mißachtet werden – nicht einmal überschritten, sondern einfach beiseite gelassen, gar nicht einmal: »Du mogelst!« als vielmehr: »Das ist nicht das Spiel!« –, damit man in den *games*, mit dem, was sie tatsächlich an Organisiertem und an Willen zur Beherrschung beinhalten, einen Versuch erkennt, dem zuvorzukommen, was es in der Entregelung des Spiels an Verwirrendem gibt.

Ein zweiter Grund, der die Eigenart der Winnicottschen Orientierung besser trifft und offenlegt, macht die Übersetzung von *playing* durch »jeu« unpassend. »Ich halte es übrigens für wichtig«, schreibt er, »einen Unterschied zwischen der Bedeutung der Worte ›Spiel‹ und ›Spielen‹ zu machen«.[3] Man könnte ohne zu übertreiben behaupten, daß sein ganzes Buch darauf angelegt sei, dem Leser eine solche »Evidenz« spürbar zu machen und ihn die Konsequenzen daraus ziehen zu lassen. An erster Stelle dem psychoanalytischen Leser. Denn es ist zumindest in meinen Augen kein Zweifel daran möglich, daß der wachsende Nachdruck, den Winnicott auf die Funktion des *playing* gelegt und der ihn dazu geführt hat, dieser sein letztes zu Lebzeiten publiziertes Werk zu widmen, ebensosehr von der kritischen Wertschätzung herrührt, die er für eine bestimmte Konzeption der analytischen Praxis hegt, wie von dem, was er aus der »therapeutischen Arbeit« mit Kindern hat lernen können.[4] Seine ganz persönliche Erfahrung der Analyse begründet zu guter Letzt die zweifache Differenz zwischen *game* und *play* auf der einen und *play* und *playing* auf der anderen Seite. Für ihn sind das nicht einfach nur sprachliche Feinheiten. Wäre die Psychoanalyse nur ein *game*, so hätte sie Winnicott nicht interessiert; und ließe sie sich auf ein *play* reduzieren, nun, so wäre er Kleinianer geworden! Doch um das zu verstehen, muß man noch einen Augenblick lang den Leiden des Übersetzers das Wort lassen ... Uns hat das ganze Buch hindurch die Häufigkeit substantivierter Partizipien überrascht. *Playing* ist nur eines davon. Gewiß, die englische Sprache erlaubt nicht nur einen solchen Gebrauch, sondern sie macht den Rückgriff darauf auch leicht. Hier jedoch tauchen sie in den Titeln zahlreicher Kapitel auf und sind vor allem jedesmal dann vorzufinden, wenn der Autor es unternimmt, sich von den gebräuchlichen Begriffen abzugrenzen: *fantasying, dreaming, living, object-relating, interrelating, communicating, holding, using, being* etc. Desgleichen Ausdrücke, die eine *Bewegung* an-

---

3 Winnicott, *Vom Spiel zur Kreativität*, S. 51.
4 In diesem Sinne ist der Titel, den er einem seiner Bücher gegeben hat, *Through Paediatrics to Psycho-Analysis [Von der Kinderheilkunde zur Psychoanalyse]*, trügerisch. In Wirklichkeit verläuft die Bewegung in einem ständigen Hin und Her.

zeigen, einen Vorgang, der dabei ist, sich zu vollziehen, eine Fähigkeit – die nicht notwendig eine positive sein muß, zum Beispiel im Fall des *fantasying*, wo Winnicott eine quasi zwanghafte und der Einbildung beinahe entgegengesetzte geistige Aktivität sieht – und nicht das End*produkt*. In diesem Sinne legen die Existenz der Träume und deren Handhabung in der Analyse von der Fähigkeit zu träumen kein Zeugnis ab.

Nun hat auch Winnicott die Erfahrung machen müssen, selbst in das hineinzutapsen, was er denunzierte, und ich glaube, daß er *Playing and Reality* geschrieben hat, weil ihm dies bewußt geworden ist. Was ist wirklich passiert? Im Jahr 1951 veröffentlicht Winnicott einen Aufsatz, der sogleich Aufmerksamkeit erregt und schnell als Klassiker angesehen wird. Er beschreibt darin einen Objekttypus, der, auch wenn er der Aufmerksamkeit der Mütter nicht entgangen war, in der psychoanalytischen Literatur weder eine Bezeichnung noch irgendeinen Status erhalten hatte. Der Autor – man könnte hier auch sagen: der Erfinder – nennt ihn *Übergangsobjekt*. Zwar widmet er nur einen Teil des Aufsatzes der Beschreibung dieses Objekts, seines Aufkommens und seiner Gebrauchsweisen, zwar spricht er in Verbindung damit – und das bereits im Titel – von Übergangs*phänomenen*, zwar ist seine ganze Beweisführung auf die Existenz eines dritten Bereichs ausgerichtet, der einen Übergang zwischen Ich und Nicht-Ich, dem Verlust und der Gegenwart, dem Kind und seiner Mutter sicherstellt, zwar unterstreicht er am Ende, daß das Übergangsobjekt nur das äußerlich berührbare Zeichen dieses Erfahrungsfeldes ist, doch trotzdem wird Winnicotts Entdeckung von genau denen, die sich ihrer annehmen, unverzüglich auf die eines Objekts begrenzt. Ein Objekt mehr! Das als Vorläufer der Partialobjekte einzutragen ist, in größter Nähe zum Fetischobjekt, ein Objekt, dessen Muster es immer genauer zu umzirkeln, dessen Gebrauch es zu datieren und zu umschreiben gälte, wo doch das, was Winnicott vor allem interessiert, und zwar zunächst einmal *klinisch* interessiert, und was den Wert seiner Entdeckung für jeden Psychoanalytiker ausmacht, ob er sich nun mit Kindern beschäftigt oder nicht, der Zwischen*bereich* ist: ein Bereich, den die Psychoanalyse nicht nur vernachlässigt hat, sondern den wahrzunehmen und folglich *sich ereignen zu lassen* ihre – theoretischen und technischen – begrifflichen Instrumente sie in einem bestimmten Sinne hindern.

Um meines Erachtens auf ein derartiges Mißverständnis zu antworten, macht Winnicott den Aufsatz von 1951 zum Ausgangspunkt seines Buches. Ausgangspunkt: er wird dieses Mal ohne irgendeine mögliche Zweideutigkeit vom Übergangs*objekt* zum Übergangs*raum* vorgehen und noch beim Leser diese Übergangsbewegung sichern … Man findet also am Anfang des Buches diesen schon alten Aufsatz; doch bestimmte Passagen sind in dieser Neufassung unterdrückt worden, insbesondere der Vergleich mit dem Fetischismus, was unsere Hypothese bestätigen würde, derzufolge es nicht angebracht wäre, die Aufmerksamkeit auf den *Status* des Übergangsobjekts zu fokussieren. Doch vor allem sind Entwicklungen hinzugekommen, deren Tragweite in der Entwicklung des Winnicottschen Denkens hervorzuheben ist. Der Endpunkt erhellt in der Tat rückwirkend den gesamten vorherigen Verlauf.[5]

Diesen Endpunkt findet man in dem letzten Text, den der Autor – in einer ebenso verdichteten wie aufblitzenden Form – geschrieben hat und der nach seinem Tode veröffentlicht worden ist.[6] Winnicotts gesamte theoretische Forschung ist von der Begegnung mit dem, was in der Psychoanalyse uns »den Grenzen des Analysierbaren«[7] aussetzt, gezeichnet: Grenzfälle[8], angesiedelt zwischen

---

5 Für eine Gesamtdarstellung des Werkes von Winnicott gestatten wir es uns, den Leser auf Masud Khans Vorwort zu *The Therapeutic Consultations in Child Psychiatry* hinzuweisen (London 1971; dt. *Die therapeutische Arbeit mit Kindern*, München 1973).

6 Winnicott, »Fear of breakdown«, in: *International Review of Psycho-Analysis*, 1974, Nr. 1, S. 103–107.

7 So lautet der Titel, den wir einem Themenheft der *Nouvelle revue de psychanalyse* gegeben haben (1974, Nr. 10).

8 »Cas-limites« im Original, was die geläufige Übersetzung für *Borderline*-Fälle ist, eine Bezeichnung, die sich auch im Deutschen eingebürgert hat. Wenn hier trotz dieses offensichtlichen Bezugs auf ein bekanntes klinisches Syndrom »cas-limites« mit »Grenzfällen« übersetzt wird, so geschieht das nicht so sehr aus Achtung davor, daß die französische Psychoanalyse im Unterschied zur deutschen einen eigensprachlichen Ausdruck gewählt hat, sondern um die Kontinuität mit den diversen Bezügen aufrechtzuerhalten, die der Autor hier und im weiteren artikuliert (Grenzzustände, Grenzerfahrungen, Grenzen des Analysierbaren etc.). A. d. Ü.

Neurose und Psychose, die den Analytiker herausfordern in seinen Möglichkeiten und in seinem Sein, aber auch, tiefer noch, die Grenzen *jeglicher* Organisation, sei diese neurotisch oder psychotisch. Dies wird in »Fear of breakdown« eindeutig so gesagt: »Das Ich organisiert Abwehrhandlungen gegen den Zusammenbruch der Organisation des Ichs: bedroht ist also die Organisation des Ichs.« Und: »Es ist ein Fehler, die psychotische Erkrankung für einen Zusammenbruch zu halten; es ist eine an eine frühe Agonie gebundene Abwehrorganisation.« Eine eigentlich »undenkbare« Agonie, deren Modalitäten Winnicott umreißt (Brüchigkeit des seinen Körper »Bewohnens«, Verlust des Sinns des Realen, Gefühl eines unaufhörlichen Fallens etc.); eine darunterliegende Agonie, der entgegen sich das ganze Bemühen um Strukturierung ausbildet, wobei das psychopathologische Syndrom sich völlig darin verzehrt, sie einzugrenzen; eine Agonie, die diesseits der Kastration eine unverschließbare Öffnung oder einen endlosen Fall hervorruft, dieses Doppelbild von Riß und Abgrund, das in dem heutzutage durch den Gebrauch verflachten Ausdruck *breakdown* enthalten ist; eine Agonie, in der das Verschwinden des Subjekts im unmittelbaren Bevorstehen des Todes oder, wie wir hinzufügen möchten, im Übermaß der Lustempfindung erfahren wird.[9]

In dem besagten Aufsatz wird die These vertreten, daß der befürchtete Zusammenbruch – *breakdown* –, weil er stets drohte, in der Zukunft stattzufinden, bereits in der Vergangenheit stattgefunden hat. Doch – und darin liegt das zentrale Paradoxon – er hat stattgefunden [il a eu lieu], ohne seinen psychischen Ort [lieu] gefunden zu haben; er hat sich nirgendwo niedergeschlagen. Er ist kein im Gedächtnis verschüttetes Trauma, wie tief man dieses auch veranschlagen möchte. Er ist auch nicht verdrängt worden, in dem Sinne einer Spur, die in einem relativ autonomen System des psychischen Apparats eingeschrieben wäre. Selbst von Spaltung zu sprechen, bei all dem, was diese Annahme an aktiver Präsenz eines irreduziblen, abseits gehaltenen inneren Elements impliziert, wäre meinem Verständnis nach ein Irrtum. Auch wenn Winnicott auf

---

9 Im Englischen scheint das Wort »Agonie« nicht ganz so ausschließlich an den Tod gebunden zu sein wie im Französischen. Beispiel: *agony of joy.*

jene klassischen Begriffe zurückgreift, so merkt man doch, daß sie bei dem, was er zu erhellen versucht, für ihn nicht ganz adäquat sind, daß ihm sogar die Idee des Unbewußten, die sich Freud aus dem psychoneurotischen Funktionieren ergeben hat, nicht fähig zu sein scheint, jene Dimension der *Abwesenheit* zu bedeuten, die er als eine notwendige Leere beim Subjekt erkennt.[10] Ich möchte sogar behaupten, daß die Freudsche Topik psychischer Instanzen und Lokalitäten, so sehr sie geeignet ist, den intrasubjektiven Konflikt darzustellen, bei Winnicott als sekundär erscheint, als eine Konstruktion, bei der das Selbst – das Subjekt – bereits verstümmelt worden ist. Unsere gesamte Konzeption der psychischen Realität erfährt dadurch eine Modifizierung.

Etwas hat stattgefunden [a eu lieu], das keinen Ort (gefunden) hat [n'a pas de lieu]. Was das gesamte Funktionieren des Apparates bestimmt, liegt außerhalb seines Zugriffs. Das Undenkbare erschafft das Gedachte. Das, was nicht erlebt, erfahren worden ist, was jeder Möglichkeit der Memorierung entgeht, gehört in die Höhlung des Seins. (Mit Winnicott kehrt das Wort Sein, *being*, zuweilen mit großem Anfangsbuchstaben geschrieben, in die Psychoanalyse ein, und es ist sicherlich bequemer, die Frage, die dieses Auftauchen an uns stellt, zu umgehen, als es unter der pejorativen Bezeichnung des Mystizismus hinauszuwerfen.) Oder auch: die Lücke, die »Leerstelle« *(the gap)* sind *realer* als die Worte, die Erinnerungen, die Phantasien, die sie zu verdecken versuchen. In einem bestimmten Sinne werden wir dessen in Analysen nicht gewahr, vor allem wohl nicht in solchen, von denen man, was bereits ein Widerspruch ist, meinen kann, daß sie »gut laufen« und daß »nichts darin passiert«, nicht in der vergeblichen und mühseligen, einerseits deutenden und andererseits assoziierenden Ausfüllung eines Wüstenraums! Diese Leerstelle, wiederholen wir es, ist nicht die einfache Leerstelle des Diskurses, das Ausradierte, das von der Zensur Ausgestrichene, das Latente des Manifesten. Sie ist in ihrer

---

10 In England hat Marion Milner der Problematik des leeren Raums eine wichtigere Funktion eingeräumt; in Frankreich hat, ausgehend vom Phänomen der negativen Halluzination, André Green seine letzten Arbeiten um das Thema des Abwesenden zentriert.

Anwesenheit-Abwesenheit Zeuge eines Nicht-Erlebten; zugleich auch eine Aufforderung, ihm ein erstes Mal Anerkennung zu verschaffen und schließlich mit ihm in Beziehung zu treten, damit das, was keinen Sinn gewinnen konnte, Leben gewinnen kann. »Allein aus der Nicht-Existenz heraus kann die Existenz beginnen.« [11]

Dies gibt den wenigen, dem Originaltext des Aufsatzes über die Übergangsobjekte hinzugefügten Seiten [12] ihren uneingeschränkten Wert: das hier gewählte Beispiel einer Sitzung läßt uns in einer Vorgehensweise, die für Winnicott genauso überraschend ist wie für seine Patientin, in einer wechselseitigen Erfahrung, aufs lebhafteste das Gewicht an Aktualität erfassen, das Formeln wie die folgenden erlangen können: »Das Reale ist das nicht Vorhandene«, »Das Negative ist das einzig Positive« und »Alles, was ich bekommen habe, ist das, was ich nicht bekam«.

Wir sind augenscheinlich weit von dem entfernt, was *Playing and Reality* sein explizites, »positives« Thema verschafft, dem Spiel. Denn das Buch wird von einem Lob der Fähigkeit zu spielen beseelt (so wie es heutzutage – freilich weniger ernsthafte – Lobgesänge auf den Wahnsinn gibt ...). Und der Leser wird gar nicht anders können als davon hingerissen sein, einen Psychoanalytiker zu sehen – sind sie doch gewöhnlich so »ernüchtert«, so rasch dabei, unsere aufgestapelten *Illusionen* auseinanderzunehmen –, der mit subtiler Sanftheit daran erinnert, daß zum Beispiel »Spielen etwas Natürliches (ist), während Psychoanalyse ein Phänomen des aufgeklärten zwanzigsten Jahrhunderts ist«. Das gesamte Buch hindurch wird die einfache Frage aufgeworfen: Was macht es uns jenseits der stets von Unterwerfung geprägten Anpassung an unsere Umgebung möglich, daß wir uns selbst »lebendig« fühlen? Eine Frage, um die uns die neurotische Organisation in der geordneten Sequenz der Phantasie unter Umständen herumkommen läßt, mit der uns jedoch das Subjekt, wo es Psychotisches gibt, unvermeidlich konfrontiert.

Jeder wird selbst, und zuerst von dem Echo her, das sie in ihm finden werden, die von Winnicott beigebrachten Antworten zu be-

---

11 Winnicott, »Fear of breakdown«, S. 105.
12 Winnicott, *Vom Spiel zur Kreativität*, S. 31–36.

werten haben, die oft weniger in den »Zusammenfassungen« liegen, mit denen er seine Kapitel beschließt, als in der tatsächlichen Bewegung eines Satzes oder eines Abschnitts – worin sich die Zeit und die Erfindung vollziehen, die wie das Spiel oder die Poesie den *Übergang* von einem Raum zu einem anderen sichern – oder noch im Ablauf einer Sitzung, von der berichtet wird. Wir möchten den – kontinentalen – Leser nur vor zwei kritischen Versuchungen warnen, die, so widersprüchlich sie auch sind, doch darauf hinauslaufen, den in meinen Augen beträchtlichen Beitrag dieses Buches auf ein Minimum zu reduzieren: Winnicotts »Genie« für so einzigartig und eigenartig, für so sehr von Intuition geprägt zu halten, daß es nicht ins psychoanalytische Denken zu integrieren wäre, sondern vielmehr bloß beflissene Nachahmer hervorbrächte; oder, die umgekehrte Versuchung, die vom Autor vorgeschlagenen Begriffe zu substantifizieren, um deren Grenzen oder deren »vor-analytischen« Charakter besser hervorzuheben: was ist dieses »Selbst« und was ist diese »Suche nach dem Selbst«, wird man sich daraufhin fragen, anderes als die Wiederauferstehung des Mythos einer dem Wahren geweihten Seele, deren Fülle sich über die irreduzible Schize ignorierend hinwegsetzen würde? Was ist diese »primäre Kreativität«, die angeblich grundlegender sein soll als die Sublimierung der Triebe, anderes als die Sehnsucht nach einem Unmittelbaren, worin der mit der Vorstellung zwangsläufig eingeführte Abstand ausgestrichen wird? Was ist diese »genügend gute Mutter«, die den Analytiker in eine Amme verwandelt (dies haben wir zu hören bekommen), den Namen-des-Vaters ausschließt und die Analyse desexualisiert? Unvermeidliche, bereits zu Stereotypen gewordene Einwände, denen sich ein Analytiker ausgesetzt sieht, sobald er die freigefegten Wege verläßt, sobald er in sich und *in* der Analyse diesen »Bereich des Formlosen« anerkennt, den er über kurz oder lang bei seinem Patienten entdecken wird.

Zwischen Zentrum und Abwesenheit: mit diesem von Michaux stammenden Titel ließe sich trefflich das Winnicottsche Vorhaben evozieren, das gewagte und zerbrechliche Unterfangen, das – genau wie das Spielen, das ihm unter den menschlichen Aktivitäten eher als Anhaltspunkt dient denn als Modell – stets vom Rückfall in ein Reales bedroht ist, das keine andere Eigenschaft hat, als da zu sein oder sich mit der projizierten Oberfläche einer inneren Realität, eines geschlossenen phantastischen Systems zu vermengen, das nichts anderes betreibt, als sich selbst zu versorgen. Das Selbst ist nicht das Zentrum; es ist ebensowenig das Unzugängliche, irgendwo in den Verfaltungen des Seins Vergrabene. Es *findet* sich im Zwischen von Draußen und Drinnen, von Ich und Nicht-Ich, des Kindes und seiner Mutter, des Körpers und des Sprechens. Das Einbeschreiben des Möglichkeitsraums in eine neue Topik ist schwierig. Doch die Grenzen der beiden einzigen Räume, auf die wir Zugriff haben können und die wir zu kontrollieren suchen – der äußere und der innere –, zeigen ihm, in Gestalt einer Höhlung, seinen abwesenden Platz an. Das hat überhaupt nichts mehr mit der Freudschen Dramaturgie zu tun, in der die Gestalten des Vaters und der Mutter aufeinandertreffen, das große, in der Phantasie endlos aufgeführte, travestierte, verdoppelte und zurückgewendete Schattentheater. Es ist auch nicht mehr das Kleinsche Behältnis, der Ichsack, der einer endlosen Dialektik von Introjektionen und Projektionen überlassenen guten und schlechten Objekte. Kein Schauplatz bei Winnicott, auf dem das Ursprüngliche sich wiederholte, keine Kombinatorik, in der dieselben Elemente im Kreis permutierten, sondern ein *Platz zum Spielen* mit beweglichen Grenzen, der unsere Realität *ausmacht*. Ein Fadenende, der Rhythmus unseres eigenen Atmens, ein Gesicht, ein Blick, welche uns die Gewißheit geben zu existieren, eine Sitzung, in der man mit jemandem allein ist: *weniges, weniger als nichts*, einfach das, was mir widerfährt, wenn ich imstande bin, es zu empfangen. Alsdann ist das Gefundene nicht mehr das prekäre Substitut des Verlorenen, das Formlose nicht mehr das Signum des Chaos (im Gegenteil ist der Eindruck von Chaos ein angsterfülltes Zurückweisen des Formlosen), der Geist funktioniert nicht mehr als vom Körper getrenntes Organ. Vom Spiel [jeu] zum Ich [je]: derart ist die freilich unaufhörlich wiederaufgenommene, wiedererfundene Bewegung, nichts Lineares auf vorgezeichnetem Weg.

Der Möglichkeitsraum, auf den *Playing and Reality* anspielt – und der sich bereits bei unserer mit ihm unterhaltenen Lektüre herstellt –, macht uns empfindsam für eine Realität, die wir zumeist *in ihrem Fehlen* wahrnehmen. Ein Band stellt sich her mit dem Autor, das erneuerte – und gehaltene – Versprechen einer Begegnung. Es liegt an uns, sie nicht zu verfehlen.

Winnicott oder die Versagung zu übersetzen, sagten wir, um anzufangen. Ja, aber mit gleicher Lebendigkeit die Sorge, zwischen den Worten und mitunter den Worten zum Trotz das zu verstehen, was – von der Mutter kommend – unendlich unser Sprechen gebietet und beherrscht.

Innere Schranken oder äußerste Grenzen?

Man ist zunächst versucht, dem Analysierbaren *von draußen her* Grenzen anzuweisen, und zwar in zwei augenscheinlich weit voneinander entfernten Registern: dem der Ausdehnung der psychoanalytischen Methode und der psychoanalytischen Deutung über die vom Rahmen der Kur definierten Grenzen hinaus (die sogenannte »angewandte« Psychoanalyse) und dem der Reichweite der psychoanalytischen Technik je nach den betroffenen psychopathologischen Organisationen (das Problem der »Indikationen« und der »Gegenindikationen«). Tatsächlich jedoch sind diese beiden Probleme, über die in den letzten Jahren ausgiebig gestritten wurde, ohne daß man meines Erachtens zu einer strengen theoretischen Formulierung gelangt ist, weniger heterogen, als es auf den ersten Blick scheint: beide betreffen den *legitimen* Gebrauch des psychoanalytischen Instrumentariums. Wenn man sich beispielsweise die Frage stellt, unter welchen Bedingungen ein Psychoanalytiker sich die Autorität anmaßen kann, gesellschaftliche oder ästhetische Tatsachen zu *behandeln* – eine Frage, die nicht allein die Psychoanalytiker betrifft –, ist man dann so weit, wie man glaubt, von dem Bemühen entfernt, nach präzisen Kriterien die Fälle zu bestimmen, welche in die Zuständigkeit einer psychoanalytischen *Behandlung* gehören und welche nicht – eine Frage, die als solche allein der Kompetenz der Psychoanalytiker untersteht? Es geht beide Male darum, für das psychoanalytische Feld Grenzen festzulegen und darüber zu entscheiden, was ihm von Natur aus entgeht.

Rührt man nun an das zweite Problem – das der Indikationen –, so muß man erkennen, daß sich eine extreme Bandbreite von Meinungen bei den erfahrensten Analytikern findet. Wahrscheinlich käme man beim Zusammenzählen ihrer divergenten Antworten zu folgendem paradoxen und völlig widersprüchlichen Ergebnis: *alle* psychopathologischen Organisationen können von der Psychoanalyse in Angriff genommen werden; *keine*, nicht einmal die »klassischsten« Neurosen, ist wirklich in ihren Wurzeln zugänglich. Die Zwangsneurose zum Beispiel, die lange Zeit für die exemplarische Gestalt, das Vorbild der analytischen Untersuchung und Behandlung gehalten wurde, wird heute von mehr als einem als derart zäh angesehen, als wäre sie irreduzibel. Ebenso hat ein freilich unternehmungslustiger Analytiker die »Analysierbarkeit« der Hysterikerin, die die Quelle der Psychoanalyse war, in Frage stellen können.[1] Umgekehrt nehmen immer mehr Analytiker und oft mit Erfolg psychotische Kranke in Analyse, die mitunter im psychiatrischen Milieu die übelsten Behandlungen erfahren haben. Und schließlich hat man feststellen können, daß eine Analyse, die mit diesem Analytiker »nicht läuft«, bei einem anderen nicht auf dasselbe unüberwindliche Hindernis stoßen wird, daß sie, hier stagnierend, andernorts »in Bewegung kommen« wird, ohne daß man immer den Umfang an erworbener Erfahrung als entscheidenden Faktor ansehen kann.

Was ist aus diesen Fakten zu schließen? Daß nichts hieran objektivierbar ist, daß der Fortschritt der Analyse im wesentlichen von dem abhängt, was im analytischen Raum, den die beiden beteiligten Parteien bilden, zu geschehen vermag, kann ja wohl kein Anlaß sein, sich über subjektive Variationen zu verwundern? Kurzum, das Analysierbare dürfte keine anderen Grenzen kennen als diejenigen des Analytikers. Mag sein, doch führt dies schnell zur Verdächtigung eines »grenzenlosen« Subjektivismus, von dem nichts zu erwarten wäre, außer daß die Qualitäten der »Beziehung« gefeiert oder ein kombiniertes Spiel von Übertragung und Gegenübertragung festgestellt wird. Ohne diese Beziehungsdimension oder diese Kommunikation von Unbewußtem zu Unbewußtem mißachten zu wollen, können wir doch den Wunsch hegen, einen Schritt

1 Vgl. Masud Khan, »La rancune de l'hystérique«, in: *Nouvelle revue de psychanalyse*, Nr. 10, 1974; dt. »Der Mißmut des Hysterikers«, in: M. Masud R. Khan, *Erfahrungen im Möglichkeitsraum. Psychoanalytische Wege zum verborgenen Selbst*, Frankfurt am Main 1990, S. 77–90. Vgl. auch die »Table Ronde« über »L'Hystérie aujourd'hui« des Kongresses der IPA in Paris 1973.

weiter zu gehen. Es sei im übrigen beiläufig angemerkt, daß die Analytiker, wenn sie konsequent wären mit der Idee, daß die ganze Wirksamkeit der Kur in einer Beziehung besteht, die sich nicht sagen läßt, ohne bis hin zur Austilgung dessen, was sie in Wahrheit in sich trägt, travestiert zu werden, den Wunsch haben müßten zu schweigen. Doch zeichnet sich vor uns das umgekehrte Phänomen ab: jeder versucht auf seine Weise weiterzugeben, was für ihn die Analyse ist, und vergißt darüber sogar das »für ihn«. Genauso wie sich das Dogma in der »subjektiven« Klinik verbirgt, läßt sich das Phantasma im sich als »wissenschaftlich« verstehenden Diskurs erahnen.

Gehen wir also die Frage auf einem anderen, weniger von individuellen Eigenarten abhängigen Weg an. Einmal angenommen, die Geschichte der Psychoanalyse hätte weniger darin bestanden, die Grenzen ihres Handelns mit dem Ziel zu definieren, sie immer präziser zu bestimmen, gleich einem Staate, der sich in unablässigen Grenzkorrekturen entwickeln würde, als vielmehr darin, sich nahe diesen Grenzen aufzuhalten, gleich einem Nomadenvolk, das sich niemals in einer Provinz ansiedeln würde, und wäre sie noch so weit entfernt und auf Abstand zu den herrschenden Zivilisationen, sondern das seinen Raum nur an den äußersten Grenzen, sein Existenzmotiv nur in dieser namenlosen Nachbarschaft mit einer Linie fände, die es selbst außerhalb jeder Karte zu ziehen im Begriff ist.[2]

Die Art und Weise, in der die Psychoanalyse sich konstituiert hat, droht uns hier in die Irre zu führen. Denn das Bemühen Freuds war notwendig von einer Forderung nach *Abgrenzung* getragen, die sich auf mehreren Ebenen wiederfinden läßt und sich so nur verstärken konnte. Es ging zunächst darum, innerhalb des Konglomerats dessen, was zu der Zeit mit dem Ausdruck Neurose oder »Nervenkrankheit« bezeichnet wurde, die Psychoneurosen von den Aktualneurosen zu unterscheiden; dann, sobald das Feld der Psychoneurose einmal umschrieben war, darin die verschiedenen Or-

---

2 Das ist selbstverständlich eine Idealansicht. Es ließe sich allzu leicht zeigen, daß die Psychoanalyse in ihrer vor allem institutionellen Wirklichkeit eher nach dem Vorbild des Staates funktioniert hat.

ganisationstypen – Zwangsneurosen, hysterische Neurosen, Phobien – weniger durch eine Feststellung sichtbarer Symptome als durch die Entdeckung am Werk befindlicher psychischer Mechanismen voneinander abzuheben; der neurotische Funktionsmodus wird nun im Verhältnis zur Perversion und zur Psychose situiert. Die Anforderung läßt sich offenkundig nicht einem nosographischen Bemühen um die Definition klinischer Tableaus gleichsetzen: sie steht ebenso zur theoretischen Konstruktion wie zur Einrichtung der analytischen Situation in strenger Korrelation. In beiden Fällen ist die noch ausgeprägter bejahte Sorge um die Anweisung von Grenzen zu erkennen. Alles hängt hiervon ab: Nosographie, Theorie, Technik. Doch hat das nichts Reduktionistisches an sich: es geht nicht darum, Phänomene mit Macht in die Enge eines Rahmens hineinzupressen, sondern umgekehrt darum, den Rahmen dafür zu schaffen, damit es zur Konstitution des psychoanalytischen Objekts kommt. Und da wir gerade vom Rahmen sprechen, möchten wir behaupten, daß man von einer psychoanalytischen Revolution zunächst einmal im Sinne einer piktoralen Revolution sprechen kann.

Es kam also zuerst darauf an, die »Fiktion« eines psychischen Apparats zu erstellen, eine therapeutische Situation zu erfinden, in der dieser Apparat, in Parenthese gesetzt, funktionieren würde, und einen Begriffsapparat auszubilden, der allerdings genügend *Spiel* in seiner internen Organisation haben und in seinen Werkzeugen hinreichend genau sein mußte, um die Komplexität dieses Funktionierens zu erfassen. Eine befremdend zirkuläre Denkweise, bei der das Protokoll der Kur zum Beispiel seine »Willkür« dadurch gerechtfertigt sieht, daß es so erlaube, die Strukturen und die Operationen des psychischen Apparats, der selbst von der geschaffenen Situation her ausgearbeitet worden ist, so rein wie möglich zu beobachten. Daran machte sich eine epistemologische Kritik folgenden Typs fest: Sie ziehen aus Ihrem Hut nur das heraus, was Sie hineingesteckt haben, eine Kritik, der die Psychoanalyse nicht immer entgehen kann. Denn gerade weil zwischen der Praxis und der Theorie nicht Koinzidenz, sondern ein Abstand besteht, den man gar nicht erst aufzufüllen versucht, kann man legitimerweise von einer analytischen *Bewegung* sprechen.

Diese hat schon sehr früh angefangen. Man kann sagen, daß seit die Zeit vorüber ist, in der die ersten Schüler verzückt immer wieder neu die Entdeckungen des Begründers durch ein noch völlig frisches Material bestätigen und illustrieren konnten, die psychoanalytische Klinik und das psychoanalytische Denken – die sich nicht voneinander trennen lassen – die ersten Freudschen Modelle immer wieder in Schwierigkeiten gebracht haben. Seit fünfzig Jahren hätte jede psychoanalytische Versammlung sich zu Recht des Themas annehmen können, das sich kürzlich ein internationaler Kongreß gegeben hat: die Veränderungen in der analytischen Praxis und der analytischen Erfahrung zu evaluieren und die sich daraus ergebenden zugleich theoretischen, technischen und sozialen Implikationen zu ermessen.[3] Ebenso hat Freud selbst in seiner Entwicklung – von der »ungewollten« Begegnung mit der Übertragung bis zum Stolpern über die »negative therapeutische Reaktion« – stets im Straucheln das auslösende Motiv, die Triebregung für einen theoretischen Fortschritt gefunden. Man könnte sagen, daß er seine eigene Wissenschaft dem Prinzip unterwirft, das ihr zur Entstehung verholfen hat: das Irrationale, das Inkohärente, das Beunruhigende niemals durch den Ausschluß in der Form negativer Ausdrücke (wie die, welche ich soeben gebraucht habe) zurückzuweisen, sondern das zu denken, was uns zu denken nicht gelingt, was sich einem jeden als jenseits der Schwelle des Erträglichen darstellt. Hören wir den *Ansager*[4]: »Eben das, was ihr nicht versteht, ist das Schönste, was am längsten dauert, ist das Spannendste, und was euch nicht lustig vorkommt, ist das Unterhaltendste.« Sogar das, was man zu Unrecht für Abstecher hält – von *Totem und Tabu* bis *Das Unbehagen in der Kultur* –, zeugt weniger von einem Willen zur Annexion als von einem Gehen dorthin, wo Widerstand ist, als ob es Psychoanalyse nur da geben könnte, wo man auf die Grenzen des Analysierbaren stoßen und sich daran erproben kann. Dort, wo diese Probe vermieden wird, insbesondere in der »Ana-

---

3 Es bleibt festzuhalten, daß man es jetzt tut, was an sich bereits davon zeugt, daß von der Gesamtheit der Analytiker die Veränderung als eine von grundsätzlicherer Art wahrgenommen wird.
4 Dem aus *Le soulier de satin* [*Der seidene Schuh*, von Paul Claudel, Erster Tag, Erster Auftritt – A. d. Ü.].

lyse« von *Texten,* ist es ein leichtes, den Geist der Geometrie mit dem Geist der Feinheit zu verbinden, die Psychoanalyse jedoch, so massiv sie aufgrund der Verwendung der Begriffe oder der Methode auch gegenwärtig zu sein scheint, ist an diesem Rendezvous schlichtweg nicht beteiligt.

Notwendigerweise mußte es die Sache der Praxis sein – eben weil *Psychoanalyse betreiben* im wesentlichen keine »Lektüre« ist –, die Frage der Grenzen zu aktualisieren und ihr ihre konkreten Gestalten zu geben. Die Beispiele hierfür sind vielfältig: es ist nicht einer unter den direkten Nachfolgern Freuds, der nicht die entsprechende Erfahrung gemacht, der sich nicht darauf eingelassen und dafür bezahlt hat, aber nicht alle haben das zur Triebfeder ihres Denkens gemacht. Die Erwähnung zweier Namen wird genügen: Wilhelm Reich und Sándor Ferenczi. Die Paarbildung mag seltsam scheinen, doch diese beiden mit Sicherheit gegensätzlichen Persönlichkeiten haben zumindest eines gemeinsam:[5] ihre leidenschaftliche Konfrontation mit dem Patienten, der »das Spiel nicht mitspielt«. Von Reich weiß man, daß er als ganz junger Analytiker ein Seminar den »rebellischen Fällen« gewidmet hat, und Ferenczi definierte sich selbst, doch als ob er sich gegenüber den Aufpassern dafür entschuldigen wolle, als ein »Spezialist für schwierige Fälle«: so weigerte er sich aus Prinzip, das Scheitern der Analyse dem Patienten zuzuschreiben, den sein Widerstand, sein Narzißmus oder sein fehlendes Phantasieleben (die Liste dürfte lang sein) »unanalysierbar« gemacht hätten. Das Versagen kann auf seiten des Analytikers gesucht werden, was man leichter im allgemeinen – meine Gegenübertragung, meine blinden Punkte etc. – als in irgendeiner singulären Analyse zugesteht, und fordert uns, einmal erkannt, dazu auf, das analytische Instrumentarium zu verfeinern und anzupassen; etwas, das nicht auf das sogenannt technische Problem der Herstellung der Situation reduziert werden kann. Denn eben die Schwierigkeit der Analyse schmiedet dieses Instrumentarium, das es für den Analytiker möglich macht, daß es Analyse gibt.

5 Ich sage »zumindest«, denn man könnte ohne viel Künstelei so manchen Konvergenzpunkt in ihren jeweiligen Geschicken aufzeigen.

Ein Wort von Freud fällt mir immer wieder ein, aus dem man die Enttäuschung herauslesen könnte, das aber in der Tat voller Wahrheit ist: »In Wahrheit gibt es für den Menschen nichts, wozu ihn seine Organisation weniger befähigen würde als die Beschäftigung mit der Psychoanalyse.« [6] Die »natürliche« Organisation des Geistes, die ausgebildete Ausstattung des Apparats, die aufgehäuften Sedimente des Wissens sind der Analyse alles andere als günstig, legen ihrem Funktionieren Fesseln an. Man wird nicht als Analytiker geboren, und man ist nicht Analytiker, es ist nicht einmal sicher, daß man es wird, in dem Sinne, wie man sich auf eine *Stellung* berufen kann. Psychoanalytiker stellt an sich noch kein Adelsprädikat dar.

Reich hat diese Fesseln bei sich nicht anerkannt, und weil er dies nicht getan hat, hat er sich mehr und mehr der Allmachtsphantasie ausgeliefert. Doch zu Beginn seiner Laufbahn war er bei seinen Patienten dem Widerstand gegen die Analyse in einer massiven, gleichsam körperlichen Form begegnet: dem Charakterpanzer. Ferenczi wiederum, von dem man heute nicht eine Seite lesen kann, ohne sich über dessen verblüffende Modernität zu verwundern [7], stößt auf die Grenzen nicht wie auf eine zwischen ihm und seinen Analysierten bestehende Barriere oder Panzerung, die man versuchen müßte niederzubrechen, so wie Reich das tat, um die darin eingefrorene Energie zu befreien; er begegnet ihnen in der Analyse selbst, als ob die freie Assoziation, das Wiederhochkommen der Erinnerungen, die Aufhebung der Verdrängungen das Wesentliche unerreicht ließen. Um »das Kind im Erwachsenen« anzutreffen, genügt es nicht, die infantile Neurose zu rekonstruieren. Um die primäre Verdrängung zu erreichen, muß man es dem Patienten ermöglichen, ins Diesseits der Vorstellung, ins Agieren, überzugehen. Hinter der Verdrängung weiß Ferenczi »die narzißtische *Selbst-*

6 Brief vom 28. Mai 1911, in: Sigmund Freud/Ludwig Binswanger, *Briefwechsel 1908–1938*, Frankfurt am Main 1992, S. 80.
7 W. Granoff hat bereits vor fünfzehn Jahren den Versuch unternommen, in Frankreich auf die unauslöschliche Aktualität Ferenczis für jeden Analytiker aufmerksam zu machen. Vgl. »Ferenczi: faux problème ou vrai malentendu?«, in: *La psychanalyse*, Bd. VI, 1961.

spaltung in der geistigen Sphäre selbst«[8] zu erkennen. Die Grenzen liegen für ihn nicht an der Peripherie, sondern im Zentrum: sie sind nicht zu bezwingen noch zu umgehen. Eben mit dem, was beim Analysierten *und* beim Analytiker fehlt, ist die Arbeit zu vollziehen.

Der Unterschied in der Herangehensweise, den wir hier in überaus schematischen Zügen darstellen, bleibt für alle Analytiker in Kraft: man kann eine Organisationsform der Persönlichkeit ausdifferenzieren wollen, die aus sich heraus eine analytische Technik, die den Zugang zur psychischen Realität zu haben behauptet, ins Straucheln kommen läßt; am Ende isoliert man dann eine spezifische psychopathologische Kategorie: Charakterneurose, narzißtische Persönlichkeiten etc. Das wäre der von Reich, wenn man das so sagen kann, eröffnete Weg. Oder man wird dahin geführt, das, was dem Psychischen sein *Realitäts*gewicht verleiht, immer »weiter weg« zu situieren, und dies gleichgültig, welche pathologische Struktur das betrifft. Dies ist der von Ferenczi eröffnete Weg.[9]

Wir werden nicht auf die Beschreibung dessen eingehen, was man die Grenzzustände nennt, zwischen Neurose und Psychose situiert, denn in dieser Hinsicht besteht zwischen den Autoren eine bemerkenswerte Übereinstimmung. Was uns hier interessiert, ist nicht so sehr das Problem, das derartige Zustände für die besondere Technik, die eine Annäherung an sie erforderte, sowie für die Theorie aufwerfen, die darüber Rechenschaft ablegen müßte. Über das je Spezifische hinaus konfrontieren sie den Analytiker tatsächlich mit einer radikaleren Frage, der er immer weniger aus dem Weg zu gehen vermag. Konfrontation: verstehen wir das Wort im starken Sinne, denn je mehr sich der Analytiker dem Grenzzustand annähert, desto mehr fühlt er sich effektiv in Frage gestellt und sogar herausgefordert. Durch diese Begegnung wird nämlich die *Ge-*

---

8 S. Ferenczi, »Kinderanalysen mit Erwachsenen«, in: *Schriften zur Psychoanalyse*, Bd. II, Frankfurt am Main 1982, S. 282, A. d. Ü.

9 Sicher, dies ist eine Unterscheidung, die der Entwicklung einer gegebenen Praxis kaum widersteht: der Psychoanalytiker, der zunächst sicherstellt, daß er die Modifikationen, die er zwangsläufig der »klassischen Technik« hat zufügen müssen, auf *Ausnahme*fälle begrenzt, wird sehr schnell in jeder Analyse die Ausnahme erkennen.

samtheit seines theoretischen und praktischen Tätigseins fraglich gemacht: sein Hören, sein Antworten, seine Weise zu *sein* und zu deuten bei seinen weniger verwirrenden Patienten – der »guten und gesetzmäßigen Neurose« – werden dadurch zwangsläufig verändert, um so mehr als die »Grenzfälle« nicht länger für Ausnahmen gehalten werden können und ihm der Grenz*zustand* immer wieder als der neurotischen Konstruktion und dem perversen Szenario zugrundeliegend erscheint.[10]

Es wird heute häufig behauptet, daß die Patienten nicht mehr das seien, was sie einst waren: die analytische Population setze sich immer weniger aus offenen Neurosen zusammen, eben jenen, die Freud als Übertragungsneurosen definierte; man bekäme in wachsendem Maße »gemischte« Formen zu Gesicht, bei denen unter der neurotischen Fassade die intensive Projektionstätigkeit des Spaltungs-Paranoikers oder eine narzißtische Zerbrechlichkeit zu entdecken seien, so daß als einzige Zuflucht die Trennung zwischen Psyche und Soma in Frage komme oder aber das, was Freud bereits als »Ichveränderungen« identifizierte, die sich im Verhalten als eine Art Wahnsinn ohne Wahn ausprägen.[11] Tatsache ist, daß von den »Als-ob«-Persönlichkeiten, wie sie seit 1942 von Helene Deutsch beschrieben wurden, bis hin zu den Organisationen eines »falschen Selbst«, wie Winnicott sie herausgelöst hat, mit der von Balint[12] ans Licht gebrachten »Grundstörung« als Übergang die als rein neurotisch etikettierbaren klinischen Tableaus sich immer rarer zu machen scheinen. Haben sich nun die Patienten oder die Analytiker verändert, letztere, indem sie zunehmend ihre Aufmerk-

10 Man sieht, daß das Sprechen von Grenzzuständen statt von Grenzfällen weit mehr impliziert als eine terminologische Konvention.
11 Vgl. zum Beispiel in »Neurose und Psychose« (1924): »[...] es wird dem Ich möglich sein, den Bruch nach irgendeiner Seite dadurch zu vermeiden, daß es sich selbst deformiert, sich Einbußen an seiner Einheitlichkeit gefallen läßt, eventuell sogar sich zerklüftet oder zerteilt« (*GW* XIII, S. 391). – Man wird ebenfalls bemerkt haben, daß Freud hinsichtlich dieser Ichveränderungen von *Begrenzungen* spricht und in *Die endliche und die unendliche Analyse* darin eine *Grenze* der Kur sieht.
12 Eine vollständige Aufzählung derjenigen Autoren, die in den letzten Jahrzehnten unter unterschiedlichen Benennungen klinische Formen zwischen Neurose und Psychose herausgelöst haben, würde für sich allein schon Seiten füllen.

samkeit dem Latenten zugewandt haben – was *zu einem Teil* die Dauer der Kuren erklären würde – oder indem sie sich mehr für das »Beinhaltende« als für die »Inhalte« interessieren; erstere, indem sie aufgrund einer soziokulturellen Entwicklung, welche die Identifizierungsmerkmale instabil und schwammig hat werden lassen, an Strukturierung verloren haben, so als ob die »Identitätskrise« nicht mehr bloß an die Adoleszenzphase des Lebens gebunden wäre, sondern einen Dauerzustand unserer sozialen Gruppen darstellte?[13] Auf diese Frage sollte auf keinen Fall eine übereilte Antwort gegeben werden. Denn es kann ja durchaus so sein, daß angeblich neuartige klinische Formen unter anderen Namen identifiziert waren: Wie soll man beispielsweise nicht von der Übereinstimmung überrascht sein, die ebenso in der Beschreibung wie in den vorgebrachten pathogenischen Hypothesen zwischen den heutzutage diagnostizierten psychosomatischen Affektionen und den »Aktualneurosen« bestehen, die Freud zu seiner Zeit zu umschreiben sich bemühte?[14] Ebenso wird man in der Mehrzahl der Fälle der *Studien über Hysterie* leicht das erkennen können, was man jetzt *borderline* nennen würde; oder noch in den »Schicksalsneurosen«, in denen die Wiederkehr des Gleichen sich von außen vollzieht und das Subjekt völlig den Anteil verkennt, den es daran hat, eine Form von Paranoia. Umgekehrt kann nicht bestritten werden, daß der Psychoanalytiker, und das unabhängig von seiner theoretischen Orientierung, anders funktioniert und daß die Erfahrung der Grenzen und nicht nur, das sei nochmals gesagt, die der Grenzfälle dabei eine bestimmende Rolle spielt.

13 Freilich, wenn man sich allzu entschlossen auf diesen Weg begibt, so wird man schnell dabeisein, daß man die Gesellschaft »psychoanalysiert«: »Sie haben ihren Ödipus nicht bewältigt, etc.« Ohne daß man das immer gleich bemerkt, tauscht man nun seinen Analytikersessel gegen den des Kommissars ein, der gleichfalls vorgibt, allein »im Namen des Gesetzes« zu handeln.

14 Bekanntlich hat Freud *explizit* – unter gleichzeitiger Anerkennung, daß beide häufig in Kombination vorkommen – zwischen der hysterischen *Konversion* und der direkten *Somatisierung* differenziert: »... nur ist es bei der Hysterie psychische Erregung, die einen falschen Weg geht, ausschließlich ins Somatische, hier ist es physische Spannung, die nicht ins Psychische gehen kann und daher auf physischem Weg verbleibt. Das kombiniert sich enorm häufig« (Manuskript E, in: *Briefe an Wilhelm Fließ. 1887–1904*, Frankfurt am Main 1986, S. 76).

Versuchen wir also auf die Gefahr hin, die Züge zu überzeichnen, dieses »anders« näher zu bestimmen. In dem von Freud überlieferten Bild des Analytikers liegt unserem Eindruck nach eine Kombination der Bilder eines Entzifferers, eines Detektivs und eines Archäologen vor. Leerstellen, Unterbrechungen, verborgene Diskurselemente: der große Meister des Signifikanten. Kaum wahrnehmbare Spuren, unfreiwillige Geständnisse und verdächtige Verneinungen: sehen Sie sich nur die wie von einem Untersuchungsrichter durchgeführte Ermittlung an, welche die »Nachstellung des Verbrechens« in Angriff nimmt, um in dessen geringsten realen Details die Urszene des *Wolfsmanns* wiederzufinden. Rekonstruktion verschütteter Architekturen, die unberührt oder ineinander verschachtelt unter der Stadt bzw. den sichtbaren Ruinen liegen. Sofern Freud einen Vergleich der Analyse mit einem Spiel wagt, so denkt er dabei an eine Partie Schach: das Spiel, das von Winnicotts *playing* am weitesten entfernt ist! Erkennen wir auch an, daß eine einzigartige Homologie zwischen der geistigen Struktur Freuds und der seines auserwählten Terrains bestand: die Psychoneurose und besonders die Zwangsneurose, und vor allem, daß sich darin der Denkprozeß privilegiert findet, daß der »Assoziierzwang«, der »Zwang zur Bahnung«, welche die »psychische Komplikation« hervorbringen, darin voll zum Tragen kommen.[15] Es ist schlichtweg eine Untertreibung, wenn beispielsweise behauptet wird, eine psychopathische Persönlichkeit würde Freud kaum interessieren: sie würde ihn in Schrecken versetzen. Als Edoardo Weiss ihn wegen der Schwierigkeiten, auf die er in der Behandlung derartiger Fälle gestoßen war, brieflich um Rat fragte, kam die Antwort prompt: Sie vergeuden Ihre Zeit, brechen Sie die Analyse unverzüglich ab. Die folgende Passage aus einem dieser Briefe (28. Mai 1922) ist es wert, daß man sie in Gänze zitiert: »Der zweite Fall, der Slowene, ist ein offenbarer Lump, der Ihre Mühe nicht wert ist. Unsere analytische Kunst versagt bei solchen Leuten, auch

---

15 In diesem Sinne dürfte die Schlüsselformulierung aus dem *Entwurf* von 1895 – »Quantität in φ drückt sich also aus durch Komplikation in ψ.« (*GW* Nachtragsband, S. 407) – auch Freuds eigenen »psychischen Apparat« definieren können.

unsere Einsicht vermag die bei ihnen herrschenden dynamischen Verhältnisse noch nicht zu durchschauen. Ich antworte ihm nicht direkt, nehme an, daß Sie ihn wegschicken werden.«[16] Um Rat gefragt in einem weiteren Fall, bei dem zum einen der »Leidenskonflikt« zwischen dem Ich und dem Verlangen der Triebe und zum anderen jener Teil des Ichs, der zur Zusammenarbeit mit dem Analytiker fähig sein könnte, fehlt[17], erkennt Freud darin die »Ausbildung eines ungeheuer narzißtischen, selbstzufriedenen, der Beeinflussung unzugänglichen Ichs« und gibt die Empfehlung, den Patienten zu ... Groddeck zu schicken. Der Brief (3. Oktober 1920) enthält eine ziemlich deutliche Indikation: »Der Mechanismus ist ja auch bei ihm ein neurotischer, und die dynamischen Verhältnisse [sind] einer Änderung ungünstig.«

Sind derartige Beispiele nicht ein Beleg für die *restriktive* Konzeption, in der Freud die analytische Praxis hatte halten wollen? Eben diese willentliche Begrenzung des Feldes psychoanalytischer Wirksamkeit – eine Begrenzung, die selbst von einer Wahlverwandtschaft zwischen zwei psychischen Apparaten abhängt[18] – hat es Freud gestattet, mit einer unvergleichlichen Sicherheit im neurotischen Labyrinth voranzugehen, aber auch, an dieser Stelle die Gegenübertragung[19] zu verkennen. Er konnte es – vielleicht mußte er es – in der Position des souveränen Deutenden, welche die seine war. Als erst einmal die Zeit seiner eigenen »Analyse«, in der Freud Fließ noch anvertrauen konnte: »der Hauptpatient, der mich beschäftigt, bin ich selbst«[20], vorbei war, herrschte Schweigen.

16 In: Sigmund Freud/Edoardo Weiss, *Briefe zur psychoanalytischen Praxis*, Frankfurt am Main 1973.
17 Das sind, zur Enttäuschung mancher, genau die von Freud gebrauchten Worte.
18 Eine *relative* Strukturhomologie zwischen dem Analytiker und *seinem* Patienten und zwischen dem Patienten und *seinem* Analytiker ist zweifellos eine notwendige Bedingung für den analytischen Prozeß. Wir sagen relativ: ist sie zu groß, haben wir die Gefahr des insgeheimen Einverständnisses, ist sie nicht ausreichend, so stellt sich eine unüberwindliche Distanz her. Die Analyse verlangt, und das ist das allerwenigste, daß man *gemeinsam* sucht.
19 Führen wir zur Erinnerung die »Affäre« Dora und die zugunsten des Wolfsmanns zur Fortführung der Analyse durchgeführte Sammlung an ... Die Kommentare dazu nehmen kein Ende.
20 Brief vom 14. August 1897, in: *Briefe an Wilhelm Fließ. 1887–1904*, Frankfurt am Main 1986, S. 281.

Die Dinge haben sich, man weiß das, in dieser Hinsicht ganz und gar geändert: nichts ist heutzutage daran ungewöhnlich, wenn die Konzeption des Analytikers als reiner Spiegel denunziert wird.[21] Doch der Ausdruck Gegenübertragung gewinnt seitdem eine meines Erachtens viel zu weite Ausdehnung, bis er am Ende alle vom Patienten beim Analytiker angeregten subjektiven Antworten bezeichnet, ja sogar alles, was es bewirkt, daß irgendein Psychoanalytiker nicht die getreue Kopie irgendeines anderen ist. Man bringt alsdann nur noch wohlabgewogene Allgemeinheiten zustande: es käme darauf an, seine Gegenübertragung zu erkennen, *nicht* um sich davor zu schützen, *sondern* um daraus einen Vorteil zu ziehen, mit dem Ziel, sie als Diener und *nicht* als Herrn zu gebrauchen, etc. Doch die von den Analytikern spontan verwandten Bilder, wenn sie auf ihre schwierigen Fälle[22] eingehen, geben etwas ganz anderes zu verstehen. Die Worte, die nun kommen, sind: »verlegen«, »gelähmt«, »versteinert«, »bombardiert«, »helpless« – was nicht im Sinne einer vagen Ohnmacht erfahren wird, sondern einen Zustand ohne Rückhalt und ohne Hilfe beim (gleichsam) in seinem *Körper* getroffenen Analytiker eingesteht. In der doppelten Funktion, die ihn als Analytiker konstituiert – als Deutender und als Träger-Objekt der Übertragung –, nimmt die zweite nunmehr den gesamten Platz ein, doch verändert sie dabei zutiefst den Sinn: der Analytiker ist eben nicht mehr ein einfacher Träger, der von ihm in seiner Realität unterschieden bliebe, sondern er wird *wirklich* zum Ziel genommen. Die Wirkungen davon sind generell nach einiger Zeit physisch *und* geistig *in* ihm wahrnehmbar, wobei das »und« nunmehr überflüssig ist, denn er fühlt sich genauso in den Bewegungen seines Körpers als auch in seiner assoziierenden »Bewegung« eingefroren. Dieser Eindruck von ausgeübtem Zwang, von

---

21 Wiewohl die Funktion des Analytikers als Spiegel ihren vollständigen *Heilungs*wert bewahren könnte – ebenso wie, in gewissen Phasen, das verlängerte Schweigen –, unter der Bedingung, daß man es nicht mit einem todbringenden Echo vermischt.

22 Schwierig ist hier ein Euphemismus. Man müßte sagen: die Fälle, die einen leiden lassen, eben diejenigen, bei denen man das gebieterische Bedürfnis verspürt, und wäre es nur für einen Moment, mit einem Kollegen zu sprechen, vorausgesetzt, dieser sei ein Freund.

Fesselung jeder Spontaneität kann soweit gehen, daß man jede Bewegung, jedes Husten oder das Anzünden einer Zigarette vermeidet ... Das Denken, das nun nicht mehr als eine relativ autonome Aktivität erscheint, erweist sich – als ob der Geist sich in ein Organ des Körpers verwandelt hätte – als vollständig blockiert.[23] Die Sitzung selbst ist einem *acting out* nahe, während das Verhalten des Patienten außerhalb häufig ein gut angepaßtes ist.[24] Das »als ob« existiert nicht mehr. Die Worte sind Taten. Erinnerung und Vorstellung zeichnen nicht mehr eine distinkte Linie, die auf die Form einer Figur, einer Geschichte oder einer Konstruktion hinauslaufen könnte, sondern überschwemmen die gesamte Beziehung. Die Phantasie ist nicht mehr in einer Sequenz, einem ins Unbewußte eingeschriebenen Satz angeordnet, sie entäußert und *verkörpert* sich in der Aktualität der Sitzung; daher das Gefühl, darin gefangen zu sein, das der Analytiker empfinden kann, mit den daraus resultierenden phobischen Reaktionen: zum Beispiel ständig die »Übertragung« zu deuten, wo es sich doch gar nicht so sehr um Übertragung als um eine agierte Wiederholung handelt, in einem Versuch deutender Auffüllung, der nichts anderes tut, als auf die verspürte Leere, Entleerung zu antworten.

Selbstverständlich fehlt es dem Analytiker in derartigen Situationen nicht an vornehmlich aus der Kleinschule stammenden begrifflichen Instrumenten wie der projektiven Identifizierung, der Projektion eines Teils seiner selbst in einen anderen, dessen Alterität in völlig negativer Weise als *Nicht*-Ich definiert wird. Das mag ihm zwar eine Hilfe sein, um zu verstehen, doch letzten Endes läßt ihn die Feststellung dieser Mechanismen relativ ungewappnet. Er fühlt sich nun gleichsam gezwungen, jene innere Arbeit zu bewerkstelligen, deren Bewegung André Green nachzubilden versucht hat[25]:

23 Ferenczi ist der erste gewesen, der dieses festgestellt hat. Vgl. Ferenczi, »Kinderanalysen mit Erwachsenen«, S. 274 ff.
24 Ich habe im Verlauf von Treffen, in denen Analytiker außerhalb der Vereinigungen, denen sie »angehörten«, und in kleiner Zahl zusammenkamen (zwei notwendige Bedingungen), feststellen können, daß hauptsächlich solche Fälle angesprochen wurden.
25 Vgl. insbesondere den Abschnitt mit dem Titel »Le fonctionnement mental et le cadre analytique«, aus: André Green, »L'analyste, la symbolisation et l'absence«, in: *Nouvelle revue de psychanalyse*, Nr. 10, 1974.

eine psychische Ausarbeitung, die es ihm zum einen gestattet, sich von der inmitten des Über-vollen der Sitzung empfundenen extremen Spannung zu lösen, und die zum anderen beim Patienten das Fehlen oder die Versagung einer »Symbolisierung« ersetzt, so als wäre es nun Sache des Analytikers zu phantasieren und zu imaginieren, um fortschreitend einen psychoanalytischen Raum aufzubauen, indem man die »Theorie« des eigenen Patienten von dem her erfindet, was dieser in einem selbst hervorruft.

Es wäre eine entgegengesetzte Form von Gegenübertragung zu beschreiben, die dieses Mal nicht einem Zuviel an Eingeschlossensein, sondern einem Gefühl des Ausgeschlossenseins und beim Patienten einem Übermaß an Vorstellungen entspricht. Wir spielen damit auf jene Analysierten an, für die, ohne daß es sich notwendig um Zwangsneurotiker handelt, die Denkaktivität vorherrschend ist. In einer ersten Phase kann man noch den Eindruck haben, daß die Analyse gut vorangeht und daß sie sogar läuft: Träume, Kindheitserinnerungen, Assoziationsketten mit subtilen Überschneidungen, die Fähigkeit, sich verständlich zu machen, zuweilen das diskrete Auftauchen von unerwarteten, aber lebhaft integrierten Affekten, angenommene, doch sogleich wieder in den Kreislauf eingebrachte Deutungen. Wie schön das alles funktioniert! Und das hat seinen Grund, denn die gebieterische Bedingung ist die, daß der Apparat nicht aufhört zu funktionieren und so unaufhörlich Sinn hervorbringt und ihn nach und nach entleert: im Gegensatz zu den oben besprochenen Fällen ist hier das Gebot, daß es *zu Sinn wird, damit es sich nicht verkörpert*, und es besteht kein Zweifel daran, daß die Analyse durch die Ausrichtung auf das »alles sagen« diesen Modus geistigen Funktionierens zwar nicht erzeugen, aber doch begünstigen kann. Es scheint mir dies zu sein, was Winnicott im Blick hat, wenn er vom »falschen Selbst« spricht, das häufig wissentlich vom Deutungscode des Analytikers unterhalten wird; er verhilft uns dazu, in einem solchen Zwang zur Vergeistigung eine oft verfrühte Form einer Dissoziierung des Subjekts zu identifizieren, dazu bestimmt, als geschlossenes System zu operieren, in dem Zeichen und Figuren allein deshalb verkettet werden, um dem »Formlosen«, dem Vorläufer des Chaos zuvorzukommen, um das Leere zu umgehen. Die Gegenübertragung scheint mir in diesem Fall aus der daraus folgenden imaginären Absicht genährt; diesen Überlebenden lebendig zu machen, ihn ernstlich für sich selbst zur Welt zu bringen. Wohingegen im vorhergehenden Fall die Absicht so formuliert werden könnte: ihm einfach erlauben zu existieren.

Man könnte diese beiden Formen von Gegenübertragung, die beide den Analytiker von der Frage der Grenzen her erfassen, einander beinahe Wort für Wort gegenüberstellen: Einschließung – Ausschließung. Auf der einen Seite die massive Spaltung des wechselweise idealisierten und auf das Nichts eines Abfalls reduzierten Objekts; auf der anderen die fast nicht wahrnehmbare, weil sogleich reduzierte Spalte des Subjekts; im ersten Fall beim Analytiker der Rückgriff auf eine Art Panzerung, um sich gegen eine allzu gegenwärtige Verschmelzung abzusichern, die ihn als Individuum vernichtet, und im zweiten Fall die beständige Öffnung hin auf dieses, das er als abwesend verspürt; dort inkorporierte, sodann verworfene Deutungen, hier nichts als ein Faden, der zu der assoziativen Kette hinzugefügt wird, etc. Diese Gegensätze, deren Bestandsaufnahme sich fortführen ließe, führen dazu, daß man zweier verschiedener Ordnungen von Grenz-Zuständen ansichtig wird: die ersten, herkömmlicherweise als solche anerkannt, haben *diesseits* des intra-subjektiven psychischen Raumes ihren Ort; die zweiten – vom Typ »falsches Selbst«, gewisse narzißtische Formen – hätte man *jenseits* zu suchen. Sie können alle beide als außerhalb der Grenzen der Neurose befindlich beschrieben werden, doch liegen sie, wenn man das so sagen kann, nicht auf demselben Rand. Die Wirkungen, die sie in bezug auf den Analytiker hervorbringen, sind also von sehr unterschiedlicher Natur, und somit ist auch, unabhängig davon, daß man versucht ist, sie beide als nicht-analysierbar einzuordnen, die Herangehensweise jeweils eine andere.

Denn in seinem ursprünglichen, durch den cartesischen Gebrauch maskierten Sinn heißt analysieren ent-binden [*analyein*]; in der Chemie wie in der Psychoanalyse setzt jede »Lösung« Operationen der Entbindung voraus. Nun ist freilich bei den von uns angesprochenen Grenzformen die *Bindung* absolut notwendig. Im ersten Fall muß *das Band* (im doppelten Sinne von Beziehung und Fessel) mit dem Objekt um jeden Preis aufrechterhalten werden;

die Trennungsangst ist das Vorherrschende. Im zweiten Fall muß die Sicherheit, daß *die Bänder* zwischen den Vorstellungen niemals zerrissen werden dürfen, gewährleistet sein; so wird die Angst vor der Leere maskiert: die Entbindung ruft sogleich wieder nach neuen Verknüpfungen. Man kann die Hypothese aufstellen, daß – nach zwei entgegengesetzten Modalitäten – die Trauerarbeit des primordialen Objekts nicht geleistet worden ist: das Zuviel an Vorstellungsaktivität signiert endlos den Verlust des Objekts, indem es seine Abwesenheit in einem Verzicht ohne Leben, in einer endlosen Umarbeitung reproduziert; was die wiederholte, in ihr Gegenteil verkehrte, gegen sich selbst gewendete Aktualisierung der Phantasie angeht, so wird sie durch ihr Allmacht-Gepräge von der quasi-halluzinatorischen Präsenz des Objekts zeugen.

Das von Freud konstruierte und umschriebene Feld des Analysierbaren hat zwischen diesen beiden Grenzen seinen Ort.

Es ist nun bemerkenswert, zu sehen, daß die für die Frage der Klinik sensibelsten Analytiker unserer Zeit versuchen, diese inneren Schranken in äußerste Grenzen zu verwandeln, um von dort und nicht mehr von einem gesicherten Zentrum aus deren Erfahrung in ihrer Gänze anzugehen. Man pflegt heute von neuem von psychischen *Bedürfnissen* und nicht allein von Wünschen und von Trieben zu sprechen; man nimmt Bezug auf die wesentliche Funktion der negativen *Umgebung* und nicht nur auf die von »aktuellen Faktoren«, die nichts weiter tun, als einen intrapsychischen Konflikt zu begünstigen oder ihm als Ankerpunkt zu dienen. Ich sehe darin kein Zeichen für eine prä- oder postanalytische Phase, sondern ein fürs weitere günstiges Bewußtwerden dessen, was in den Freudschen Topiken vorausgesetzt ist; sie geben sich einen bereits mitsamt seinen externen und internen »Grenzen«, seinen »Provinzen« und seiner »schützenden Barriere« errichteten psychischen Raum. Wenn psychoanalysieren wesentlich heißt, diesen Raum einzurichten, so kann die *Realität* der Analyse nur *an* den Grenzen des Analysierbaren liegen.

Der Psychismus als Doppelmetapher
des Körpers

Mehr als dreißig Jahre, nachdem sie formuliert worden sind, können viele von Fairbairns Aussagen, die den »schizoiden Faktoren in der Persönlichkeit« gelten, nicht mehr überraschen.[1] Die Mehrzahl der Psychoanalytiker wird wahrscheinlich heute darin übereinstimmen, daß die vorgeschlagene Erweiterung des Begriffs der Schizoidie zu akzeptieren und daß unter dem offenkundigen Bild der klassischen Neurose schizoide Züge zu erkennen seien, kurz, daß sich auf der nosographischen Ebene die Demarkationslinie zwischen Neurose und Psychose weit weniger eindeutig ziehen läßt und daß auf der phänomenologischen Ebene und sogar in der normalen Erfahrung schizoide Momente (eine vorübergehende Depersonalisierung; Fremdheits- und *Déjà-vu*-Empfindungen) festgestellt werden können; daß schließlich diesseits der eigentlich neurotischen Mechanismen nach »Stufen« geistigen Funktionierens geforscht werden muß, vergleichbar denen, die in der Psychose manifest am Werk sind. Doch zu diesem vagen und im übrigen mehr problemlastigen als erhellenden Konsens führt die Lektüre Fairbairns uns gerade nicht. Sein Anliegen – und in seinen späteren Aufsätzen wird das immer deutlicher – zielt vor allem darauf ab, einen Orientierungswechsel in der Aufmerksamkeit des Psychoanalytikers hervorzurufen. Man könnte das grob wie folgt formulieren: Wir gehen vom klassischen »Was soll das heißen?« zum »Wie funktioniert das da drinnen?« über. Es ist klar, was ein solcher Wechsel für die Theorie impliziert. Fairbairn geht davon aus, daß am Triebbegriff, wie Freud ihn durch die Aufgliederung dreier Momente defi-

---

1 Vgl. Fairbairn, »Schizoid factors in the personality« (1940), wiederaufgenommen in: *Psychoanalytic studies of the personality*, London 1952.

niert hat – Quelle, Ziel und Objekt –, das dritte das wesentliche ist. Während für Freud zumindest in den *Drei Abhandlungen* das Objekt als relativ kontingent erscheint – »das ihm [dem Trieb] Befriedigung spendende Organ« –, ist es für Fairbairn das vom Trieb, der seiner Natur nach Intentionalität sein soll, Erstrebte: *Libido is not pleasure-seeking but object-seeking.* Diese These wird später vom Autor mit immer größerem Nachdruck entwickelt werden, aber sie ist von Anfang an formuliert. Man wird dabei sogleich bemerken, daß sein Motiv nicht wie bei Bowlby die Sorge um die Berücksichtigung der ethologischen Arbeiten, sondern wohl eher ein bestimmter Patiententyp ist, mit dem Fairbairn konfrontiert ist. Und man kann außerhalb jedes theoretischen Vorurteils nichts Besseres tun, als empfänglich zu sein für die Genauigkeit seiner Beschreibung. Was sie zunächst ans Licht bringt, ist eine »Haltung«, die der nahekommt, die Jung seinem »introvertierten Typus« zugesprochen hat: Ablösung von der äußeren Realität in Korrelation mit einer extremen der inneren Realität zugewandten Aufmerksamkeit. Doch Fairbairn geht über die einfache Beschreibung hinaus und sieht in dieser globalen Position ein Dispositiv von »Techniken« am Werk: das »Nehmen«, das »Inkorporieren«, das »Entleeren«, jene Techniken, welche die gesamte Relation des Subjekts zu seinen Objekten und zu seinen Welten ausrichten und vektorisieren: das Erkennen dieser Techniken führt Fairbairn dazu, die Hauptfunktion herauszustellen, die bestimmte bemerkenswerte Züge der »schizoiden« Persönlichkeit erfüllen: was er namentlich über die Rolle des *Geheimnisses* sagt, wird von der analytischen Erfahrung unbestreitbar bestätigt.

Die eingenommene Perspektive – eine Perspektive, die mir nicht nur berechtigt, sondern sich für das Verständnis der Fälle, auf die er sich bezieht, förmlich aufzudrängen scheint – führt ihn dazu, die Entwicklung der Objektbeziehung an erste Stelle zu setzen und schließlich sogar analytische Theorie und analytische Technik insgesamt um diesen Begriff gravitieren zu lassen.[2] Ist es eine strikt notwendige Schlußfolgerung oder ein Abgleiten des Denkens, eine

---

2 Vgl. insbesondere Fairbairn, »A Revised Psychopathology of the Psychoses and Psychoneuroses« (1941).

mißbräuchliche Verallgemeinerung, was uns dazu bringt, daß wir immer gleich für ein allgemeines Gesetz des Psychismus halten, was eines seiner Schicksale, ja einer seiner Niedergänge ist, und dabei zugleich die fruchtbare Fragestellung verwischen, die der vom Autor abgehobene Typ geistigen Funktionierens herausfordert? Zu diesem Punkt möchte ich einige kurze Bemerkungen vorlegen.

Was den Analytiker in den von Fairbairn angesprochenen Fällen verwirrt und ihm häufig das Gefühl einer gewissen Ohnmacht aufzwingt, die ihn dazu verurteilt, den Platz eines passiven, manipulierten, ja körperlich betroffenen Objekts einzunehmen, oder ihn im Gegensatz dazu im Status eines fernen Beobachters beläßt, der sich darauf beschränkt festzustellen, wie »es passiert«, ist dies, daß er sich auf ein Terrain versetzt findet, das von dem ihm vertrauten sehr verschieden ist: die Partie wird nicht mehr im Register des Sinns, des Vorstellbaren, dessen, was sich dem korrelativen Spiel von Phantasie und Deutung anbietet, gespielt. Das psychische Funktionieren stellt sich nunmehr als Äquivalent körperlicher Habitualitäten dar.

Vielleicht hat man in diesem Eindruck von einem »Psychismus«, der wie ein Organismus funktioniert, mehr zu sehen als ein Bild: nämlich den Hinweis darauf, daß die psychische Realität als solche nicht konstituiert worden ist, daß sie nur die Funktionen eines vielfach noch ganz elementaren Organismus verlängert und sich zu eigen macht, der in seinen Aufgaben der Assimilation und der Verwerfung gänzlich aufgeht. In den von Fairbairn beschriebenen geistigen Verhaltensweisen – nehmen, entleeren, ausstoßen etc. – findet man, kaum modifiziert, die Grundordnung des Lebens wieder.

Freud hat uns zwei große Metaphern des in jedem menschlichen Individuum allzeit tätigen Psychismus hinterlassen, die zu verknüpfen der Psychoanalyse bisher niemals in überzeugender Weise gelungen ist (eine Spannung, die freilich einem Willen zur Synthese vorzuziehen ist, der die eine Ebene des Funktionierens zugunsten der anderen ausschalten würde): die Metapher des Nervensystems und die des Protoplasmatierchens.

Die erste Metapher feiert ihren Triumph bis in ihre extremsten Konsequenzen hinein im *Entwurf* von 1895, der ganz auf zwei Begriffen aufbaut: dem Neuron und dem Abfluß der Energie; in der *Traumdeutung* wird sie von ihrem neurologischen Substrat befreit, dennoch wahrt sie, sobald sie einmal in den geistigen Bereich übersetzt worden ist, darin ihre außerordentliche Aktivität. Man braucht nur irgendeine Traumanalyse zu lesen, um zu sehen, wie sich vor unseren Augen Assoziationsketten mitsamt ihren Wegen, ihren Verzweigungen, ihren Knotenpunkten, ihren Bahnungen und Überkreuzungen bilden, so viele Figuren und Begriffe, die ebensosehr an das Nervensystem erinnern wie an ein Eisenbahnnetz. Die Analyse des *Rattenmanns* – vor allem, seitdem wir die Originalaufzeichnungen des Falls in Händen halten [3] – fügt sich in dieses Modell ein, von dem man annehmen kann, daß es bis zum Schluß ganz nach Freuds Geschmack gewesen ist; ein essentiell neurotisches Modell, für das die Zwangsneurose die beispielhafte Form abgibt. Der Primärvorgang wirkt darin auf die Vorstellungen ein: er ist Verschiebung, Verdichtung und Assoziierzwang. Und der Analytiker ist in der Hauptsache Deuter, wobei die geistige Sphäre die körperliche Kapsel vertritt.

Die zweite Metapher, die des Bläschens aus *Jenseits des Lustprinzips*, das wiederum an die Konzeption des Ichs als »großes Reservoir« [4] anschließt, trägt in ihrer augenscheinlichen Armut einer älteren, vom vorhergehenden Modell vorausgesetzten Aufgabe Rechnung. Das narzißtische Ich findet in der Tat sein Urbild in jenem Bläschen, das sich, um sich am Leben zu erhalten, mit einer Schutzschicht umgibt: eine »Hülle« an den Grenzen des Draußen und des Drinnen, die besetzt sein muß, damit ein katastrophischer Durchbruch vermieden werden kann.

Während der »Psychismus« in der Psychoneurose als Metapher eines *Nervensystems* funktioniert, das die Erregungen verarbeitet, ist er beim Schizoiden (in dem weiten Sinne, den Fairbairn ihm gibt) die Metapher eines individuellen [5] *Organismus*, der vor allem bewahren und aufrechterhalten muß, was ihm eine Form sichert.

---

3 Inzwischen in: *GW* Nachtragsband, S. 503–569. A. d. Ü.
4 »Über das ganze Leben bleibt das Ich das grosse Reservoir, aus dem Libidobesetzungen an Objekte ausgeschickt und in das sie auch wieder zurückgezogen werden [...]« (*GW* XVII, S. 73).
5 *Individuum*: unteilbarer Körper.

Und in diesem Fall wird der Analytiker grundsätzlich als ein gespaltenes Objekt behandelt: bedrohend, versichernd; angenommen, verworfen; ausgestoßen, inkorporiert; wiedergutmachend, zerstörend; Vollständigkeitsspiegel, Abfalleimer; ein sicherer Ort, das heißt zugleich Schutzraum, in den man zurückkehren kann, und Gefängnis, aus dem es zu entfliehen gilt.

Meines Erachtens will Fairbairn unsere Aufmerksamkeit auf diese Ebene des Funktionierens lenken. Die von ihm beschriebenen psychischen Vorgänge sind – gleich den organischen Vorgängen – gezeichnet von Wiederholungen, von Zyklen, von Automatismen, von unmittelbaren Reaktionen auf äußere Variationen (man fühlt sich zuweilen an die »Tropismen« von Nathalie Sarraute erinnert). Deshalb können sie auch als Verhaltenssequenzen beobachtet und als Techniken *objektiviert* werden. Sie erfolgreich *analysierbar* zu machen ist freilich eine andere Sache.

Von dort bis zur Reduktion *jeglichen* psychischen Funktionierens auf einen Vorgang dieses Typs ist allerdings ein beträchtlicher Schritt. In der Tat könnte man das folgende Paradoxon aufstellen: Die äußere oder innere Beziehung zum Objekt ist insbesondere dann derart vorherrschend, wenn das Objekt – im Sinne eines anderen, der seine eigene Realität hat – *nicht* konstituiert ist, und zwar genausowenig wie der Raum des Ichs; damit dieses unterschiedene »Objekt« in der vollen Andersheit als Subjekt anerkannt wird, muß der Verlust des primären Objekts überwunden werden; und das geschieht nur, wenn es der Vorstellungsaktivität gelingt, sich so zu entfalten, daß ein Übergang zwischen dem Draußen und dem Drinnen sichergestellt wird. Der Autoerotismus zum Beispiel wäre demnach weniger eine Technik, die es gestattet, das verlorene Objekt zu interiorisieren (wie Fairbairn das glaubt), als vielmehr der Ursprungspunkt des Spiels der Phantasien: indem es sich eine Welt erschafft zwischen dem Äußeren und dem Inneren, *kann* das Subjekt durch den Verlust des Objekts *sich finden und das Objekt wiederfinden*.

In einem seiner letzten Texte vertritt Fairbairn unter Verwendung des Bildes der inneren Welt als eines »geschlossenen Systems« in meinen Augen sehr zu Recht die These, daß der Hauptwiderstand in der Analyse von der Aufrechterhaltung dieses Systems um jeden Preis herrührt.[6] Geschlossenes System: für ihn ist das ein anderer Name für den Todestrieb. Die Kritik, die er hierbei an Freud richtet – er habe ein »psychopathologisches Phänomen« zu einem allgemeinen Gesetz des Psychismus überdehnt –, ist man sicherlich versucht, auch gegen ihn selbst zu richten. Doch die Antwort könnte ähnlich lauten: Genauso wie der Todestrieb im stillen operiert, vom Lärm des Eros übertönt, bleiben die Wiederherstellung der narzißtischen Hülle und die strikt komplementäre Abhängigkeit gegenüber dem Objekt stets am Werk, auch wenn die Verschiedenheit der Besetzungen sie maskiert. Das offene System läßt uns das geschlossene System vergessen. Es ist eines der großen Verdienste von Fairbairn, daß er uns mit großer Genauigkeit in der Beschreibung zeigt, wie das geschlossene System funktioniert, und uns insgesamt daran erinnert, daß, wenn man einen Brief/Buchstaben [lettre] entziffern will, man zunächst den Umschlag/die Hülle [enveloppe] öffnen muß, Sorge tragend, ihn nicht zu zerreißen. Wo kein Umschlag/keine Hülle mehr ist, da ist auch kein *Brief/Buchstabe* mehr.[7]

6 Fairbairn, »On the Nature and Aims of Psycho-analytical Treatment«, in: *International Journal of Psycho-Analysis*, 1958, 39. Jg., Nr. 5, S. 374–385.
7 »Plus d'enveloppe, plus de *lettre*«, was auch positiv gewendet werden kann: »Je mehr Umschlag/Hülle, desto mehr *Brief/Buchstabe*«. A. d. Ü.

Ausgehend von der Gegenübertragung:
Totes und Lebendiges verflochten

Als erstes ein Eingeständnis, ein Axiom, eine Erinnerung.

Das Eingeständnis. Dieses Kapitel war zuerst als mündliche Darstellung konzipiert; ich hatte also, als es an der Zeit war, ohne mir allzuviel Gedanken darüber zu machen, meinen Titelvorschlag abgegeben; ich hatte mir etwas Zeit von den Ferien vorbehalten, um einen Vortrag in Worte zu fassen, der mir in der Sache damals klar vor Augen stand. Woran es dann mangelte, waren nicht die freien Stunden, sondern der Antrieb. Eine Erfahrung, bei der ich mir zunächst verblüfft die Augen rieb: da pflegen wir, da pflege ich, wenn Sitzung auf Sitzung folgt, fest zu glauben: Ach, wenn *sie* mich doch nur einmal zu Atem kommen ließen, was für interessante Sachen würde ich dann schreiben! Und nun: ja Pustekuchen! In den Ferien [en vacances] ... freigestellt von [en vacance de] der Gegenübertragung: die reine Leere. Da hatte ich nun Gelegenheit, und zwar auf meine Kosten, wahrzunehmen, daß mein Titel jetzt zu seinem doppelten Sinn kam: ja, einzig und allein in der Gegenübertragung als Ausgangspunkt konnte ich versuchen, etwas von meinen gegenwärtigen Fragestellungen als Analytiker hervortreten zu lassen; doch umgekehrt, wenn ich aus der Gegenübertragung herausging, ich meine, wenn ich mich losließ, um mich woandershin gehen zu lassen, dorthin, wo man nur sich *selbst* zu sein glaubt, so verlor mein Anliegen seinen ernsthaften Beweggrund: dieser zwingende Antrieb, den ich gerade eben erwähnte, der die psychische Arbeit auslöst und abfordert, ohne die es keine Arbeit am Ausdruck gibt.

Ich sage ausdrücklich: freigestellt von der Gegenübertragung und nicht freigestellt von der Analyse. Diese geht weiter. Man kann, wenn ich so sagen darf, seine Patienten im Koffer mitnehmen; sie können einen auch besuchen kommen im Traum, *in absentia und in effigie* erscheinen, unvertraut-vertraute Geister, Gestalten oder Doubles unserer selbst, im Irregehen des Denkens und der Schritte. Die Gegenübertragung hingegen, sie erlischt, als ginge es bei ihr nicht mehr um Gedächtnis oder Vorstellungen, nicht einmal mehr um Phantasien, sondern um gleichsam körperliche Wirkungen, welche die *Aktualität* der Sitzung benötigen, um empfunden zu werden. Doch, wie man sieht, bin ich dadurch bereits zu einer restriktiven Konzeption der Gegenübertragung geführt worden, mit der sie, wenn auch nicht ungeprüft, *all* dem angeglichen wird, was sich auf seiten des Analytikers faktisch an Emotionen, Bildern, Wünschen oder Symptomen, durch irgendeinen Patienten in ihm erweckt, abspielt.

Das Axiom: Man kann in Wahrheit gar nicht von Gegenübertragung sprechen, man kann darüber nichts Wahres sagen. Die öffentlichen Übungen des Analytikers in angemaßter Selbstanalyse sind nicht geeignet, die Strenge dieser Behauptung abzuschwächen. Ach! diese sorgsam destillierten, geläuterten, nach oben verschobenen Bruchstücke (als ob wir, zu unserer psychoanalytischen Reife gelangt, nur noch von unserer »Abstammungs«beziehung zu Freud träumten), wie verdächtig doch nur ihre ergreifende Freimütigkeit ist! Und gibt es etwas Paradoxeres als die Aussagen, die sie voraussetzt, Aussagen, die sich zu guter Letzt zurückführen lassen auf: ich sehe meine blinden Punkte; ich verstehe das, wofür ich taub bin; das einzige, dessen ich sicher bin, ist dies, daß ich keine vorgefaßte Meinung habe; ich bin mir meines Unbewußten völlig bewußt; oder gar: ich liebe dich – oder ich hasse dich – und ich weiß, warum. Reden, die, mehr oder weniger verkleidet, zu halten uns allen freilich unterläuft.

Man kann in Wahrheit nicht von Gegenübertragung sprechen. Nicht nur aufgrund einer gewissen Verpflichtung zur Zurückhaltung – wie man es von hochrangigen Funktionären erwartet –, sondern aus einem prinzipiellen Grund. Wenn man tatsächlich die Gegenübertragung – in der allgemeinen und vagen Bedeutung, die uns fürs erste genügt – als das Gegenstück zur Übertragung versteht, so kann man daraus nur die Konsequenz ziehen, daß ihre Funktion symmetrisch ist, was den konstitutiven Vorgang des Subjekts angeht, daß sie, *die eine wie die andere*, der Weg sind, auf dem das Vergessene, das Verdrängte, das Abgespaltene durch Vermittlung eines anderen sich ins Werk setzen können und sich ins Werk setzen müssen. Auf dieser Ebene betrachtet, ist die Gegenübertragung, die es ausmacht, daß wir Analytiker sind und uns nicht dessen entheben können, es zu sein, die erste Triebfeder der analytischen Funktion: sie ist eine Vor-Gegen-Übertragung. Doch was läßt sich über sie sagen, was keine Rationalisierung ist, wenn wir ihr in Wirklichkeit doch *unterworfen* sind? Die klugen Kommentare – deren Konjunktur vorüber ist – über das Begehren des Analytikers lenken uns nur auf illusorische Weise davon ab, daß wir ganz schlicht unser Bedürfnis anerkennen müssen, die Analyse zu *betreiben*. Woran also fehlt es uns sonst noch?

Es wird heute oft und etwas vorschnell behauptet, daß die Verkennung der Gegenübertragung lange Zeit ein Charakteristikum der Analyse gewesen sei. Sagen wir besser: eine methodische Entscheidung – was für ein Durcheinander hätte es andernfalls von Anfang an gegeben! Es ist nun im Gegenteil zum Gemeinplatz geworden, daß man ihre Existenz und ihre Wirksamkeit zugesteht. Paula Heimanns Aufsatz von 1950 hat die Sache offiziell gemacht, indem sie das falsche Bild des »losgelösten« Analytikers, das angebliche Modell des unsensiblen Spiegels denunzierte und einen guten Gebrauch der »emotionalen Antworten« anpries, worunter sie diffuse, aber beharrliche Affekte verstand, die dem Analytiker direkt, vor jeder deutenden Bearbeitung, seine Aufnahmebereitschaft für den unbewußten Konflikt signalisieren, der bei seinem Patienten am Werk ist.[1] Wir sollten dennoch nicht der im Verhältnis zu der von damals umgekehrten Illusion nachgeben und glauben, daß wir, indem wir unsere Gegenübertragung »erkennen«, ihrer ledig werden. Denn der Widerstand gegen die Gegenübertragung ist ganz genauso gegenwärtig im: ich weiß, wo ich damit dran bin, wie er es beim Analysierten wäre, der beispielsweise seine Übertragung als »mütterlich« bezeichnet, um unter dem Joch des

---

1 Vgl. P. Heimann, »On Counter-transference«, in: *International Journal of Psycho-Analysis*, 1950, 31. Jg., S. 81–84; dt. »Bemerkungen zur Gegenübertragung«, in: *Psyche*, 18. Jg., 1964, S. 483–493.

Wortes und des Bildes nicht zu bezeichnende Erregungen zu halten,
einzubehalten.

Man kann in Wahrheit nicht von Gegenübertragung sprechen,
aber man kann sie auf taktvolle Weise spürbar machen. Das Wort
Takt soll hierbei weniger eine diskrete Umsichtigkeit als die Sensi-
bilität für eine glatte oder rauhe, poröse oder gepanzerte Oberfläche, für die Körnung einer Haut, die man liebkost oder die sich
sträubt, ansprechen. Mit diesem Wort wird die Zweiteilung des
Draußen und des Drinnen aufgewiesen, die, so wie ich es sehe, in
dem, was wir von einer Gegenübertragungs*position* wahrnehmen
können, bestimmend ist.

Nun die Erinnerung. Während eines Kolloquiums, bei dem es
bereits um Gegenübertragung ging, hörte ich mich auf die mehrfach vorgetragene Formel, »Gegenübertragung ist dann, wenn es
uns ans Lebendige rührt«[2] (es ist sicher nicht belanglos, daß diese
Formel nach dem Vorbild von »ein Regenschirm ist dann, wenn es
regnet« gebildet wird), antworten: »Ganz und gar nicht, es ist
dann, wenn es uns ans Tote rührt.« Woraufhin Kollegen, bezeichnen wir sie einfach, ohne länger zu suchen, als wohlwollend, zu
mir kamen und mich fragten: »Was hast du damit bloß gemeint?«
Eine Frage, die mich erst einmal verstummen ließ, die mir aber gegenwärtig geblieben ist. Woraufhin ich Lust bekommen habe, mit
dem Antworten darauf zu beginnen.

Der zugrundeliegende Eindruck war einfach; das ihn Motivierende
lag eher im dunkeln. »Le vif« zeigt stets die Zugespitztheit des Gegenwärtigen und oft ein *Übermaß* an Gegenwärtigkeit an: in der
Erregung der Lust oder des Schmerzes (»piqué au vif«, empfindlich
beleidigt), in der Präzision eines Schnittes oder eines Umrisses
(»angles vifs«, scharfe Kanten). Es gibt keine Analyse, die »vorankommt« – das heißt, die im Lebendigen [»le vif«] des Subjekts vonstatten geht –, ohne daß diese Verletzungen, die unsere Wunden

---

2 Im eingeführten übertragenen Sinne wird »touchés au vif« wiedergegeben mit
»peinlich berührt«, doch so übersetzt ließe sich das für diesen Text maßgebliche
Spiel der Gegensätze zwischen »touchés au vif« und »touchés au mort« nicht
nachstellen. A. d. Ü.

wiederaufleben lassen, diese unvorhergesehenen Unterwanderungen, die unsere Psyche durchqueren und beleben, nicht vom Analytiker erlebt werden. Doch ist dies ein gutes Zeichen: der spürbare Beweis, daß ein Patient *mein* Patient geworden ist (dazu braucht es mitunter Zeit) und daß symmetrisch dazu sein Analytiker für ihn einen Körper angenommen hat. Sie sind brauchbar, diese Bekundungen, ich würde sogar sagen, verhandelbar, in dem Maß, wie sie ohne allzu große Pein, zum Preis einer inneren Bearbeitung, in der »Partie« Analyse wieder zum Spielen gebracht werden können.

Ich werde, um diese oft nur punktuellen Erregungen zu bezeichnen, nicht von Gegenübertragung sprechen, auch wenn sie gewöhnlich unter dieser Rubrik verhandelt werden. Es sind *Regungen*, die beim Analytiker als Antwort auf das, was ihm bedeutet, übermittelt und zugedacht wird, ausgelöst werden. Regungen welcher Art? Diskrete *körperliche* Regungen – ein Lächeln, ein gereizter Gesichtsausdruck – als Echo auf eine Triebregung, die beim Analytiker durch das, was er gerade gehört hat, in Gang gesetzt wird, als träte er an die Stelle seines Analysierten, denn in jenem Fall, wo es bei ihm zu einer »emotionalen Antwort« kommt, ist die Triebregung beim Analysierten, der uns davon nur das Produkt liefert, oft gar nicht wahrnehmbar: die Antwort nimmt dabei die Frage vorweg. *Psychische* Regungen, die den Analytiker veranlassen zu assoziieren, in oder nach der Sitzung, ausgehend von dem, was darin berührt worden ist, irgendein Element aus der Rede des Patienten, das auf ihn wie ein Tagesrest wirkt. Ein derartiges Hin- und Herbewegen macht die Analyse mobil.

In diesem Zusammenhang ist der von Freud vorgeschlagene Vergleich der Analyse mit einer Partie Schach vielsagend; die von anderen vorgeschlagene militärische Analogie, die von einer Strategie der Kur sprechen läßt, ist ebenso statthaft wie die von Beginn an aufgenommene Idee eines Privattheaters, der Vorstellung einer Inszenierung auf dem Bühnenplatz der Sitzung, auf dem die Rollen bei entsprechender Gelegenheit vertauscht werden können. Das heißt, es schalten sich sichtbare Teile ein (Figuren oder Bilder); es kommt zu Einsätzen, und es geht um einen Einsatz, man rückt vor und man weicht zurück, geht herein und geht heraus, man hat mit Verschiebungen und mit Widerständen zu tun, mit Stillständen und mit Durchbrüchen. Jeder der Spieler spielt seine Partie. Sicher können vom Analytiker Irrtümer begangen werden, Irrtümer, die im allgemeinen weniger schädlich sind, als man glaubt (man braucht sich nur die glücklichen Wirkungen der falschen Deutung anzusehen), aber wir bleiben auf dem »Spielgelände« der Analyse; ein Austausch kommt zustande, der weder ein Zuviel an Resonanz noch ein Zuviel an Disparität erfordert; und das wenigste, das man vom Analytiker erwarten kann, ist dies, daß er einerseits den eingehaltenen Abstand nicht weiter anwachsen und andererseits kein insgeheimes Einverständnis aufkommen läßt. Die Frage der Gegenübertragung spielt dabei keine prägnante Rolle.

Man wird mir nun zu Recht die Frage stellen können: Wann lassen Sie endlich das Gewicht der Gegenübertragung zur Geltung kommen? Mich auf den bloßen Eindruck verlassend, wäre ich versucht zu antworten: wenn ich meine Partie nicht mehr spielen kann, wenn ich keine Bauern mehr habe, um vorzurücken. Alle Worte, die mir hierbei einfallen: »erstarrt, versteinert«, verweisen an erster Stelle auf körperliche Empfindungen zurück, mit denen ein Unvermögen, sich zu bewegen, angezeigt wird: eine als zwingend erlebte Lähmung, die mitunter damit beginnt, daß sie das »natürlichste« Pulsieren des Körpers angreift: angehaltene Atmung, zugeschnürte Schließmuskeln, um dann fortschreitend die gesamte Oberfläche zu erfassen: keine Gesten mehr, kein Geräusch mehr, nichts mehr.[3]

Diese tödliche Erstarrung kann entsprechend der vorherrschenden Pathologie des Analytikers eine stärker klaustrophobische Tönung (das Gefühl haben, in seinem Arbeitszimmer eingeschlossen zu sein) annehmen und kontraphobische Mechanismen hervorrufen: zum Beispiel versucht sein, die Sitzung zu verkürzen, geistig in die Sitzung des Patienten zu flüchten, der als nächster kommen wird, etc.; oder aber eine zwangsneurotische Tönung mit darauffolgender übermäßiger Wachsamkeit; oder gar eine offen depressive Note. Jeder hat seine eigene Weise zu antworten. An zweiter Stelle ist das geistige Funktionieren des Analytikers bedroht und erfaßt; und auch dabei läßt sich der Effekt der Einwirkungskraft der Seinsweise des Analysierten auf ihn zunächst nur in Form von

---

3 Vgl. »Innere Schranken oder äußerste Grenzen?« in diesem Band.

Defiziten wahrnehmen: Unfähigkeit zu einem Austausch zwischen Primär- und Sekundärvorgang in ihm; Blockierung, ja Stillstellung des Denkens. Obwohl die Rede von geistigem Funktionieren und Denken hier vielleicht unpassend ist: denn das »Denken« im Sinne einer Bewegung, die Bindungen bewerkstelligt, gerichtet auf das, was es nicht ist, stellt sich als gleichsam in einen bewegungslosen Körper eingekapselt heraus.

Unser einziger Schutz und unsere einzige Möglichkeit, da herauszukommen, besteht nun darin, dem Patienten den Ursprung des Unbehagens zuzuweisen, zu unterstellen, daß er – durch sein Schweigen, seine Attacken oder seine Abwesenheit – *auf* uns bezogen und *in* uns *agiert*. Ich möchte hierzu eine Formel vorschlagen, die gleich, wie ich hoffe, Sinn gewinnen wird: das »ans Tote gerührt« verweist auf den Tod der psychischen Realität (Schrebers »Seelenmord« klingt dabei im Hintergrund an), und damit, mit dieser Begegnung des Todes der psychischen Realität, kommt es zur *Einwirkung* [emprise] [4] der Gegenübertragung. Lassen wir auch dieses Wort Einwirkung noch einen Moment in Wartestellung.

Ich möchte nun diese kurzen Aufzeichnungen, die offenkundig einer weniger überstürzten Analyse bedürften, verdeutlichen. Ohne daß ich mir anmaße, die gesamte Skala der »typischen« (wir sollten vor dem Wort keine Angst haben [5]) Gegenübertragungspositionen abdecken zu wollen; ich möchte vielmehr auf zwei offensichtlich voneinander sehr weit entfernte klinische Formen

4 Die Übersetzung von »emprise« bereitet einige Schwierigkeiten: der Autor stellt in Anm. 15 selbst einen Bezug zum Freudschen *Bemächtigungstrieb* her, der im Französischen mit *pulsion d'emprise* wiedergegeben wird. Eine durchgehende Übersetzung von »emprise« mit »Bemächtigung« hat sich aber als nicht durchführbar erwiesen; mit »Bemächtigung« wurde »emprise« nur dort übersetzt, wo es um körperliche Selbstbeherrschung geht oder ein sadistisches Moment ins Spiel kommt. Ansonsten wird »emprise« mit Ausnahme einer einzigen, durch Nachstellen des Originals gekennzeichneten Stelle, wo nur »Einfluß« in Frage kam, mit »Einwirkung« übersetzt. Vgl. im sachlichen Zusammenhang auch »Das Merkwürdige an der Übertragung«, in: J.-B. Pontalis, *Die Macht der Anziehung*, übersetzt von Hans-Dieter Gondek, Frankfurt am Main 1992, S. 49–77. A. d. Ü.

5 Wir zeigen uns weniger zurückhaltend, wenn es darum geht, »typische Formen« von Übertragung zu beschreiben: Klage, Verführung, Verfolgung etc.

eingehen und stelle es der Sorgfalt eines jeden einzelnen anheim, seine eigenen zur Bezeugung geeigneten Beispiele zu erinnern und sie in eine komplementäre Reihe einzusetzen.

Die erste Kategorie von Situationen, die mir vorschwebt, ist denen nahe, die Anzieu unter einer anderen Bezeichnung zu vergegenwärtigen gelungen ist.[6] Ich werde also dazu nur ganz wenig sagen. Was er uns von seinen Reaktionen gegenüber seiner Patientin übermittelt, findet sogleich ein Echo in uns: das Schwanken beim Analytiker »zwischen der ermunternden Sympathie, dem Mitleid und der Irritation«, das Dilemma, in dem er sich wiederfindet: »der Folterer oder das Opfer zu sein«; die Konfrontation mit der Erfüllung einer Drohung und weniger eines Wunsches; die schon von Balint hervorgehobene Entmutigung angesichts der Wirkungslosigkeit von Deutungen, die ebenso schnell angenommen wie verworfen werden; das Risiko, es erleben zu müssen, wie die analytische Situation als ausgeprägtes Abbild eine immer noch agierende Beziehung mit einer sogenannten »todbringenden« Mutter verdoppelt, etc. Mit all diesen Merkmalen wird die Schwierigkeit sicherlich trefflich eingekreist. Muß das Bild durch weitere ergänzt werden? Lassen wir besser die vorliegenden schärfer hervortreten, um wahrzunehmen, was sie im Analytiker anrichten.

Ich sage hier *im* und nicht *beim* oder *in bezug auf*, denn der Analytiker hört auf, eine Projektionsoberfläche zu sein, um nun als Abfalleimer behandelt zu werden und sich auch so zu fühlen. Dem ersten Anschein nach ist er »nichts«. Doch ist auch dieser Abfalleimer ein Behältnis, ein Beinhaltendes, worin das Subjekt seine eigenen ausgestoßenen Abfälle sicher deponiert. Und so hat man auch das sehr positive Band bemerken können, welches nun den Patienten mit seinem Analytiker-Objekt vereint: keine Verspätungen oder versäumte Sitzungen, keine Unduldsamkeit gegenüber jeglicher Unterbrechung etc. Ich habe oft gedacht, daß die Hartnäckigkeit, mit der die englischen Analytiker auf der »Freitagssitzung« bestehen – dem Tag vor dem *week-end*, an dem sie doch endlich mit dem »take care« für ihre Patienten aufhören möchten,

6 Vgl. D. Anzieu, »Le Transfert paradoxal«, in: *Nouvelle revue de psychanalyse*, 1975, Nr. 12.

um sich mit unendlicher Hingabe der Pflege ihrer Rosen widmen zu können –, an sich bereits ein Hinweis darauf sein könnte, daß ihre analytische Population aus »schwereren Fällen« bestehen könnte als die unsrige. Allein dieses Band, das hier seine starke Bedeutung, Band des Anklammerns, annimmt, ist aktuell, weil unwegdenkbar in seiner Aktualität. Die Trennungsangst und die entsprechende Kontrolle über das Analytiker-Objekt, deren man sich immer versichern muß, sind vorherrschend. Lebendige Worte, die von der Couch kommen: »Wenn man den Efeu wegnimmt, dann geht die Pflanze ein, denn er brachte den Sauerstoff; wenn man sein Volumen ausdehnt, erstickt sie.« Das *Band* geht einher mit einem Fehlen einer Aktivität assoziierender *Bindung*, wobei es sich von dem geprägt zeigt, was für dieses Fehlen von Bindung im Prinzip charakteristisch ist: eine Weise des Funktionierens, die dem Primärvorgang nahe steht. Doch wird hier nun die »nicht gebundene« Energie verausgabt und strebt danach, sich im Band zu fixieren.

Die analytische Methode, deren erster Gegenstand das Erkennen der Kraftlinien eines unbewußten *Logos* war (siehe *Die Traumdeutung**), bereitet uns schlecht auf die Analyse solcher Fälle oder eher noch *Zustände* vor bzw. darauf, wie man ihnen zu begegnen hat – die Regression schafft es noch, sie im Zusammenhang der sogenannten klassischen Neurosen erscheinen zu lassen. Sie bereitet uns schlecht darauf vor, denn es handelt sich dabei um Techniken des *Ichs*, eines Ichs, das wie ein Organismus funktioniert, und diese Techniken weisen dabei die Kennzeichen des Primärvorgangs auf: Zeitlosigkeit, Wiederholung, Unerziehbarkeit, Verkehrung ins Gegenteil und Wendung gegen sich selbst, Suche nach der Wahrnehmungsidentität. Ein Dispositiv von Techniken, das von Fairbairn auf bemerkenswerte Weise in ihrer desubjektivierten Form substantivierter Infinitive inventarisiert worden ist: das »Nehmen«, das »Inkorporieren«, das »Entleeren«, das »Verwerfen«.[7]

Der Analytiker bietet sich derartigen Vektoren psychischen Verhaltens als Fixpunkt an. Es reicht nicht aus zu sagen, daß die Ge-

---

7 Vgl. Fairbairn, »Schizoid factors in the personality« (1940), und unsere Überlegungen zu diesem Thema in diesem Band, S. 178–183: »Der Psychismus als Doppelmetapher des Körpers«.

genübertragung gesucht wird; sie wird *auf die Probe gestellt*, und meinem Verständnis nach kann sich allein dann, wenn man sie lange Zeit im stillen arbeiten läßt, bevor man selbst fähig wird, das zum eigenen Vorteil zu nutzen, so etwas wie eine Analyse herstellen, die mehr als bloß eine aus der Distanz geführte Beobachtung von Sequenzen geistiger Verhaltensweisen ist. Der Analytiker kann dabei nichts anderes tun, als mit seinem Körper zu hören, als seinen Patienten in seinen inneren, quasi krampfhaften Regungen zu begleiten, als zu versuchen, das zu symbolisieren, was agiert und verspürt wird: er sieht sich fortschreitend dazu gebracht, mehr als nur eine »Konstruktion«, nämlich eine »Theorie« seines Patienten aufzubauen. Der Zwang zu theoretisieren hat zweifelsohne darin, in diesem Modus der Gegenübertragung, seinen Ursprungsort.

Worauf antwortet dieser Versuch? Es ist bemerkenswert, zu sehen, daß Analytiker, die sich in ihrer theoretischen Ausbildung und in ihrem Stil sehr stark unterscheiden, ziemlich nah beieinanderliegende Hypothesen formulieren. Man nehme beispielsweise die folgenden Zeilen von Masud Khan (aus seinem Artikel über das Schweigen als Modus der Mitteilung): »[Der Patient] ließ mich das durchleben und registrieren, was er auf einer bestimmten Entwicklungsstufe passiv durchlebt hatte.«[8] Oder jenen kürzlich von Hanna Segal gehörten Vorschlag, der mir einen Wandel gegenüber der klassischen Kleinschule zu verzeichnen scheint: »Je näher der Analytiker an den psychotischen Vorgang herankommt, desto mehr wird er zu einem Objekt, das mit den elterlichen Projektionen bombardiert wird, denen der Patient unterworfen war.«[9]

Elterliche Projektionen, die in der Analyse rückprojiziert werden, und nicht die schlichte Projektion von bösen inneren Objekten. Agierte Wiederholung, im Modus einer Verkehrung vom Passiv ins Aktiv, einer primären Mutter-Kind-Beziehung. Berufen sich derartige Formeln, mögen sie noch so anregend sein, nicht in erster Linie auf Mechanismen wie die Identifizierung mit dem Angreifer

---

8 Vgl. Masud Khan, »Silence as communication«, in: *The Privacy of the Self*, London 1974, S. 172; dt. »Schweigen als Kommunikation«, in: *Selbsterfahrung in der Therapie*, München 1977, Eschborn ²1988, S. 215.

9 Unveröffentlichter Beitrag, vorgestellt auf der *English Speaking Conference* zur Psychoanalyse (London, September 1974).

und die Wiedervergeltung? Wird man damit der hier in Frage stehenden Gegenübertragungseinwirkung hinreichend gerecht? Wobei noch gar nicht berücksichtigt ist, daß das Aufzeigen eines Mechanismus nicht mehr leisten kann, als, im besten Falle, einen *insight* zu beschleunigen.

Es zeichnet sich ein Unterschied ab zwischen Gegenübertragungs*position* und *-einwirkung*. Ein Unterschied, der mehr ist als nur eine Nuance, wie es sich am Erleben des Analytikers bestätigen läßt. Denn zu erfahren, wie einem eine *Position* zugewiesen wird, weist auf ein phantasmatisches Szenario zurück, in dem sich der Analytiker als mitspielende Partei, als Imago oder als Partialobjekt erfährt: es gibt da gewiß etwas, mit dem man ihn in seinen Deutungsmöglichkeiten stören kann – Deutungen, die insbesondere bei einer masochistischen oder zwangsneurotischen Struktur in der Gefahr stehen, von dem Herrn oder dem Tyrannen zugewiesenen Platz aus angenommen zu werden. Doch die *Einwirkung* betrifft uns auf einer anderen Ebene: sie ruft in uns eine Spannung oder einen Druck von einer unvergleichlich größeren Stärke hervor.

The Effort to Drive the Other Person Crazy ist der Titel eines Aufsatzes von Harold Searles aus dem Jahre 1959.[10] Ein Titel, der mich lange Zeit in Bann gehalten hatte, der mich seltsamerweise aber auch zurückhielt, den Aufsatz zu lesen. Das Bemühen, den anderen verrückt zu machen (ihn in den Wahnsinn zu treiben). Es ist das explizite Anliegen des Autors, einen Beitrag zur Ätiologie der Schizophrenie zu leisten. Ich habe nicht die Kompetenz, um seine Leistung auf diesem Gebiet zu beurteilen, aber ich erkenne in seinen präzisen, in überspitzter Form gegebenen Beschreibungen (Searles hat es mit schweren psychiatrischen Krankheitsfällen zu tun) einen Vorgang, auf den jede Analyse stößt.

In welcher Hinsicht ist Searles' Aufsatz für mich hier interessant? Zunächst der Methode wegen.

---

10 Harold Searles, »The Effort to Drive the Other Person Crazy – an Element in the Aetiology and Psychotherapy of Schizophrenia«, in: *Collected Papers on Schizophrenia and Related Subjects*, London 1965, S. 254–283; dt. »Das Bestreben, die andere Person zum Wahnsinn zu treiben – ein Bestandteil der Ätiologie und Psychotherapie von Schizophrenie«, in: *Der psychoanalytische Beitrag zur Schizophrenieforschung*, München 1974, S. 69–94.

1. Searles erarbeitet seine Hypothesen ausgehend von dem, was sich *zwischen* dem Patienten und seinem Analytiker oder zwischen dem Analytiker und seinem Patienten vollzieht, und nicht, indem er sich auf »objektive Beobachtungen« von Fällen stützt, bei denen man zu Unrecht unterstellt, daß sie sich auf eine *reale* Mutter-Kind-Beziehung beziehen, während diese bloß rekonstruiert wird. Oder besser: Es ist die therapeutische Beziehung, welche die zunächst im Realen agierte Beziehung »*entwickelt*« (wie es in der Photographie heißt).

2. Er definiert das Bemühen, den anderen verrückt (fügen wir hinzu: oder deprimiert oder krank) zu machen, in der Form einer Interaktion und sogar eines *Kampfes*, an dem zwei Parteien gleichermaßen beteiligt sind, und nicht als eine Einwirkung, die nur in einer Richtung ausgeübt würde. Searles geht soweit, daß er behauptet, daß die psychoanalytische Zielsetzung, insofern sie das Aufkeimen des verborgenen Konflikts begünstigt, ihrem Prinzip nach mit diesem Bemühen in einem engen Bündnis steht.

Nun zum Inhalt der Hypothesen. Der Aufsatz umfaßt zwei Phasen: eine Übersicht über die Modalitäten und die Techniken, in denen sich das fragliche Bemühen konkretisiert, danach eine Untersuchung der zugrundeliegenden Motive. Die verschiedenen beschriebenen Modalitäten können, wie mir scheint, wie folgt zugeordnet werden (ich werde andere Worte gebrauchen als der Autor, hoffe aber, daß ich damit seinen Gedanken nicht verrate): Zum einen handelt es sich stets um eine *Sprache des Triebes in actu*; zum anderen geht diese »Sprache« stets im *binären* Modus vor: entweder/oder. Die von der Schule von Palo Alto aufgezeichneten widersprüchlichen elterlichen Gebote sind nur ein besonderer Fall dieser Weise des Funktionierens, die sich nicht auf ausgesprochene Botschaften beschränkt – die ausgesandten Signale gehören viel häufiger der Ordnung des Verhaltens oder des Mienenspiels (der Ausdrucksweise der Stimmungen) als dem gesprochenen Wort an. Die Binarität ließe sich letztlich auf eine Aussage folgenden Typs zurückführen: Entweder du existierst durch mich, oder aber du existierst überhaupt nicht.

Ein Patient sagte mir, im Glauben, Worte seiner Mutter zu erinnern, aber im Sprechen an mich gewandt: »Wenn ich es will, wirst du sterben, koste es, was es wolle«, und fügte hinzu: »Es war fast ein Mord.« Muß ich noch ausführen, daß ich diese Worte in genau dem Moment gesagt bekam, als sich in mir gerade die Idee vom psychischen Mord durchzusetzen begann?

Man könnte sagen, daß hier der *psychische Apparat*, um sich in Gang zu halten, danach *verlangt, seinen Einfluß* [emprise] *direkt auf den psychischen Apparat des anderen auszuüben;* ich sage, auf den psychischen Apparat und nicht auf die Person (und ich glaube, daß es das ist, was Bion im Blick hat, wenn er von »attacks on linking« spricht). Es geht darum, die Möglichkeit einer autonomen Vorstellungsaktivität, einer autonomen Denkaktivität kurzzuschließen. Der Ausdruck Apparat erhält dabei sein ganzes Gewicht: eine komplexe Ganzheit von Elementen, Stücken oder Organen, die der Erfüllung einer Beherrschungs- oder Bezwingungsfunktion untergeordnet sind. Die Absicht ist die, beim anderen zu verhindern, was bei einem selbst fehlt: die Konstitution und Entfaltung eines psychischen Raums, eines »Zimmers für sich«, in dem das Subjekt *sich* finden könnte, indem es andere Objekte findet als das primäre Objekt, an das es sich auf Gedeih und Verderb gebunden fühlt. Doch – und das wird von Searles ans Licht gebracht – jeder der beiden Protagonisten kommt in diesem Band auf seine Rechnung.

Die Konsequenzen im Rahmen der Gegenübertragung sind eindeutig: zunächst eine massive Abwehr in schützender Absicht, Verstärkung des »Reizschutzes« (oder des Regenschirms oder des Blitzableiters …) angesichts der Gefahr einer »symbiotischen« Beziehung, die als unablässig wiederaufgenommene Attacke – ob diese nun eine manifest aggressive Form annimmt oder nicht –, gleichsam als ein wiederholter Angriff auf meine eigene psychische Realität wahrgenommen wird. Bleibt man dabei stehen, so folgt daraus, daß man die reale oder phantasierte ursprüngliche Situation reproduziert, aufrechterhält und sogar verstärkt, wobei man zu Unrecht mit einem Abnutzungseffekt rechnet. Das heißt: Du kannst mir antun, was auch immer du willst, du wirst nichts damit ändern, denn du bist nichts. Wenn wir von der Unzerstörbarkeit des Analytikers sprechen, so darf das freilich nicht in dem Sinne geschehen, daß wir uns dazu beglückwünschen, auf Reifen zu fahren, die nicht platzen können! Die Situation kann sich meines Erachtens nur dann verändern und entwickeln, wenn im Gegenteil der Analytiker die in ihm durch seinen Patienten hervorgerufenen Wirkungen zuläßt. Das kann zu einem Gefühl von Hoffnungslosigkeit führen, welches wir durch ein (erneute Abwehr) »Dieser Fall ist nicht analysierbar« beiseite zu schieben versuchen. Das heißt, daß es nicht ausreicht, die Wirkungen wahrzunehmen, sondern daß man eben auch anerkennen muß, daß ein beliebiger Patient in einem beliebigen Augenblick der Analyse uns körperlich bearbeitet und daß die angegriffene Ebene, zu der wir zumeist gar keinen Zugang haben – und das ist auch nur zu unserem Vorteil –, tatsächlich der Sitz unserer psychischen Realität ist. In diesen schwierigen, einer Prüfung gleichkommenden Phasen der Kur wird sich die Gegenübertragung häufig in folgenden Worten formulieren: Ich empfinde bei mir das Bedürfnis, ihn (oder sie) wiederaufzubauen, ihm (oder ihr) eine sichere Form oder eine Fassung zu geben, eine Wirbelsäule, die ihn (sie) hält. Die Metapher ist variabel, aber der Wunsch verkörpert sich nur, wenn der Analytiker in derselben Bewegung von dem her tätig wird, was ihm fehlt, und wenn er auf die eine oder andere Weise den Patienten zum Zeugen dieser inneren Arbeit macht. Es gibt Patienten, von denen hängen wir ab, damit wir lebendig sein können, das heißt nicht nur, um unsere Homöostase sicherzustellen, sondern damit auch in uns sich etwas bewegt. Und jeder ist schneller bereit, auf die Abhängigkeit des anderen zu deuten, als seine eigene anzuerkennen.

Wenden wir uns nun einer ganz anderen inneren Landschaft und einem Modus der analytischen Situation zu, der dem soeben behandelten fast entgegengesetzt ist. Doch die Einwirkung der Gegenübertragung ist darin, selbst wenn sie fehlen sollte, vielleicht noch aktiver.

Das Band, mit dem ich an die vorangegangenen Zustände anknüpfe, wird durch einen Satz, auf den ich in Antonin Artauds *L'Ombilic des limbes* gestoßen bin, faßlicher werden: »Ich mag kein abgetrenntes Schaffen. Ich begreife auch den Geist [Esprit] nicht als von sich selbst abgetrennt. [...] Ich leide, weil der Geist nicht im Leben ist und weil das Leben nicht im Geist ist, ich leide am Organ-Geist, am Übersetzungs-Geist oder am Einschüchterung-der-Dinge-Geist, der die Dinge in den Geist befördert.«[11]

Mit dem Übersetzungs-Geist werden wir von jetzt an zu tun haben. Es ist einer meiner Patienten, der mir einen Teil dessen, was ich habe vortragen können, in gewissem Sinne diktiert hat, indem er mich an jene Analysierten erinnerte, bei denen man sich zuweilen fragt, wenn man sie so hört, ob sie, wie ich behaupten möchte, ihre Träume wirklich erlebt haben oder ob sie diese nicht von vornherein als Träume geträumt haben, und zwar letzten Endes, um sie zu erzählen[12]: »Träumemacher«, wie ich sie nannte. In dem besagten Fall fiel mir am Ende einer Phase auf, daß ich nicht »Abnehmer« seiner Träume war. Sicher, ich hatte gute Gründe dafür: ich war nicht der Abnehmer dafür, weil sich die Träume in mir nicht körperlich niederschlugen, sich ganz selbstverständlich in eine mühelos gesprochene Rede einfügten, nicht von Schweigen skandiert wurden und keine Affekte zum Ausdruck brachten, so als ob die Angst im Sagen dahinschwand und sich allein in der Spannung der Sitzung bestätigte. Die Träume wurden sozusagen wie ein zu dekodierender Text niedergelegt, aufgezeichnet und auch so behandelt, wie ein sicher in einer fremden Sprache geschriebener Brief, der jedoch nicht aus einem anderen Land stammte und keinen Empfänger hatte. Ich kam schließlich von den zahlreichen Traumerzählungen her zu dem Ergebnis, die gesamte Rede dieses Patienten als ein zwanghaftes *Ersetzung*shandeln zu verstehen. Ich hatte auch einen Begriff zu meiner Verfügung, der vielleicht, weil er im *Vokabular* nicht »niedergelegt« ist, frei geblieben war und von mir eingesetzt werden konnte: die *Vergeistigung*, die so spät, und das ist durchaus bezeichnend, von den Psychoanalytikern anerkannt worden ist und in der ich den gegenüber der Konversion umgekehrten und symmetrischen Vorgang sehe, der ebenso wie diese eine Art Aufspaltung zwischen dem Körper und den Vorstellungen unterstellt,

---

11 Dt. »Der Nabel des Niemandslands«, in: Antonin Artaud, *Frühe Schriften*, München 1983, S. 46. Die Schreibung des Wortes »Esprit« mit Majuskel bezeichnet in der Regel den »Heiligen Geist«. A. d. Ü.

12 Vgl. »Das Eindringen in den Traum« in diesem Band.

mit dem Unterschied, daß hier nun alles das, was vom Trieb herrührt, sogleich seine Projektion, seine Evakuierung auf den geistigen Schauplatz erfährt und einer peinlich genauen Teilungs- und
Verschiebungsarbeit, einem endlosen *Bindung*sprozeß unterworfen wird. Von diesem Patienten und von seinesgleichen könnte man
sagen, daß sie die Schlaflosen des Tages sind.

Weshalb bei mir das Gefühl aufkam, daß er mir in diesem Raum,
den er beständig auszufüllen genötigt war, kaum noch Platz ließ;
daß die Sitzungen im Gegensatz zu denen, auf die ich vorhin zu
sprechen gekommen bin – wo die Überlast an Besetzung so groß
war, daß mir eine jede von ihnen nicht mehr als real erscheinen
konnte, sondern als *surreal*, als gleichsam halluzinatorisch –, hier
als *sous-real* gekennzeichnet waren; daß ich infolgedessen nicht
mit einer psychischen Realität konfrontiert war mitsamt der Kraft
und dem Gewicht, welche diese unterstellt, sondern mit einer psychischen Pseudo-Realität, einem »In Ermangelung eines Besseren
denke ich, bringe ich hervor«, einem »Ich bin nicht, also denke
ich« ...

Hätte ich mich auf diesen Weg mit fortreißen lassen, zu dem
mich augenscheinlich alles drängte, so hätte mich das dahin gebracht, daß ich eine bereits bestätigte narzißtische und masochisti-
sche Position weiter befestigt hätte.[13] Zwei Beweggründe hinderten
mich daran. Der erste ist allgemeiner Natur: eine Abneigung dagegen, auf negative Ausdrücke zurückzugreifen, wenn eine Analyse
»nicht gut läuft«, dem Analysierten, wie das heute mehr und mehr
getan wird, diesen oder jenen Mangel anzulasten – Mangel an
Phantasietätigkeit, an Affekt, an Objektbeziehung. Jede Weise
geistigen Funktionierens hat irgendwo ihre Daseinsberechtigung,
ihr »Körnchen Wahrheit«: das Fehlen von Wahn genauso wie der
Wahn. Die Tatsache, daß ein Patient gar unser geistiges Funktionieren als Analytiker verwirrt, fesselt, behindert oder das Gefühl unserer Grenzen verschärft, autorisiert uns nicht dazu, seine Erfahrung einzig als negativ anzusehen. Es ist nur einfach schwieriger,

13 So hatte jener Patient, als er meine Vorbehalte gegenüber diesen Traum-Objekten
   bemerkte, nicht nur aufgehört, sie mir mitzuteilen, sondern auch, sich ihrer zu erinnern, und wahrscheinlich sogar, sie zu träumen.

das zu erfassen, was nicht da ist, als das, was sich unseren Zugriffen anbietet.[14]

Der zweite, nachträglich erkannte Beweggrund hing mit dem Menschen zusammen, den ich mir durch das, was er mir von sich darbot, hindurch »imaginierte«. Vom ersten Gespräch an hatte ich die Tatsache vermerkt und gewürdigt, daß er nicht kam, um sich zu beklagen (trotz gewisser dramatischer Episoden in seiner Existenz und einer äußerst störenden Symptomatologie), und auch nicht, um verstanden zu werden (er wußte offenkundig ziemlich viel über sich selbst). Er kam, so sagte er mir, um etwas zu suchen, das er nicht gefunden hatte. Daher meine Enttäuschung in den ersten Phasen der Analyse, ja sogar meine Ablehnung dessen, was er mir präsentierte, meine Neigung, es als »falsches Selbst« zu bezeichnen. Wer von Enttäuschung spricht, spricht von Erwartung: es war also so, daß ich eher etwas von ihm erwartete als er selbst. Oder gar: daß sein zwanghaftes geistiges Funktionieren mir genauso fremd war, wie ich mich seiner Abwesenheit für sich selbst nahe fühlte.

Daraufhin gelang es mir im Anschluß an Deutungen von meiner Seite, deren Hauptmerkmal es war, daß sie *mich* zumindest in gleichem Maße überraschten wie ihn, die andere Dimension des »falschen Selbst« zu entdecken: es ist eine Konstruktion, die das Individuum absolut benötigt hat, um zu *überleben*, und die es in einem gewissen Maße zu respektieren gilt, indem man sie nicht als Widerstand denunziert. Was es an diesem »Überlebsel« damals zu schützen galt, waren weniger die Worte, Bilder, Erinnerungen, die er mir anvertraute, als die Denk*kapsel*, die ihm den Körper vertrat, waren weniger die Buchstaben/Briefe, die er mir überließ und peinlich genau entzifferte, als *die Hülle/der Umschlag*, in dem sie enthalten waren. Was war in der Hülle/dem Umschlag? An dem Punkt, an dem ich mich gegenwärtig befinde, würde ich antworten: das Paar seiner toten Eltern.

Doch es geht mir nicht um den Bericht einer Analyse. Sondern darum aufzudecken, in welchem Maße so verschiedene Strukturen

---

14 Worauf J.-C. Lavie zu Recht besteht.

wie die von mir nacheinander besprochenen in der Gegenübertragungseinwirkung konvergieren können. Ja, man kann diese Strukturen beinahe Punkt für Punkt einander gegenüberstellen, ohne daß man sie dem Beifall von der falschen Seite opfert. Und dies, indem man sich ebenso auf das klinische Tableau bezieht wie auf den Modus der Übertragung.

In der ersten Fallkategorie fühlt sich der Analytiker zu sehr eingeschlossen, überschwemmt, bombardiert, bedroht, passiv gemacht durch ein »Zuviel« an Erregungen; in der zweiten ausgeschlossen, auf die Funktionen eines Sekretärs der Sitzung begrenzt, bevor er überhaupt diesen Sekretär als den Ort wahrzunehmen vermag, an dem umsichtig die Geheimnisse [secrets] niedergelegt werden. Dort also als Abfalleimer [dépotoir], hier als Vertrauensperson [dépositaire].

Der Spaltungsmechanismus wird in den ersten Fällen, bezogen auf das idealisierte, dann auf nichts reduzierte Objekt Analytiker, in einem außerordentlich plötzlichen Alternieren sichtbar tätig. In den Fällen der zweiten Kategorie macht sich die Spaltung zuerst auf seiten des Subjekts in der Aufspaltung von Vorstellung und Affekt, Körper und »Denkraum«, Anwesenheit und Abwesenheit bemerkbar.

Man könnte die Gegensätze leicht vervielfachen, namentlich, was die Wirkungen der Deutung angeht, die dort der Tendenz nach wie ein Agieren geäußert und aufgenommen werden, hier als »reiner Sinn«. Doch merkwürdig daran ist – zumindest stellen sich die Dinge mir so dar –, daß der Analytiker sich unter beiden Umständen mit ein und demselben Wunsch in sich konfrontiert sieht: alles zu tun, damit der andere für sich selbst zur Welt kommt, eine Geburt [naissance], die eine Anerkennung [reconnaissance] dessen erfordert, was abwesend ist. Weil es dem anderen nicht gelungen ist, sich seinen eigenen Raum zu bilden, der ihm ein Leben zu leben ermöglichte. Sei es, weil er es nicht vermocht hat, das doppelte Band zum Objekt zu durchbrechen, und er nun stets seine Zugriffe aufs Objekt sichern und sich seiner versichern muß oder mangels dessen die Objekte und die Besetzungen vervielfachen, die Außenwelt vollstopfen muß, da sie sonst nichts als Leere ist. Sei es, daß er sich zu sehr in eine psychische Sphäre hat einschließen müssen, die in Ermangelung der Mutter-Kind-Beziehung nur deren Substitut ist: ein Substitut und keine Metapher. Eine mütterliche Metapher, könnte man sagen, die wie die Beziehung, an deren Stelle sie tritt, fähig wäre, ihrerseits zu einer symbolischen *Gebärmutter* zu werden, zu nähren und die äußere Welt zu finden. Wenn aber in der *Vorstellung* das Substitut über das »aufs neue und anders gegenwärtig machen« obsiegt, so wird die Objektvorstellung nun zum Objekt selbst.

In beiden Fällen handelt es sich um eine Trauerarbeit, die nicht abgeschlossen worden ist.

Trauer um was? Ich möchte hierzu eine Hypothese, um nicht zu sagen, eine Phantasie vorschlagen. Ich zweifle nicht daran, daß man unter diesem »Wunsch, zur Welt kommen zu lassen« etwas versteht, das die Urszene anzeigt. Sollte die nicht abgeschlossene Trauer mitsamt dem, was sie an Wünschen nach Beständigkeit, Verleugnung oder Allmacht impliziert, mit ihr zu tun haben? In bezug auf den Patienten, von dem eben die Sprache war, habe ich von einem »Paar toter Eltern«, allzu toter Eltern gesprochen; in bezug auf den, an den ich dachte, als ich die ersten Fälle besprach, hätte ich von einer Anwesenheit eines Paares lebendiger, allzu lebendiger Eltern in ihm sprechen können. Es kann sein, daß die Art *Paarbildung* und Kampf – immer wieder neu begonnen – der psychischen Apparate, um die es damals gegangen ist, nur die sekundäre Darstellung eines anderen Kampfes und einer anderen *Verkopplung* ist, welche dem Subjekt keinen Platz lassen. Die »Binarität«, von der ich gesprochen habe, hätte darin ihren Kern; was die Gegenübertragungseinwirkung angeht, so wäre sie eine entfernte Wirkung ebenjener Einwirkung. Das »Subjekt«, wenn man es so nennen kann, da es als solches nicht existiert, wäre gezwungen, endlos die Szene in der Hülle seines Körpers mitzuschleppen und zu versuchen, sie entweder im Agieren zu reaktualisieren oder das Unsinnige daran durch eine Reihe von Streichungen auszutilgen. In dem einen Fall kommt eine zu durchlässige Hülle heraus: der »Fremdkörper« (Trieb) wird unter der Epidermis sichtbar. Im anderen Fall muß die Hülle wie ein Grab versiegelt werden.

Das Fehlen eines Phantasie*lebens* bei diesen Patienten (ich sage nicht Phantasietätigkeit, dabei an die zentrale Unterscheidung bei

Winnicott zwischen *Phantasieren* und *Leben* denkend) mit der logischen Folge einer Assoziationsarmut beim Analytiker würde somit auf eine Urszene zurückverweisen, die es im Zustand permanenter Belebung zu halten (erste Fallgruppe) oder als versteinert, mumifiziert in einer kalten Kammer zu bewahren (zweite Fallgruppe) gilt. Das Leben bringt nicht immer Leben hervor!

Am Ende komme ich nicht umhin festzuhalten, daß der reale Tod – ein Pleonasmus, denn das Reale ist in letzter Instanz der Tod – den ersten Platz im Leben der Patienten einnimmt, bei denen diese Seiten ihren Ausgangspunkt haben.

Versehen wir nun nachträglich unseren Parcours mit Markierungen.

1. Ich habe eine Unterscheidung zwischen vier Ebenen von Gegenübertragung vorgeschlagen:

– eine *ursprüngliche Gegenübertragung* oder Vor-Gegen-Übertragung, die unsere Praxis als Analytiker motiviert und nährt. Sie hat ihre triebhaften und narzißtischen Quellen vermutlich jenseits der Identifizierung mit unserem Analytiker. Ich habe direkt darüber nichts gesagt, aber habe wahrscheinlich nichts anderes getan, als sie hier zur Aussage kommen zu lassen. Diese Gegenübertragung liegt im Herzen des analytischen *Unternehmens* [*entreprise*];

– Gegenübertragungs*regungen*, in denen ich vor allem Antworten, gebrochen durch das Gefüge unserer eigenen Phantasien, auf die Übertragungsregungen des Analysierten sehe. Vorwegnehmende Antworten, die dem Analytiker durch Irritation, Angst, Lustempfindung einen Konflikt *in statu nascendi* bei seinem Patienten signalisieren. Diese Antworten dürfen nicht der Verneinung unterworfen werden. Sie bilden einen integralen Bestandteil des Prozesses der Analyse und können diese begünstigen. Sie sind die *Überraschungen* der Analyse [*surprises*];

– Gegenübertragungs*positionen* oder -*eingriffe* [*prises*], durch die phantasmatische Inszenierung des Patienten und vor allem durch das sadomasochistische Phantasma, so wie es sich in der analytischen Situation aktualisiert, zugewiesene Positionen. So schwierig es auch sein mag, sie zu ertragen, zu analysieren und zu überwinden, so muß es in der Analyse doch möglich sein, sie zu modifizieren und zu dekonstruieren. Im Fall des Scheiterns sind unsere analytischen Fähigkeiten in dem Maße berührt, wie es uns nicht gelungen ist, uns aus einem Zusammenspiel von Gefügen von Phantasien herauszulösen. Nicht weniger und auch nicht mehr. Ein guter und loyaler Neurotiker, so wie er mir als solcher vor Augen steht, was bei einem anderen nicht derselbe Fall sein wird, birgt nicht die Gefahr, seinen Analytiker in die Krankheit, in den Selbstmord oder in den Wahnsinn zu treiben;

– am Ende habe ich mich darum bemüht, die vierte Ebene spürbar werden zu lassen: die der Gegenübertragungs*einwirkung* [*emprise*], die beim Analytiker eine Erwartung, eine imaginäre Absicht, einen Wunsch auslöst, »den anderen für sich selbst zur Welt kommen zu lassen«. Man kann sich die Frage stellen: Läßt sich dieser Wunsch, der sich darin affirmiert, in Gestalt einer wechselseitigen Erschaffung des analytischen »Möglichkeitsraums« nicht in *jeder* Analyse vermittelt, symbolisiert wiederfinden? Ich füge hinzu, daß die Unterscheidung dieser Ebenen von Gegenübertragung eine relative ist, daß tatsächlich zwischen ihnen ständiger Austausch und ständige Kommunikation besteht.

2. In bezug auf die Einwirkung und die korrelativen Zielrichtungen habe ich in groben Zügen zwei Orientierungen umrissen, die selbst von offenbar voneinander sehr entfernten Strukturen abhängen: die erste, die man auf der schizoiden Seite situieren könnte (Vorherrschaft einer Beziehung zum Partialobjekt und »archaischer« Mechanismen des Ichs), die zweite auf der zwangsneurotischen Seite (Erotisierung des Denkens, Neutralisierung der Affekte, Distanz im Verhältnis zum Objekt, Versuch der Bemeisterung des Todes). Ich sehe darin zwei Kategorien von Grenzzuständen, die hier weniger im nosographischen Sinne als in bezug auf die von Freud umschriebene psychische Topik zu verstehen sind, und ich gruppiere sie trotz ihrer offenkundigen Unterschiede aus folgenden Gründen um:

– in beiden Fällen stellt das psychische Funktionieren das Unbewußte dar; mehr eine Logik der Psyche als eine Logik des Sinns;
– in beiden Fällen kann man von einer direkten, nicht durch Vorstellungen vermittelten Wirkung sprechen, die auf Psyche-Soma des Analytikers hin hervorgebracht wird;
– in beiden Fällen agieren in starkem Maße destruktive Kräfte, was mich dazu veranlaßt, von Tod – durch Mord oder Austilgung – der psychischen Realität zu sprechen. Man wird bemerkt haben, daß ich dennoch nicht auf den Freudschen Todestrieb Bezug genommen habe.[15] Warum diese Zurückhaltung?

Zunächst kommt der Ausdruck immer mehr als ein »Zauber-Signifikant« zur Verwendung, der die verschiedensten Signifikate abdeckt und den man nur zu erwähnen braucht, um als hauptsächliche Wirkung ein verzücktes Erstarren im Auditorium hervorzurufen, wenn es ein pariserisches ist, ein mißbilligendes bei einem amerikanischen ...

Ferner ist bei den Autoren, die in ihrem theoretischen Apparat tatsächlich darauf zurückgreifen, der Todestrieb entweder der gegen das (Kleinsche) innere Objekt gerichteten Aggression oder aber auf der Linie von *Jenseits des Lustprinzips* einer Rückkehr auf Null angeglichen. Klinisch wird damit folglich sowohl gewaltsam zerstörerischen Verhaltensweisen als auch dem anderen Extrem eines Zustands der Apathie, des Nicht-Wunsches, einer Suche nach »nichts« Rechnung getragen.

Nun haben wir es aber in den Fällen, die ich betrachtet habe, mit stark besetzten, hoch organisierten und einer Veränderung gegenüber besonders widerstandsfähigen geistigen Verhaltensweisen zu tun: Die Einwirkung auf den Psychismus des anderen (die erste Fallgruppe), eine Zwangstätigkeit des Denkens (die zweite Fallgruppe). Das »System« des Funktionierens selbst ist Tod und Wiederholung. Die Psyche in ihrer Form und ihren Prozessen wird auf

---

15 Wenn es notwendig gewesen wäre, sich auf einen von Freud spezifisch herausgehobenen Trieb zu beziehen, so hätte, worauf mich François Gantheret ganz zu Recht aufmerksam gemacht hat, der *Bemächtigungstrieb* (pulsion d'emprise) die Aufmerksamkeit verdient. Die Beziehung der Bemächtigung zur Analität, die ich hier nicht behandelt habe, könnte unter diesem Gesichtspunkt aufgegriffen werden.

einen Apparat, ja auf eine Maschine reduziert: eine Maschine, um Einfluß zu nehmen, um zu fragmentieren, um aufzuzehren ... Die abwesende psychische *Realität* ist wiederherzustellen oder gar zu erfinden – eher zur Welt zu bringen als wiederzufinden. Das Wort *Wahrheit* wäre hier zu wagen.

Über die Arbeit des Todes

Der Ausdruck »Arbeit des Todes« erinnert sogleich per Analogie an verwandte Freudsche Termini.

Zunächst an den der *Traumarbeit*: die Gesamtheit der Operationen, die sehr verschiedene Materialien – »geliefert« vom Körper, vom Denken, von den »Tagesresten« – umwandeln, um daraus ein Produkt zu »fertigen«: eine Bilderfolge, die zur Form der Erzählung hin tendiert und in der sich in Knotenpunkten gleichsam unendliche Ketten von Vorstellungen überkreuzen.

Dann an den der *Trauerarbeit*: komplexer Prozeß, der sich allerdings nicht mehr auf Vorstellungen, sondern auf ein in die Hülle – das Beinhaltende – des Ichs inkorporiertes Objekt bezieht, ein Prozeß, der also im starken Sinne *intra*psychisch ist und von dem man hat sagen können, daß seine Zweckmäßigkeit die wäre, »den Tod zu töten«.[1]

Schließlich das, was für alle Zeiten die allgemeinste Definition des *Triebes** bleiben wird: eine *konstante Arbeit*sanforderung, die einem psychischen Apparat auferlegt wird, wobei die komplexen Antwortmodalitäten dieses Apparats gegenüber dem, was für ihn ein »Fremdkörper« ist, ihn jedoch zu funktionieren zwingt, genau den Gegenstand der Analyse bilden.

Tatsächlich ist, wie wir sehen werden, das Verhältnis zwischen der Arbeit des Todes und jenen Modi psychischer Arbeit ein mehr als nur analogisches. Doch habe ich nicht die Absicht, hierzu eine Gesamtuntersuchung in Angriff zu nehmen, sondern möchte nur einige – grobe und unsichere – Merksteine setzen auf einem Weg,

---

1 D. Lagache, »Le travail du deuil«, in: *Revue française de psychanalyse*, 1938, Nr. 4.

bei dem wir stets Gefahr laufen, den Boden unter unseren Füßen zu verlieren.

Gehen wir zunächst davon aus, daß die Arbeit des Todes *in* Freud am Werk gewesen ist und daß sie von ihm theoretisch nur deshalb hat transkribiert werden können – welche Schwierigkeiten und Widersprüche auch immer dafür in Kauf genommen wurden –, weil sie nicht aufgehört hat, in ihm aktiv zu sein. Sollte der Tod beim Menschen nur in jenem Augenblick am Werk sein, der für ihn das Aufhören seines Lebens bezeichnet, so gäbe es nichts zu sagen über den Tod bei Freud, außer daß er beispielhaft war: man hat ihn als stoisch bezeichnen können. Sollte er dagegen unter den verschiedensten Masken, oft stumm, mitunter lärmend, doch den ganzen Weg der Existenz hindurch stets agierend, auf hinterhältige Weise anwesend sein, so wird man die These vertreten müssen, daß vielleicht kein Mensch mehr als Freud vom Tod bewohnt gewesen ist.

In meinen Augen ist die Thematik des Todes genauso konstitutiv für die Freudsche Psychoanalyse wie die der Sexualität. Ich denke sogar, daß diese so weit in den Vordergrund gerückt worden ist, um jene zu verdecken. Beide kommen genauso verwandelt aus dem Freudschen Werk heraus – verwandelt durch die *Arbeit des theoretischen Apparats* – wie der Trieb durch die Arbeit des psychischen Apparats.

Rührt man so an die Haltung Freuds gegenüber dem Tod – des Menschen und des Denkers, wie das bei jedem Psychoanalytiker der Fall sein sollte, einzigartig vereint –, so lassen sich ganz schematisch drei Phasen unterscheiden.

Erste Phase: der durch den Körper, sagen wir das Soma, empfundene oder besser der als stumme Figur in einem Bild dargestellte Tod.

Zweite Phase: der gedachte oder besser der als ein Drama über dem mehrstöckigen Raum des psychischen Schauplatzes dargestellte Tod.

Dritte Phase: der agierte oder besser agierende Tod im Abgrund des Seins, in dem, was ich den »psychischen Körper« nennen werde, als eine Wiederholung elementarer Prozesse organischer *Gangart*.

Was die erste Phase betrifft (deren Ausbruch man grob auf die Jahre 1890–1895 datieren kann), trägt Max Schur in seinem Buch *Freud: Living and Dying*[2] Fakten zusammen, die zwar alles andere als unbekannt sind, die jedoch Stück für Stück zusammengestellt in ihrer *Beharrlichkeit* auf den Leser einen ergreifenden Eindruck machen.

Woran leidet Freud während dieser Jahre? Worüber klagt er gegenüber Fließ – seinem fernen Freund, einem Hals-Nasen-Ohren-Facharzt, dem grandiosen und etwas verrückten Theoretiker der Perioden? Das klinische Bild ist vielfältig, doch durchgängig um die Figur des Todes angeordnet (wie in jenen »Vanitas«-Bildern, bei denen die bloße graue Anwesenheit-Abwesenheit eines dunklen Schattens den Glanz der kostbarsten und begehrenswertesten Objekte trübt).

Was ist in diesem Bild zu finden? Ein Gemisch von »psychischen« Symptomen – der zwangsneurotischen Reihe – und organischen Symptomen – vom Typus Angstneurose.

Ganz rasch einige Proben:

– Freud zeigt sich sehr besorgt, was das Datum seine Todes angeht, sieht ihn stets als vorzeitig voraus (ein Mittel für einen Beschwörungsversuch: er möchte, daß der Tod zu seiner Stunde zu ihm kommt und nicht er zu dessen Stunde zu ihm; ein Vorgehen, in dem sich zugleich ein Wunsch nach Unsterblichkeit, nach einer nicht-irreversiblen Zeit bekundet). Er gibt sich Grenz-Daten vor und führt zu ihrer Festsetzung Berechnungen durch nach dem von Fließ imaginierten Periodizitätsgesetz – ein Gesetz, das, wie wir im Vorübergehen anmerken möchten, die Bestimmung der Sexualzyklen mit der von Krankheitszyklen verknüpft. Die Idee einer Periodizität, die im Freudschen Werk in der transponierten Form eines Wiederholungszwangs wiederkehren wird.

Auf die Frage: wodurch *werden* wir, die Individuen, *gelebt*? – eine Frage, auf die Freud unterschiedliche Antworten beibringen wird, die aber stets in einer transindividuellen Realität gesucht werden –, könnte die erste implizite Antwort so lauten: Wir werden durch den Tod gelebt. Der Ausdruck »Überlebender« kehrt in

2 Dt. *Sigmund Freud. Leben und Sterben*, Frankfurt am Main 1973.

seinem Schreiben mehrfach wieder. Freud ist ein Überlebender, sein Platz ist zwischen zwei Toden.

An diese Besorgnisse schließen sich dann abergläubische Befürchtungen an, die sich auf Namen und Zahlen beziehen: unnennbare Namen, unheilvolle Zahlen, Todesträger. Einundfünfzig zum Beispiel ist eine furchtbare Zahl, der einundfünfzigste Geburtstag (28 + 23 aus den Fließschen Zyklen) wird für ihn lange Zeit ein kritisches Datum sein, bis es dann schließlich durch ein anderes ersetzt werden wird. Kurz: eine vollständige »Buchführung, das Ableben betreffend« (nach dem von Michel de M'Uzan[3] geprägten Ausdruck) ergreift von ihm Besitz.

Diese Symptome gliedern sich trotzdem nicht einer Zwangsneurose ein. Wir stehen damit genau am entgegengesetzten Ende. Denn in den Äußerungen des Aberglaubens, in den mehr oder weniger quälenden Besorgnissen ist vielmehr der Körper direkt betroffen, angegriffen, bedroht. Der Körper in seinen verschiedenen Orten. Hier nun der *Kopf*. Die bewußte und sogar über-bewußte *Todesangst** nimmt sich mit einem Minimum an psychischer Vermittlung – an Transposition, an Verschiebung, an phantastischer Verarbeitung – direkt des Körpers an. Der Tod spricht nicht!

Anderer Ort und damit anderes Organ: das *Herz*. Ich zitiere einen Brief unter so vielen anderen (vom 19. April 1894): »da kam plötzlich«, schreibt er in einer Überstürzung und einer Absonderlichkeit von Worten, welche die französische Übersetzung nicht wiederzugeben vermag, »ein großes Herzelend, größer als je beim Rauchen, tollste Arrhythmie, beständige Herzspannung – Pressung – Brennung, heißes Laufen in den linken Arm, etwas Dyspnoe von verdächtig organischer Mäßigung, das alles eigentlich in Anfällen, d. h. über zwei Drittel des Tages in continuo erstreckt, und dabei ein Druck auf die Stimmung, der sich im Ersatz der gangbaren Beschäftigungsdelirien durch Toten- und Abschiedsmalereien äußerte.«

Das Wort *Malereien** läßt eher denn das französische »visions«

---

3 In einem exzellenten Artikel »Freud et la mort« (*L'Arc*, 1968, Nr. 34, wiederaufgenommen in: Michel de M'Uzan, *De l'art à la mort*, Paris 1977), dem der vorliegende Text viel verdankt.

an das gemalte Bild denken. Es ist nicht so, daß Freud den Tod sieht; dieser läßt sich nicht ins Angesicht blicken. Freud fühlt sich von ihm erblickt. Wenn der richtige Abstand, den der Blick erlaubt, nicht mehr eingehalten wird, erfährt er eine Überstürzung hin auf den Tod, nachdem jeder Teil des Körpers – und nicht der vollständige Körper – unter seiner Einwirkung gelitten hat.

Selbst die berühmte und anhaltende Nikotinvergiftung, eine wahrhafte Suchtkrankheit, muß an die Todesangst zurückgebunden werden. Wenn Freud zu Fließ von *Abstinenz* spricht, so darf man darunter keine sexuelle Abstinenz verstehen (die gleichwohl von ihm sehr wohl erduldet wurde, soweit wir das wissen), sondern die Abstinenz vom Tabak. Wollte man ihm das Rauchen verbieten, wie Fließ sich das in den Kopf gesetzt hatte, so könnte man ihm auch gleich jegliche Denktätigkeit verbieten! Nicht daß man beides vermengen dürfe, aber in seiner Sucht findet er mehr als ein Stimulans für jene Tätigkeit: eine notwendige Bedingung. Auf der einen Seite gehen Erregung und Beruhigung, die über Mund und Atemwege erfolgen, wiederholt an Ort und Stelle eine Verbindung ein: Erhaltung auf ein und demselben Pegel; auf der anderen Seite schaltet die Denktätigkeit, die Freud als eine »psychische Komplikation« definiert, jene Tätigkeit, mit der sein Leben immer stärker eins werden wird, immer wieder erneuerte Vermittlungen zwischen der Erregung und der Rückkehr zum Nullpunkt ein.

Ich will hier nicht die Inventarliste der Leiden jener Periode durchgehen: wiederkehrende Kopfschmerzanfälle, Erschöpfung, Nasenvereiterungen, Störungen im Verdauungsbereich (Freud wird schließlich sogar seinem Darm einen Namen geben: Konrad), sondern nur auf zwei Punkte hinweisen:

1. Freuds Symptome sprechen an, was lange Zeit zu seinen nosographischen, ätiologischen und theoretischen Hauptinteressen zählte: die Aktualneurose, ein Interesse, das auch dann noch lebendig bleiben wird, als er über das Modell der Psychoneurose voll verfügen konnte. Man kann nicht nachdrücklich genug die bemerkenswerte Konvergenz zwischen bestimmten zeitgenössischen, namentlich französischen Theorien der sogenannten psychosomatischen Erkrankungen – eine Theorie, die aus einer festen

Unterscheidung zwischen Konversion und Somatisierung die Konsequenzen zieht – und der »alten« Freudschen Theorie der Aktualneurosen unterstreichen. Das Präfix *Aktual* – konnotierte zugleich – und das machte auch seinen Nutzen aus – die Gegenwärtigkeit in der Aktualität des Konflikts und seine Aktualisierung im Soma, seine Nicht-Symbolisierung, mit der Implikation einer Vorherrschaft des ökonomischen Registers.

Man kann jene erste Phase der Freudschen Haltung gegenüber dem Tod zu dieser ersten Organisationsstufe der Neurose, in der dem Soma das gesamte Gewicht zukommt, in Entsprechung bringen.

2. Die Störungen, über die Freud klagt, sind in weitem Maße in seine Beziehung zu Fließ eingebettet: er schickt ihm »detaillierte Krankheitsberichte« zu, nennt ihn einen »Heiler«, seinen »höchsten Richter«. Er ist krank mit Fließ, durch Fließ, für ihn, von ihm. Gut, die Geschichte ist bekannt. Man weiß auch, daß er in ein und derselben schmerzhaften Bewegung sich von seinem Anderen (muß es heißen: mit einem großen A?) losreißen und Zugang zur unbewußten Bedeutung seiner Symptome, eines jeden Symptoms finden wird.

Mit der *Traumdeutung** wird dann die zweite Phase eröffnet, diejenige, welche uns die vertrauteste ist. Der Traum, der die Dramatisierung verlangt, die bildliche Umsetzung von Sequenzen in Handlung, erlaubt es Freud, sich in einem neuen, diesmal eigentlich psychischen Raum zu bewegen, dem Raum eines Schattentheaters, zu dessen Ort und Regisseur er zugleich wird. Die Regel des Alles-Sagens setzt zwar nicht voraus, daß alles darstellbar ist, aber doch zumindest, daß alles artikulierbar ist, in Elemente zerlegt werden kann. Der Arbeit an den durch die assoziative Bewegung gebundenen und entbundenen unbewußten Vorstellungen entspricht die *Deutung*sarbeit, die anders bindet und entbindet, das Phantasma und die Geschichte des Subjekts entdeckt oder konstruiert.

Der Tod hört auf, in einem direkten Zugriff auf den Körper zu bestehen. Er verinnerlicht sich. Er entfaltet sich, er setzt sich auf niedrigere Stufen um. Indem er den Raum wechselt, wechselt er auch den Sinn. Er wird nicht mehr als äußere Bedrohung angetroffen, vor der man nur vergeblich versuchen könnte, sich zu schützen, sondern als auf den Besitzer und auf den Rivalen gerichteter *Wunsch**: der Rivale in vielfältigen Gestalten, der Wunsch aber in völliger Übereinstimmung mit der ödipalen Struktur. Der gegenwärtige Biß der bewußten Todesangst verwandelt sich in den verdrängten Wunsch und in die (unbewußte) Schuld des Überlebenden. Man erinnert sich, daß Freud von seinem Buch über den Traum hat sagen können, es wäre ein Stück seiner Selbstanalyse, seine Reaktion auf den Tod seines Vaters.

Wie dieses Geständnis nicht mit einem anderen, einem intimeren und späteren, in Verbindung bringen? »Ich durfte ja nicht sterben, solange sie [meine Mutter] am Leben war, und jetzt darf ich.« Ein Geständnis, das so zu verstehen ist: wie könnte ich, der so überaus geliebte Sohn, es ertragen, meiner Mutter, der einzigartigen Gestalt der drei Parzen, in der sich die Erzeugende, die Liebende und die Zerstörende vereinen, meinen eigenen Tod anzeigen zu müssen? Eben dies wäre die Begegnung mit dem Unheimlichen in jenen »Kästchen«, in denen Freuds Geheimnis verborgen bleibt.[4]

Denn man kann nicht anders als überrascht sein, wenn man sieht, welches Schicksal Freud der Todesangst in dieser starken Phase der Psychoanalyse und aus dieser starken Phase heraus bereitet. Zumindest auf der *theoretischen Ebene* (denn in seinem Erlebten sieht es anders aus) macht er sich von ihr entschlossen frei, indem er eine vollständige Umkehrung vollzieht.

Sie ist nur mehr eine Maske, eine Form unter anderen (Entwöhnung, Trennung) der Kastrationsangst, aus der Freud den Drehpunkt jeglichen Verlusts des Objekts macht und hinter der sich kein tieferes Geheimnis verbirgt. »Im Unbewußten«, ich zitiere Freud, »ist aber nichts vorhanden, was unserem Begriff der Lebensvernichtung Inhalt geben kann. [...] Ich halte darum an der Vermutung fest, daß die Todesangst als Analogon der Kastrationsangst aufzufassen ist«.

---

4 Bemerkenswerterweise taucht der Ausdruck *unheimlich* in einem an Fließ gerichteten Brief auf, als dessen Mutter gerade ernsthaft erkrankt war: »Unheimlich, wenn die Mütter wackeln, die einzigen, die noch zwischen uns und der Ablösung stehen« (Brief vom 3. Juli 1899).

Diese Zeilen sind von 1926 (*Hemmung, Symptom und Angst*[5]), also über fünf Jahre später als *Jenseits des Lustprinzips*, worin der Todestrieb ausgesagt wird, und zehn Jahre nach den Aufsätzen über die Trauer und über den Narzißmus, die allerdings vermuten ließen, daß intensivste Angst sich auf andere Achsen und andere Oppositionen beziehen könnte (Ich/Nicht-Ich, Draußen/Drinnen, Einheit/Zerstückelung, ozeanisches Gefühl/Vernichtung, Ich in Hochstimmung/gedrücktes Ich, Vollständigkeit/Leere) als auf diejenigen der Kastration und der Differenz.

Hierzu zwei Anmerkungen. Ist dieses »Ich halte darum ... fest« nicht entlarvend für Freuds Wunsch: Wenn doch nur die ganze Angelegenheit durch den Ödipus geregelt werden könnte, durch den Ödipus als *Eroberer*, wobei man den Mordversuch am Kind Ödipus[6] stillschweigend übergeht und auch vergißt, daß über den Vatermord hinaus der Selbstmord des Ödipus und der von Iokaste der Preis ist, der für die Überschreitung bezahlt wird.[7]

Was die so viele Male von Freud wiederholte Behauptung angeht, daß »unser Unbewußtes gegen die Vorstellung des eigenen Todes ... unzugänglich (ist)«[8], handelt es sich dabei nicht um eine Verneinung? Ein merkwürdiges »Vergessen« jedenfalls, was ihn betrifft, der schließlich die Funktion des Doppelgängers zu erkennen und im Traum oder im Märchen mit dem Verschwinden, dem Verstummen, dem Versteck und der Bleichheit der Cordelia ebenso viele symbolische Darstellungen des Todes aufzudecken gewußt hat.

Es sei denn, daß die Formel »unser Unbewußtes [...] kennt überhaupt nichts Negatives«[9] wie folgt verstanden werden muß: es kennt das Negative nicht, weil es das Negative *ist*, das sich der angenommenen vollen Positivität des Lebens widersetzt. Und es ist in dem Maße das Negative, wie seine Konstitution als heterogenes System dem Verlust, der Abwesenheit, der Negation des Befriedigungsobjekts korrelativ ist.

---

5 In: *GW* XIV, S. 160.
6 Vgl. dazu das schöne Buch von Serge Leclaire, *On tue un enfant*, Paris 1975.
7 Vgl. Robert Barande, »La pulsion de mort comme non-transgression«, in: *Revue française de psychanalyse*, 1968, Nr. 3.
8 Freud, »Zeitgemäßes über Krieg und Tod«, in: *GW* X, S. 254. *A. d. Ü.*
9 Ebd., S. 350. *A. d. Ü.*

Immer wieder wird der scheinbar so entfernte Tod ins Werk zurückkehren und ein Gebäude dezentrieren, das sein Autor doch als vollendet ansieht. Und mit welcher Kraft sich diese Rückkehr vollzieht! In dieser gegen die Natur und gegen das Gesetz gerichteten Verkopplung, in diesem unbegreiflichen Begriff, es sei denn, er begreife uns, namens Todestrieb.

Dritte Phase, die mir gleichfalls einer spezifischen Dimension unserer klinischen Erfahrung zu entsprechen scheint. Für die erste Phase habe ich die Aktualneurosen genannt, das nicht-symbolisierbare Soma. Bei der zweiten Phase das, worauf die analytische Methode und die analytischen Modelle vornehmlich angewandt werden: die sogenannten klassischen Neurosen, bei denen die Psyche die Metapher des Körpers ist, des Körpers jedoch als Nervensystem, wobei sich die Vorstellungsnetze aus der *Traumdeutung** an die Stelle der Neuronenbahnen des *Entwurfs* setzen: Netz der Nervenbahnen oder Eisenbahnnetz oder sprachliches Netz. Die Einführung des Todestriebs als Referenten oder als Ursprungsmythos konfrontiert uns mit einer anderen Problematik, auf die uns die »narzißtischen Persönlichkeiten« und die »Grenzfälle« zunehmend aufmerksam gemacht haben. Hier wird die Psyche zum Körper. Vom »Was meint es« gehen wir über zum »Was will es?«. Der Tod wird nicht mehr im Bewußtsein oder im Unbewußten lokalisiert, er sitzt unmittelbar an der Wurzel des Unbewußten. Er ist nicht mehr das Eigentum einer psychischen Instanz, sondern das Prinzip eines »Zwiespalts« in einer jeden von ihnen. Der Tod ist Atopie. Er ist kein Sprechen mehr, sondern Schweigen, Schrei oder Wut. Wenn Freud zugesteht, daß »wir letzteren [den Todestrieb] um so viel schwerer erfassen«[10], stößt er damit nicht auf die radikalste Form der »Arbeit des Negativen«: jenseits oder diesseits des Darstellbaren, des Vorstellbaren – und muß man nicht sagen: des Analysierbaren? Ja, sofern die Analyse – ἀναλύειν – die primäre Einschreibung von sinnhervorbringenden und peinlich genau vermerkten Elementen unterstellt.

Welches auch immer die Beweggründe persönlicher (Trauerfälle)

---

10 *Das Unbehagen in der Kultur*, in: GW XIV, S. 480.

oder kollektiver Natur (das Blutbad des Weltkrieges[11], der auch aus der Vernunft einen Kadaver machte) gewesen sein mögen, die Freud veranlassen konnten, ohne entscheidenden klinischen Nachweis ein Prinzip jenseits des Paares Lustprinzip-Realitätsprinzip aufzustellen, es ist klar, daß jene Seiten (ich spreche von dem Aufsatz von 1920), die in ihrer Bewegung, nicht in ihrem Stil, einer assoziativen Rede so nahe sind, durchgängig von einer Denk*anforderung* getragen werden, einer Anforderung analog dem Wunsch, der ununterdrückbar versucht, im Wahren seine Bahn zu ziehen. »Ich bin gleichsam genötigt, daran zu glauben«, scheint Freud uns zu sagen.[12]

Eine Bahn, der von den damaligen Schülern kaum einer gefolgt ist und die von denen, die wie Melanie Klein sich scheinbar radikal darauf einließen, die jedoch den Todestrieb auf das (äußere oder innere) Objekt konzentrierten und ihn so auf eine Kraft reduzierten, die darauf abzielt, dieses zu *zerstören*, meinem Verständnis nach in ihrer Richtung umgelenkt wurde.

Alles an dieser Annahme irritiert: ihre von Freud selbst eingeräumte spekulative Gangart, die Verbindung der Termini Trieb und Tod in einem einzigen Wort: *Todestrieb*. Trieb: eine bis dato mit der Selbsterhaltung, mit dem Leben, vor allem aber mit der Sexualität verknüpfte Kraft, wird nun also mit dem Tod verknüpft, der seinerseits traditionell das Aufhören des Lebens bezeichnet und dem erwarteten, aber *verleugneten* Eingreifen eines äußeren Agens zugesprochen wird.[13] Doch worum handelt es sich hier? Um einen

11 Damals hatte man ihm noch keine Nummer gegeben.
12 Vgl. *Jenseits des Lustprinzips*, in: *GW* XIII, S. 64.
13 Man kann dafürhalten, daß die modernen Philosophien (Kierkegaard, Heidegger, Camus) des »Seins zum Tode« weniger, als sie glauben, mit einer humanistischen Konzeption der Beherrschung des Todes brechen. Wie Jean Baudrillard (in: *L'échange symbolique et la mort*, Paris 1976, S. 229; dt. *Der symbolische Tausch und der Tod*, München 1982, S. 235 f. – Übersetzung verändert) zu Recht bemerkt: »Der Terrorismus einer Eigentlichkeit durch den Tod: noch ein Sekundärvorgang, durch den das Bewußtsein seine ›Endlichkeit‹ als Schicksal in einer dialektischen Akrobatik zurückerobert. Die Angst als Prinzip von Realität und ›Freiheit‹ ist immer noch das Imaginäre, *das in seiner zeitgenössischen Phase den Spiegel des Todes an die Stelle des Spiegels der Unsterblichkeit gesetzt hat.*« (Hervorhebungen von mir – J.-B. P.) »Ganz anders bei Freud. Je mehr, selbst tragische, Sublimierung, desto mehr Dialektik ist mit dem Todestrieb möglich.«

Todeswunsch oder um den Tod des Wunsches? Und wie soll man die Behauptung, die sogar noch wiederholt wird, hinnehmen, daß »alles Lebende aus *inneren* Ursachen sterben müsse«? (Haben wir es da nicht mit einer seitwendig für die Psychoanalyse bestimmten Botschaft zu tun, für dieses von Freud ersonnene, geschaffene und lebendig erhaltene Wesen, ein Eingeständnis der Desillusionierung, was die schöpferische Kraft ihrer Mitglieder angeht, die Vorahnung gar, daß der Todestrieb sich gegen das psychoanalytische Gebäude, gegen den Eros wenden könnte?) Der Ausdruck Trieb bringt uns noch hier in Verlegenheit. Wo sollen die Quelle, das Objekt, das Ziel des Todestriebs sein? Wie steht es mit seinen Abkömmlingen: welche Vorstellungen, welche Affekte?

Vielleicht liegt da genau der Fehler, der sowohl von denjenigen, die den Todestrieb zurückweisen, als auch von denen, die ihn zu einer der *libido* gegenübergestellten *destrudo* substantifizieren, begangen wird. So zu tun, als handle es sich um eine partikulare Triebform, bei der man nun zu suchen hat, was diese *repräsentiert*:

- ein aggressiv-zerstörerisches Verhalten (Freud hat diese These vertreten), vor allem ein selbstzerstörerisches, oder aber ein Zustand der Apathie?
- die entfesselte Gewalt oder aber die Versuchung des Nirwana (wobei jede Generation das ihr Bestimmte findet oder wiederfindet);
- das Zuviel, das Übermaß an Erregung, mit dem verwüstenden *acting out* als geforderter Konsequenz, oder das Zuwenig an Erregung, der Mangel, der ein Gefühl von Inexistenz, eine Leere des Denkens und des Affekts mit sich bringt;
- und bei Narcissus die faszinierte Selbstgenügsamkeit oder die omnipotente und wütende Bemächtigung, ausgeführt am Objekt?
- die Null oder das Unendliche?

So viele mögliche *Gestalten*, die eingekreist und abgehoben werden können, die allerdings auch die Gefahr in sich bergen, daß wir durch sie das Wesentliche der Freudschen Intuition aus den Augen verlieren: in seinem Grund*vorgang* des *Entbindens*, Fragmentierens, Dislozierens, Zerlegens, des Bruchs, aber auch der *Abschließung*, einem Vorgang, der keinen anderen Zweck hat als den, sich zu vollenden, und dem sein Wiederholungscharakter das Merkmal des Triebhaften aufprägt, übt sich der Todestrieb aus. Vorgang, der nichts mit der bewußten Todesangst zu tun hat, der vielmehr *den Tod* im eigentlichen Kern des Seins *nachahmt*, was Freud dazu bringt, ihn innerhalb seiner Metabiologie in die Zelle, den Kern des lebenden Organismus einzuschreiben. Die Psyche ist nun nicht mehr substitutiver Repräsentant des Körpers. Sie ist Körper. Das Unbewußte gibt sich nicht mehr in ihren *Bildungen* zu lesen, in einer beweglichen und artikulierbaren Logik der »Signifikanten«; es setzt sich ins Werk und gibt seine Beweglichkeit preis in einer Logik des psychischen Körpers. Dieser Vorgang des Funktionierens wird sekundär das Reale affizieren und dadurch die Spaltung des Objekts, des Ichs und jeder individuellen oder Gruppen-Instanz hervorrufen, die den Anspruch erhebt, zu einer stets noch umfassenderen Einheit berufen zu sein.

Von dieser Macht der Entbindung und Entfesselung, die im Innern eines mehr und mehr reduzierten geschlossenen Systems, und zwar aufgrund eines immer elementareren Spiels von Gegensätzen, tätig ist – gleichsam ein von Energien durchzogener Organismus –, ist keine psychopathologische Struktur ausgenommen. Es läßt sich nur das eine sagen, daß die Häufigkeit von Zuständen an den Grenzen des Analysierbaren die Aufnahmebereitschaft des Analytikers für deren Operationsweisen und Wirkungen vergrößert hat. Doch findet man sie in den gesichertsten und gesetzmäßigsten neurotischen Organisationen vor, in der Zwangsneurose zum Beispiel, bei der die geistige Tätigkeit buchstäblich eingekeilt ist. Freud hat mehr geleistet als nur eine Vorahnung formuliert: man beziehe sich auf »Die endliche und die unendliche Analyse«, insbesondere auf das, was darin über die »Ichveränderungen« gesagt wird, die mit »anachronistischen Institutionen« verglichen werden.

Jede Psychoanalyse berichtet uns von dem Tod, der sich ins Leben eingeschlichen hat. Und wenn die Arbeit des Psychoanalytikers darauf abzielt, daß der psychische Raum nicht nur eine Oberfläche sei, sondern zum Körper wird, eine Dichte annimmt, zu Fleisch wird und eine Freiheit der Bewegung und des Spiels erwirbt, so impliziert dies, daß er der antagonistischen Arbeit des Todes nicht aus dem Weg gehen kann, daß er sich dort einfinden muß, wo dieser begegnet.

Eine allgemeinere Hypothese, um zu schließen: was der Todestrieb an Regungen und Abwehrhandlungen erzeugt, hat den Konflikt zwischen den Forderungen des von der Sexualität getragenen Wunsches und den Kräften der Unterdrückung und Verdrängung abgelöst. Vielleicht lassen sich in den Modalitäten einer Aktualisierung des Todestriebs, in den Typen ängstlicher Antworten, die er mobilisiert, die Anzeichen des aktuellen »Unbehagen in der Kultur« finden (wobei das Wort Unbehagen schon etwas schwach geworden ist und die Kultur sich dem Plural zuneigt).

Wenn der Psychoanalytiker die aktuellen sozialen *Gestalten* des Todestriebs zu bezeichnen sucht, so hat er, auf den ersten Blick, nicht die »Schwierigkeit, wie er diesen überhaupt erfassen soll«, sondern vielmehr die Qual der Wahl! Unsere Bücher, unsere Zeitungen – und wenn das alles wäre ... – sind voll davon, ohne daß es ihnen freilich völlig gelingt, dessen Macht auszuradieren: die atomare Bedrohung weniger als eine Bedrohung, die real wahrgenommen würde, sondern als konkrete Metapher unserer eigenen Fragmentierung (Rückkehr in einen anorganischen Zustand), der Zyklus von Gewalt und Gegengewalt, die Verschmutzung, die Versklavung (und zunächst das, was La Boétie in einem Geistesblitz seiner gerade zwanzig Jahre *servitude volontaire*, freiwillige Knechtschaft, nennt, drei Jahrhunderte, bevor man von Masochismus sprach), etc. Selbst das, was in unserer Geschichte als Kräfte des Aufbaus – Kräfte des Lebens – in Erscheinung treten konnte, stellt sich nun als von den Kräften des Todes untergraben, unterminiert dar. Man stellt nicht mehr die revolutionäre Alternative auf: Sozialismus *oder* Barbarei, man entdeckt die Barbarei in den Zellen des Sozialismus. Die industrielle Welt wagt es nicht mehr, ihren »Reichtum« zu zelebrieren; sie lebt vielmehr in Unruhe über ihre Abfälle und schreitet einher, wie eine Bühnenfigur von Ionesco sich fragend: »Wie sich davon befreien?«, was man so zu verstehen hat: wie sich von den Menschen befreien, alles »Abfälle« im Hinblick auf die Anforderungen jeder sozialen Maschine, die nur fordert, sich zu drehen und sich selbst zu regulieren. Die proklamierte sexuelle Befreiung geht im *Eros Center* zugrunde, das bereits seinem Prinzip nach ein *Thanatos Center* ist.

Es ließen sich noch viele Beispiele anführen: das anarchische Wuchern der »großen Wohnkomplexe« der Vorstädte, die in Wirklichkeit die Zerstückelung betreiben; die immer stärker angewachsene Masse an Informationen, die das Individuum von jeder leiblichen Realität oder sozialen Kommunikation abschneidet, es seines Schöpferischen beraubt; die Vervielfältigung der geschlossenen Sprachen im »kulturellen Leben«, die nur noch auf sich selbst verweisen: man tauscht aus, ja, doch *unter sich* – die Vorherrschaft der Endogamie, der Triumph des Narzißmus der kleinen Differenzen.

Doch auch da – im Kollektiv wie beim Individuum – ist die Wirksamkeit der Todestriebe weniger an den Gestalten zu erkennen, die wir ihnen anbieten, als an ihren Prozessen, welche jede mögliche Dialektik, jede Gestalt, die sich in ihr Gegenteil zu *verkehren* vermag, negieren. »Unsere wirklichen Nekropolen sind nicht mehr die Friedhöfe, die Hospitäler, die Kriege oder die Blutbäder«, schreibt Baudrillard, es sind »die Gruften oder Hallen voller Computer, die weißen, von jedem menschlichen Lärm [dem Lärm des Eros] gereinigten Räume, Särge aus Glas«.[14] Sehr gut, ich stimme zu: Zerschlagen [casser] wir also die Computer! Und so finde ich mich als »Maschinenstürmer« [»casseur«] wieder, eine Eventualität, die ein perfektionierter Computer in sein Programm hineinzuschreiben nicht versäumen wird. Ein immer geschlosseneres System, ein immer explosiverer Bruch. *Schließung/Bruch*: das Gegensatzpaar wiederholt sich unaufhörlich; ein Paar, dessen Schicksal es zu sein scheint, nichts als seine eigene Wiederholung zu erzeugen. Freud, daran sei erinnert, machte aus der Verkehrung in das Gegenteil und der Wendung gegen die eigene Person die primären Mechanismen des psychischen Funktionierens, älter noch als die Verdrängung von Vorstellungen und die kulturellen Sublimierungen.

Man könnte behaupten, die Metaphern aus *Jenseits des Lustprinzips* sind fünfzig Jahre später zu denen geworden, die quer

---

14 Ebd., S. 280f.; dt. S. 293 (Übersetzung verändert).

durch unsere Kultur verlaufen. Wir schreien »Die Phantasie an die Macht« in der Zeit des Traumas, das alle Möglichkeiten ihrer Ausübung zunichte macht; wir blöken den Werten eines »natürlichen Lebens« hinterher, wo doch die Frage des »Überlebens« uns auf den Nägeln brennt. Wahrscheinlich ist die sich ankündigende Kultur des Selbst (und nicht mehr der Kult des Ichs) selbst eine Auswirkung dieses Vorgangs. Auf was für eine Abfolge verlorener Illusionen wird sie folgen? Auf die eines kollektiven Subjekts als Handlungsträger der Geschichte; auf die eines persönlichen Subjekts als Träger und Schöpfer von Sinn; auf die schließlich einer Verschachtelung symbolischer Ordnungen, die hinreichend strukturiert ist, um uns eine Identität zu gewähren, und wäre es nur die eines auf eine »grammatische Fiktion« reduzierten Ichs [je]. Muß man da nicht die Idolisierung eines Raumes des Selbst, das wechselweise in der Ausdehnung und im Rückzug begriffen ist, aus dem alle »Kreativität« aufs neue entstehen können soll, für unsere neue Illusion halten?

Den Analytiker von heute in seinen Scharmützeln mit dem Narzißmus – dem seiner Patienten, dem seiner Kollegen und seinem eigenen – überkommt zuweilen das Gefühl, daß das, was er vom großen Lärm dieser von Zement verstopften und von Rissen zerspaltenen Welt mitbekommt, nur das Echo dessen ist, was er in seinem offenbar gepolsterten Kabinett vernimmt. Ich beschränke mich, sagte Freud, auf das Erdgeschoß oder den Keller des Gebäudes. Wir, die wir noch weniger Vertrauen in das Können des Architekten setzen als er, sagen: auf die Grenzen des Todes und des Lebens, die stets in Bewegung befindlichen Grenzen, die sich nur einzeichnen, um ausgestrichen und anderswo wiederaufgetragen zu werden.

Über den (psychischen) Schmerz

Sich zu fragen, welchen Sinn es haben mag, anders als in einer vage bildhaften Weise von psychischem Schmerz zu sprechen, heißt sicher nicht, die verschiedenen in der Psychoanalyse vorgefundenen Formen neurotischen oder psychotischen Leidens in all ihrer Unterschiedlichkeit in Herkunft und Ausdruck Revue passieren zu lassen, gleichgültig, ob dieses Leiden von vornherein beredt ist oder ob es die Zeit der Regression braucht, um es sprudeln zu lassen. Es heißt, ganz im Gegenteil, nachzudenken über das *Spezifische* des Schmerzes. Zunächst: Was autorisiert uns dazu, eine Gesamtheit von Empfindungen, ein Erleben, das für jeden einen derart engen Bezug auf den Körper, auf eine Körpergegend oder gar auf ein Körperorgan unterhält (den »Sitz« des Schmerzes), auf die Ebene der psychischen Erfahrung zu versetzen? Weiter: Was unterscheidet den Schmerz von anderen Unlustempfindungen und -affekten, insbesondere der Angst? Kann man den Schmerz so einfach innerhalb der Skala der peinlichen, unlustvollen Affekte – am Ende der Kette – ansiedeln, oder muß man ihm eine prototypische Funktion, mehr noch: den Wert einer irreduziblen Erfahrung zuerkennen?

Manche Autoren scheinen die Einführung der Annahme des psychischen Schmerzes ins psychoanalytische Feld nur sehr zurückhaltend zu akzeptieren. Diese Zurückhaltung findet ihren Beweggrund vielleicht in der vagen Befürchtung, daß eine volle Anerkennung des Schmerzes in eine Apologetik desselben, in eine maßlose Aufwertung eines undenkbaren und unsagbaren reinen Empfundenen, in eine Erlösungsreligion, die sich der Agonie bedient, umschlägt. Diese Versuchung einer Art Mystizismus des Negativen existiert tatsächlich. Mag sein, daß umgekehrt die Psychoanalyse, obgleich sie das Leiden des Subjekts als eine Bedingung für den Eintritt in eine Kur ansieht und sich als Ziel zumindest dessen Verringerung vornimmt, es nicht gern sieht, wenn sie einer Anerkennung des Schmerzes gleichgesetzt wird: das Recht auf Glück verwandelt sich in unseren Kulturen schnell in die Pflicht, es festzuhalten, das Recht, zu erkranken und gepflegt zu werden, in die Anforderung, sich gut zu halten, und der erhobene Anspruch auf Lust in den Imperativ des Genießens.

Dennoch können wir, auch ohne zu sehr ins Detail zu gehen, zumindest in Form einer Hypothese versuchen, Begriff und Erfahrung des psychischen Schmerzes zu umschreiben. Stützen werden wir uns dabei 1. auf Freud, der, ohne seinen Ideen dazu ihre volle Entfaltung zu geben, in seinem Interesse für das spezifische – in seinen Augen sehr verwirrende – Problem, das die Existenz des physischen und psychischen Schmerzes aufwirft, nicht nachgelassen hat; 2. auf die analytische Klinik der Neurose, wobei wir die der Psychose beiseite lassen, die von meiner eigenen Erfahrung zu weit entfernt liegt.

Ja, es gibt bei Freud tatsächlich – man vergißt es nur zu leicht – den Entwurf einer eigenständigen Theorie des Schmerzes. Sie ist explizit gegenwärtig an beiden Enden seines Werkes: im *Entwurf einer Psychologie* von 1895 und in *Hemmung, Symptom und Angst* (1926). Doch ist sie meines Erachtens ebenso implizit gegenwärtig über den ganzen Entwicklungsgang hinweg, gegenwärtig »in den Hohlräumen«, und bricht dann plötzlich herein, um daraufhin das gesamte Gebäude zu erschüttern, beispielsweise mit der Einführung des Narzißmus, der Wiederaufnahme der alten Frage des Traumas als Einbruch, der Definition des primären Masochismus, der ununterdrückbaren Hervorbringung des Todestriebs und schließlich der »negativen therapeutischen Reaktion«, der Wahl einer Verankerung im Schmerz, die einer als unerträglichem Verzicht wahrgenommenen Veränderung vorgezogen wird.

Doch sollten wir nicht zu schnell vorangehen. Rufen wir uns zunächst kurz die Hinweise aus dem *Entwurf* von 1895 in Erinnerung. Hinweise, ja, doch mit entschiedenem Zug aufs Papier gebracht wie auch der gesamte Text, eine wahrhafte »Deckerinnerung« des Freudschen Werkes, worin die zukünftigen Entwicklungslinien bereits allesamt eingezeichnet sind.

Bekanntlich beschreibt Freud darin als Urbild der Entstehung des Wunsches das Befriedigungserlebnis beim Säugling, ein Urbild, das als solches in Kapitel VII der *Traumdeutung* wiederaufgenommen wird. Es ist zu vermuten, daß die noch unzureichende Differenzierung des Angsttraums vom Alptraum im eigentlichen Sinne in der *Traumdeutung* sich darauf zurückführen läßt, daß Freud sich darin ausschließlich auf das Befriedigungserlebnis bezieht, um seine These vom Traum als Wunscherfüllung zu begründen, und darüber das »*Schmerzerlebnis**«* vernachlässigt, das im Herzen des Alptraums liegt. Doch gerade im *Entwurf stellt* Freud – und genau dieser Punkt interessiert uns – Schmerzerlebnis und Befriedigungserlebnis einander *gegenüber*. Das so eingerichtete Gegensatzpaar ist also nicht, wie man hätte erwarten können, *Lust**/Unlust**, sondern auf der einen Seite Lust-Unlust (oder besser Unlust-Lust, der Vorgang, der den Ablauf des Befriedigungserlebnisses reguliert[1]) und auf der anderen Schmerz. Gewiß, die Unterscheidung wird nicht überall in ihrer ganzen Strenge aufrechterhalten (so spricht Freud in *Trauer und Melancholie* von »*Schmerzunlust**«*), doch wichtig für uns ist, daß in dieser Ursprungsphase, in der Freud aus allem etwas macht, um das Feld zu strukturieren, das sich ihm eröffnet, die *Bipolarität* in diesen Termini, *eben in den Prinzipien des psychischen Funktionierens* angesetzt wird. Es gibt da einen zumindest ebenso grundlegenden Dualismus wie die späteren Triebdualismen, einen Antagonismus, der um so interessanter ist, als er sich in den Körper einschreibt, in zwei elementaren und unabweislichen körperlichen Erfahrungen: das Paar Lust-

---

1 Bekanntlich ist das Lustprinzip anfänglich als Unlust-Lust-Prinzip bezeichnet worden.

Schmerz, aus dem bereits die assoziationistische Psychologie die gesamte Komplexität des affektiven Lebens abzuleiten versuchte.

Seiner besonderen Qualität wegen ist es für die Darstellung des Schmerzes im *Entwurf* »keine Frage«, daß dieser von der Unlust verschieden ist. Unter dem Gesichtspunkt des betreffenden Vorgangs wird er im wesentlichen zunächst – und diese Definition wird keine Veränderung erfahren – durch ein Phänomen des Bruchs von Barrieren definiert, wenn es dazu kommt, »daß übergroße Q [Quantitäten an Energie] die Schirmvorrichtungen in φ durchbrechen«, alsdann durch eine im Innern des Körpers erfolgende Abfuhr der derart angewachsenen Besetzung.[2] Der Schmerz ist Einbruch; er setzt die Existenz von Grenzen voraus: Grenzen des Körpers, Grenzen des Ichs; er führt eine innere Abfuhr herbei, was man eine *Implosion*swirkung nennen könnte.

In einem der Melancholie gewidmeten *Manuskript* aus derselben Zeit (Manuskript G, 7. 1. 1895) überstürzen sich Worte wie »Wunde«, »innere Verblutung«, »Loch im Psychischen« – ein *Loch*, keine *Lücke*; ein *Überfließen*, kein *Mangel* – und dergleichen in dichter Folge: Einziehung, Saugen, Pumpen. Halten wir die bei Freud ungewöhnliche Metapher der inneren Verblutung fest: dieses »Loch« ist ein Zuviel. Es ruft, damit es verschlossen wird, nach ganz besonderen Mechanismen, die eher an das Funktionieren eines Organismus oder einer hydraulischen Maschine erinnern als an eine geistige Aktivität. Ein Zuviel an Erregung, die jegliche auf Bindung abzielende Tätigkeit, selbst auf der Stufe des Primärvorgangs, in Fesseln legt: das Über-volle erschafft eine Leere. Dieses Zuviel, welches man im allgemein gebräuchlichen Ausdruck der monotonen Klage eines jeden leidenden Körpers wiederfindet: »Mein Gott, es schmerzt *zu sehr!*« Denn wenn der *Mensch*

2 In der ihm in diesem Text eigenen Sprache stellt Freud hier die Hypothese einer speziellen Klasse von Neuronen auf, die sekretorischen Neuronen, die für die innere Abfuhr das Äquivalent zu den motorischen Neuronen hinsichtlich der äußeren Abfuhr darstellen. Wie André Green zu Recht bemerkt hat (*Le Discours vivant*, Paris 1973, S. 40), »verweist das Schmerzerlebnis in ausdrücklicher Weise auf das Modell des Affekts als das Befriedigungserlebnis [...] Freud hat stets die These vertreten, daß der Affekt das Produkt einer solchen inneren und sekretorischen Abfuhr sei.«

sich sagt, daß er leidet wie ein *Vieh*, so ruft er *Gott* an! Das Bemerkenswerte an diesem kleinen einsichtsvollen Text ist dies, daß die (scheinbare) melancholische Verarmung der (wirklichen) neurasthenischen Verarmung gegenübergestellt wird: dort: zuviel, hier: nicht genug. Mit dem Schmerz als *Einbruch* verlassen wir das andere ökonomische Register, in dem ganz allgemein die Theorie der Angst angesiedelt ist: die Vergrößerung und Verringerung von *Spannungen*.

Man kann die Hypothese aufstellen, daß Freud, nachdem er einmal von Beginn an diese grundlegende Bipolarität zwischen Befriedigungserlebnis und Schmerzerlebnis aufgestellt hatte, letzteres vernachlässigt – »verdrängt« – und sich über eine beträchtliche Zeitspanne hinweg mit der von ihm bekannten Leidenschaft nur darum bemüht habe, die Schicksale des Befriedigungserlebnisses zu verfolgen: die Theorie des Traums als Wunscherfüllung, die Definition des Symptoms als Kompromißbildung, die beharrliche und schließlich von Erfolg gekrönte Suche nach der im Leiden verborgenen Lust. Auf den letzten Punkt müssen wir hier nun näher eingehen. Denn es ist einer der gesichertsten Befunde unserer Erfahrung – J. Laplanche hat das deutlich herausgestellt –, daß wir bei *jedem* Subjekt, das in der Analyse ist, einem Leiden begegnen und daß die Bewegung der Kur zur Aufdeckung der Umwege führt, auf denen dieses Leiden hervorgebracht, eingeführt und vom Individuum selbst unbewußt mit dem Ziel gesucht wird, an einem anderen intrapsychischen Ort eine Lustprämie zu erhalten.[3] Insbesondere die zweite Topik autorisiert in diesem Sinne eine Reihe komplexer Austauschvorgänge, deren einfachster wie folgt lautet: Lust für ein System (z. B. das Über-Ich), Unlust für ein anderes (z. B. das Ich). Selbst das Trauma stellt keine Ausnahme von dieser elementaren Arithmetik dar: Hat nicht Fenichel am Faden dessen entlang, was Freud als »Schicksalsneurosen« bezeichnet hatte, »traumatophile« Personen herausheben können? Und Karl Abraham konnte seit 1907 im anscheinend *erlittenen* sexuellen Trauma eine infantile Form sexueller Aktivität erkennen.

---

3 J. Laplanche, *Vie et mort en psychanalyse*, Paris 1970, S. 177; dt. *Leben und Tod in der Psychoanalyse*, übersetzt von Peter Stehlin, Olten/Freiburg 1974, S. 172.

Doch läßt sich, parallel dazu, nicht übersehen, daß eine ganze, am Horizont der menschlichen Erfahrung stets gegenwärtige Dimension – der Schmerz – fast wider seinen Willen ins Freudsche Werk zurückkehrt. Der Schlüsseltext dafür ist sicherlich *Jenseits des Lustprinzips*. Was ist also dieser so aufrichtig und so gebieterisch von Freud gesuchte *Rest*, dieses Etwas, mit dem das Lustprinzip und sogar der Masochismus *letztlich* in keiner Weise fertig werden können? Was ist dies, welches im eigentlichen Sinne *jenseits* des Prinzips von Unlust-Lust ist, wenn nicht der Schmerz?

Im Anhang C von *Hemmung, Symptom und Angst* wird man schließlich den ungezwungensten, freilich nicht den klarsten Versuch finden, Angst und Schmerz zu unterscheiden. (Daß dieser Versuch einer Richtigstellung seinen Platz in einem »Anhang« hat, könnte unsere Hypothese bestätigen, daß Freud am Problem des Schmerzes ins Straucheln kommt und es nur schwer in seine Theorie zu integrieren vermag.) Drei dichte Seiten, die eigentlich in Gänze zitiert werden müßten – ich werde mich jedoch darauf beschränken, die Hauptaussagen in Erinnerung zu rufen.

In einer *ersten Phase* werden Angst und Schmerz *beide* im Verhältnis zur vorrangigen Kategorie des Objektverlusts in den Blick genommen: Der Schmerz wäre die eigentliche Reaktion auf den Objektverlust, die Angst wäre die Reaktion auf die Gefahr, die dieser Verlust mit sich bringt (Liebesverlust, *Hilflosigkeit**). In einer *zweiten Phase* werden spezifische Merkmale für den Schmerz herausgestellt, die die zunächst betriebene Annäherung korrigieren, ihr gar widersprechen: 1. Der Schmerz ist (Definition des *Entwurfs*) die Folge eines Einbruchs in die Vorrichtungen des Reizschutzes. 2. Er agiert wie eine konstante Triebregung. 3. Das Schmerzerlebnis, welches das kleine Kind unvermeidlich erfährt, ist unabhängig von seinen Erfahrungen eines nicht befriedigten Bedürfnisses. 4. Der Schmerz geht von der »Peripherie« aus: Haut oder inneres Organ. Man findet dabei, merkt Freud an, in jenen für die Definition des Schmerzes wesentlichen Merkmalen weder den Objektverlust noch die Sehnsucht, wie sie in der Angstreaktion gegenwärtig sind. Dann jedoch in einer *dritten Phase*, die ganz davon getragen ist, Angst und Schmerz bis hin zur Angleichung einander anzunähern, verwischt Freud die Merkmale, die er doch eben erst herausgelöst hatte. Im

Falle des psychischen Schmerzes gäbe es keine Veranlassung, die von der Peripherie im Fall des körperlichen Schmerzes gespielte Rolle in Betracht zu ziehen. Ansonsten wären die ökonomischen Bedingungen dieselben, ob es sich nun um eine aus Sehnsucht auf das fehlende oder verlorene Objekt gelenkte Besetzung (Angst) oder um die auf einen verletzten Teil des Körpers konzentrierte Besetzung (Schmerz) handelt. »Der Übergang vom Körperschmerz zum Seelenschmerz entspricht dem Wandel von narzißtischer zur Objektbesetzung. Die vom Bedürfnis hochbesetzte Objektvorstellung spielt die Rolle der von dem Reizzuwachs besetzten Körperstelle. Die Kontinuität und Unhemmbarkeit des Besetzungsvorganges bringen den *gleichen* [Hervorhebung von mir – J.-B. P.] Zustand der psychischen Hilflosigkeit hervor.« Der schmerzhafte Charakter der Erfahrung, des Objektsverlusts par excellence, der Trauer, wird nun ohne weiteres verständlich.

Was man dabei an Zögerlichem oder allzu großer Vorentschiedenheit in Freuds Vorgehensweise bemerken kann, ist nicht ihm anzukreiden.[4] Die Zwiespältigkeit, der Widerspruch sind hier die Sache selbst. Der Schmerz scheint uns in Wirklichkeit gleichsam eine *mittlere* Position einzunehmen: zwischen der Angst und dem Leiden der Trauer, doch auch zwischen der narzißtischen Besetzung und der Objektbesetzung. Versuchen wir, diese Position genauer zu fassen.

Das Schmerzerlebnis vollzieht sich im Innern eines »Körper-Ichs«. Man stellt überrascht fest, daß strikt dasselbe Modell – Einbruch, Zusammenziehen der Besetzung, etc. – Freud dazu dient, den physischen Schmerz *und* den psychischen Schmerz darzustellen. Im Unterschied zu dem, was beim Befriedigungserlebnis geschieht (welch ein Abstand zwischen dem schlichten Stillen des lebensnotwendigen Bedürfnisses, der *Befriedigung**, und der komplexen Ordnung der phantastischen Sequenz, der *Wunschphantasie**!), gibt es hier keine Metapher, sprich: Sinnschöpfung, sondern Ana-

---

4 So zeigt er durchaus an, daß er nicht auf zufriedenstellende Weise zu erklären vermag, wodurch es bewirkt wird, daß die Trennung vom Objekt Angst, Trauer oder »nur« Schmerz hervorbringt. Er werde sich damit bescheiden, so teilt er uns mit, »einige Abgrenzungen und einige Andeutungen zu finden«.

logie, direkte Übertragung von einem Register aufs andere: Dieselben Worte werden gebraucht und dieselben Mechanismen in Anschlag gebracht. Als würde sich mit dem Schmerz der Körper in Psyche und die Psyche in Körper verwandeln. Für dieses Körper-Ich oder für diesen »psychischen Körper« ist die Beziehung Beinhaltendes-Inhalt vorherrschend, ob es sich nun um physischen oder psychischen Schmerz handelt.

Die Sprache der allgemeinen Erfahrung kann hier vielleicht ein wertvoller Führer sein: Der Schmerz »erwacht« – und weckt mitunter auf –, geht vom Scharfen ins Dumpfe über, »strahlt aus« (von der Peripherie zum Zentrum). In anschwellenden Schüben, in Erschütterungen und aufeinanderfolgenden Wellen besetzt er nach und nach das gesamte Gelände, bis er schließlich die bekannte Geographie umstürzt und eine unbekannte aufdeckt.[5] Ich *habe* Angst, ich *bin* Schmerz. Die Angst läßt sich noch sagen, läßt sich in Symptombildungen ummünzen, in Vorstellungen und Phantasien verwandeln oder sich im Agieren abführen. Mitunter ist sie ansteckend; der Schmerz dagegen ist nur an sich. Die Angst bleibt mitteilbar, direkter Ruf, der an den anderen ergeht; der Schmerz kann nur hinausgeschrien werden, aber dieser Schrei stillt in keiner Weise den Schmerz – um danach ins Schweigen zurückzuverfallen, worin er eins wird mit dem Sein. Das Subjekt selbst kommuniziert nicht mit seinem Schmerz[6]: das Schweigen und der Schrei wechseln einander ab.

Einer der, was das Erfassen des Flusses und des Einschlags der Empfindungen angeht, begabtesten Schriftsteller unserer Zeit, J. M. G. Le Clézio, hat diese Invasion des Schmerzes auf bewundernswerte Weise wiedergegeben. In seiner kurzen Erzählung *Le jour où Beaumont fit connaissance avec sa douleur* [*Der Tag, an*

---

5 Dieses Merkmal war auch Freuds Scharfblick nicht entgangen, so nüchtern seine Beschreibung des Schmerzes auch ist: »Es ist bekannt, daß wir, bei Schmerzen in inneren Organen, räumliche und andere Vorstellungen von solchen Körperteilen bekommen, die sonst im bewußten Vorstellen gar nicht vertreten sind.«
6 Vgl. jene erhellenden Zeilen von Henri Michaux in: *Face à ce qui se dérobe*: »Die so schwierig herzustellenden Beziehungen mit dem Leiden, dies, was dem Leidenden nicht gelingen will, dies ist sein wahres Leiden, das Leiden im Leiden …« (Paris 1975).

dem Beaumont Bekanntschaft machte mit seinem Schmerz] (sei-
nem, nicht *dem*) erlebt man, wie ein »schlichter« Anfall nächt-
licher Zahnschmerzen den leidenden Menschen mitreißt: von der
Verwirrung und der Erfahrung der Einsamkeit bis hin zu einer Art
Depersonalisierung – der »Fremdkörper«, der in den »Eigenkör-
per« eindringt, bis er ihn seinerseits zu einem fremden werden läßt
– mit dem Zwischenschritt, daß er einer Verfolgung unterliegt
(»Ich habe den Eindruck, daß da Leute sind. Sie wollen mich töten.
Sie sind hereingekommen und lungern überall herum«, etc.). Eine
wahre Phantastik der Sinne, in der die beruhigende Teilungslinie
zwischen dem Physischen und dem Psychischen allmählich zerbricht.

Eine weitere Teilungslinie, die Freud, wie es uns scheint, nur
zögernd gezogen hat: die narzißtische Besetzung, die auf den Einbruch folgt – und damit befinden wir uns im Umfeld des Traumas –
oder die Objektbesetzung, die dem Verlust nachfolgt – und nun
sind wir im Umfeld der Trauer. Auch dort wäre eine allzu strenge
Aufteilung fehl am Platz, da es das Eigentümliche des Schmerzes
ist, die Grenzen zu verwischen. Zweifellos ist der psychische
Schmerz in letzter Instanz von einem – realen oder phantasierten –
Verlust des Objekts bedingt –, doch das zu erkennen, bringt uns
kaum weiter, denn dieser Verlust bildet auch den Ursprung der
Angst ... und des Wunsches. Im Fall des Schmerzes hat das Objekt
nicht länger die Funktion des möglichen *Gewährsträgers* inne; es
ist bestenfalls ein Ersatz, und hinter diesem Ersatz ist ein weiterer
Ersatz: unendliche »Übertragung«. Als unwiederbringlich verlorenes, doch stets beibehaltenes könnte das Objekt auf dem Wege der
Vorstellung gar nicht wiedergefunden werden; diese macht ein anderes gegenwärtig, das zugleich dasselbe und verschieden ist. Da,
wo es Schmerz gibt, ist das abwesende, verlorene Objekt gegenwärtig; das gegenwärtige, aktuelle Objekt ist abwesend. Infolgedessen erweist sich der Trennungsschmerz als sekundär gegenüber
einem nackten absoluten Schmerz.[7] Der psychische *Schauplatz*
mag den Eindruck erwecken, als sei er bevölkert, aber es ist eine

7 Dies hatte Lacan vielleicht im Blick, als er eines Tages vom »Schmerz zu existieren« sprach.

Bevölkerung von Schatten, von Statisten, von Phantomen; die psychische *Realität* ist anderswo, weniger verdrängt als eingekapselt.

Paradoxerweise gerade weil der psychische Schmerz bei Simon eigenartig abwesend war – und sogar die gewöhnlichen Formen der Angst –, hat er mir dazu verholfen zu erkennen, was die Erfahrung des Schmerzes und die organisierte Weigerung, sich der Begegnung mit ihm zu stellen, bedeuten konnte. Als Simon zu mir kam, war er fünfunddreißig Jahre alt. Die Frau, mit der er und *bei*[8] der er lebte, hatte ihn vor einigen Monaten verlassen. Obgleich er versucht hatte, Selbstmord zu begehen, macht er weder aus dieser Geste noch aus seiner Verlassenheit ein Drama. Er trinkt viel. Sexuell »läuft es nicht so«, wie es sollte. Doch er beklagt sich nicht; eine lächelnd vorgetragene Feststellung. Als Kind ist er in psychotherapeutischer Behandlung gewesen; als junger Mann in Analyse. Doch genauso wie der kleine Hans hat er »alles vergessen«. Beide Eltern sind in seinen ersten Lebensjahren gestorben: deportiert, verschwunden. In diesem doppelten Verschwinden sieht er die Ursache für seine »infantile Amnesie«. Er wird oft darauf zurückkommen: »Ich kann keine Kindheitserinnerungen haben, denn ich bin so früh zum Waisenkind geworden.« Mit anderen Worten, die Eltern haben das lebendige Kind mitgenommen in den Tod. Ihm bleibt nur zu überleben. Und das, was in den Sitzungen überlebt, ist eine außerordentliche Maschine zur Hervorbringung von Träumen (nicht zum Träumen), zum Spielen mit Worten (statt sie spielen zu lassen), zum Aufzeichnen des alltäglichen Lebens (unter der Bedingung, daß es in sich erstarrt bleibt). Er hatte sich ein geschlossenes System – Einschließung und Abtrennung –, eine Art geistiges Konzentrationslager ausgebildet, in dem die intellektuellen Leistungen, eine diskrete und ironische Megalomanie in Umkehrung der körperlichen Mißhandlungen und des physischen Elends Platz genommen hatten. Ein System, dessen Zeuge, Hüter und Garant ich

---

8 Die *Orte* waren sehr stark besetzt, die Orte, nicht die Personen. Simon konnte peinlich genau die Häuser, die Wohnungen und die Zimmer beschreiben, in denen er sich aufgehalten hatte, doch tat er das mehr wie ein in Quarantäne gehaltener Kranker und nicht wie ein Auktionator oder ein Architekt. Ich sehe darin gleichviel Metaphern des mütterlichen Raumes, an dem es ihm gefehlt hat.

sein sollte. Sehr begabt, intelligent, ein brillanter und erfindungs-
reicher Ingenieur, von einem etwas sarkastischen Humor, schien er
nichts von mir zu erwarten außer einer Verstärkung seines durch
den Weggang seiner Lebensgefährtin vorübergehend erschütterten
»Schutzwalls«.

Von Beginn an richtete sich meine Aufmerksamkeit auf die Abspaltung, die in ihm wirkte und die sich recht früh eingestellt haben
mußte, da sie sein gesamtes geistiges Funktionieren bestimmte: Vorherrschaft des Denkvorgangs, keinerlei oder nur minimaler Ausdruck von Affekten. Diese offensichtliche Abspaltung verdeckte
eine weitere, die nun weniger an eine Zwangsstruktur als an eine
Persönlichkeit vom Typus des »falschen Selbst« denken ließ. Einige
punktuelle Bekundungen von Übertragung, die es buchstäblich im
Vorbeiflug zu erfassen galt, machten mir klar, daß, wenn sein ex-
pliziter Anspruch der war, daß ich ein »automatischer Anrufbeant-
worter« sein sollte – zum Beispiel ein kluger Deuter seiner Träume
–, seine nicht sagbare und für das Idealich, das er sich hatte auf-
bauen müssen, schlecht zu ertragende Erwartung die war, daß ich
ihm völlig verfallen sein sollte. Seine Schutzmaßnahmen hatten
folglich nicht nur eine defensive Funktion: sie dienten ihm dazu, das
Band seiner Mutter zu dem gemordeten kleinen Kind verborgen,
unversehrt in ihm und unberührt zu bewahren. Simon brauchte zunächst die Rückversicherung, daß ich mich um eben dieses Kind
würde kümmern können. Er mußte mich da finden, wo er mich
nicht suchte, und ich mußte ihn da suchen, wo er sich nicht gefunden hatte.

Wie der Held aus Le Clézios Erzählung (und vielleicht wie er
selbst als Baby) hatte er durch Zahnweh »Bekanntschaft mit seinem Schmerz« gemacht. Eine ganze Sitzung lang wog er ab: sollte
er sein Geld dem Zahnarzt geben, um, nach seinen eigenen Worten,
»seinen Mund wieder in Stand zu setzen«, oder dem Analytiker?
Er gab es dem Analytiker … Und endlich konnte es zur Begegnung
mit dem sogenannten psychischen Schmerz kommen. Die Sache
war nicht sehr spektakulär: Sie zeigte sich durch eine tränenreiche
Sitzung an (wir haben ganz andere erlebt), die gleichwohl nicht
von einem Schamaffekt gezeichnet war, wie man es bei diesem von
heldenhaften Identifizierungen geprägten Mann hätte erwarten

können, sondern von Dankbarkeit. Es folgte eine geduldige, wechselnd schmerzhafte und heitere Wiederentdeckung der Mutter (doch soll man von einer *Wieder*entdeckung sprechen?), einer zunächst mittels aufbewahrter Photographien und Reliquien idealisierten, dann zum Objekt von Zorn und Eifersucht genommenen Mutter. Diese Frau, von der ich überhaupt nichts wußte außer ihrem tragischen Tod, wurde gegenwärtig, und in genau derselben Bewegung wurde auch Simon für mich körperlich und lebendig. Seine allzu agile verbale und intellektuelle Maschine kam ins Stottern (die Worte fehlten ihm), er konnte auf gewisse jungenhafte narzißtische Befriedigungen verzichten; die in der Übertragung so deutliche homosexuelle Verführung wich einer geteilten Erfahrung des Schmerzes, in der eine Psyche, die nicht von ihren Wurzeln abgeschnitten war und ihr Fleisch fand, zur Welt kommen konnte. Daß Simon als Heranwachsender die Phantasie hatte entwickeln können, »das Universum wäre aus einer Luftströmung entstanden«, diente weniger dazu, jede Unterordnung unter eine Abstammung zu verleugnen und seinen Wunsch nach Autarkie zu erfüllen, als um jeden Preis die Begegnung mit dem ursprünglichen Schmerz zu vermeiden. Doch dann hätte er es in eben denselben Worten sagen können wie die fiktive Gestalt von Le Clézio: »Ich brauche meinen Schmerz, gegenwärtig bin ich nichts mehr außer durch ihn.«

Man wird mir darauf sagen: eindeutig, das ist eine blockierte Trauerarbeit, die Analyse hat es Simon ermöglicht, diese Trauerarbeit zu beginnen und auszuarbeiten. Ich bin damit absolut einverstanden: Tatsache ist, daß, wenn er zuvor vom vergangenen Tod seiner Eltern sprach, er es niemals für sich zuließ, daß dieser Tod in ihm in der Gegenwart sprach, und daß die Analyse dieses Hervorkommen möglich gemacht hat. Doch auf einen ganz besonderen Punkt möchte ich zumindest hingewiesen haben. Der bei diesem Patienten stark unterdrückte (ich würde nicht sagen: verdrängte) psychische Schmerz ließ lange darauf warten, bis er sich kundtat, und doch war seine Anwesenheit *a contrario* immer spürbar: in der auf dem Modus einer manischen Abwehr aufgebauten geistigen Struktur, in der Neutralisierung der Affekte, im Schwanken zwischen Selbstgefälligkeit und Selbsterniedrigung, in der Furcht vor jeglicher Abhängigkeit und der zwanghaften Suche nach Partnerinnen, in der unermüdlichen Hervorbringung von Texten von Träumen, im fieberhaften Forschen nach Techniken zur Manipulation von Zeichen, als könnte er nur mittels Worten und gar nur mittels Chiffren und Buchstaben agieren, etc. Behauptet man, die Analyse habe ihm entdeckt, daß er seine Mutter geliebt und gehaßt habe, daß er sich schuldig fühle, sie überlebt zu haben, und erfüllt mit Zorn und Unwillen, weil sie ihn verlassen hatte, so würden wir damit nicht so sehr eine Banalität aussprechen (wir müssen die Banalität unserer »Entdeckungen« zugestehen), sondern am Wesentlichen vorbeigehen. Die Analyse hat ihm in der Tat vielmehr gezeigt, daß er seine Mutter wiedergewinnen, das Band zu ihr finden konnte, ohne selbst zu sterben, oder besser, daß er nicht angehalten war, seine eigene Trauer unendlich zu tragen. Sein Schmerz ging also nicht nur aus dem Verlust eines Objekts der Liebe und der Sorge hervor. Sehr bald eingetreten, doch verfrüht interiorisiert, hatte die Trauer ihn brutal eines Objekts beraubt, das es zu lieben, und ebenso eines Objekts, das es in Rührung zu versetzen und *leiden zu machen* galt: er fand sich damals darauf reduziert, in einem geschlossenen Kreislauf zu funktionieren. Es gab bei ihm einen offenkundigen Schnitt zwischen den Wortvorstellungen und den Sachvorstellungen, zwischen seiner ruhelosen geistigen Aktivität und einem nichts hervorbringenden, gleichsam eingekapselten psychischen Leben. Seine eigene Psyche hatte – genauso wie seine Mutter – aufgehört, ihn zu nähren. Er konnte nach seinen Worten nichts anderes tun als »sein Feld zu bestellen«, das bald zur Würde eines Königreichs erhoben, bald auf die Maße eines Käfigs reduziert war. Die Prüfung des Schmerzes wie auch die des Genießens, die ihm gleichermaßen untersagt war, bedeutete die Überschreitung seiner eigenen Grenzen. Schmerz: an den äußersten Grenzen und an der Verbindungsstelle von Körper und Psyche, von Tod und Leben.

Mit René treten wir in eine völlig veränderte Landschaft. Die Aktualität ist hier dermaßen erdrückend, daß sie mir eine ganze Zeitlang keinerlei Zuflucht gelassen hat: ein Zuviel an Aktualität in den Sitzungen, entweder in tiefem Schweigen oder in lärmender Anklage, mit einer Tönung von Verfolgungswahn, einer überzeichneten Empfindsamkeit für die geringsten Worte, die kleinsten Regungen des Analytikers, wiederholten Konflikten mit allen, die über ein Stückchen Macht verfügen und mit denen er beruflich in Berührung kommt, und auf meiner Seite dem entmutigenden Eindruck, den wir vom »Faß der Danaiden« gut kennen, das sich auf der einen Seite leert, während man es auf der anderen auffüllt, als würde René sich jeglichen »Narzißmus auf Vorrat« verbieten: Kaum hat er es zu einem Fortschritt an *insight* oder zu einem Erfolg in der Realität gebracht, da muß er auch schon wieder alles zerstören.

René hat als Kind mit Sicherheit sehr zu leiden gehabt: zwischen einer leidenschaftlichen, tobsüchtigen Mutter und einem alkoholabhängigen, psychologisch und materiell zu Hause nicht mehr anwesenden Vater. Er läßt mich erleiden, was er durch seine Mutter erlitten hat: heftige Attacken und unvorhersehbare Rückzüge, Worte, die stärker verletzen als Gesten, die mit außergewöhnlicher Treffsicherheit Übles anrichten, eine argwöhnische Wachsamkeit, Wutausbrüche, Unduldsamkeit, die schuldig macht, gegenüber der Abwesenheit. Ich beschuldige ihn einige Male *in petto*, in den Anfängen seiner Analyse, so wie er seine Mutter beschuldigt hat, so wie er sie noch heute anklagt, sich ganz darauf versteifend, sie »ändern« zu wollen, und auch da noch mit einer erschütternden Aktualität und Verkennung der Zeit.

Ja, das Leiden ist da, unbestreitbar: erlittenes Leiden, auferlegtes Leiden. René scheint buchstäblich von seiner Mutter *besessen* zu sein oder eher noch von all dem, was er auf ihre Veranlassung hin ausgestoßen hat und wodurch es ihm eben untersagt war, sich seinen eigenen psychischen Raum auszubilden. Der Kreis schließt sich – nochmals ein geschlossener Kreis, ein geschlossenes System –, als ich erfahre, daß René einen schweren Autounfall hatte, den sein eigenes Kind wie durch ein Wunder unverletzt überstand. Der psychische Mord, den seine Mutter an ihm verübt hatte, der hatte sich bei ihm in einen realen Mord an der Person seines Kindes verwandeln müssen. Allmächtige und todbringende Mutter: auf welche Weise mitunter die Realität die Phantasien beglaubigt!

Und doch scheint mir dieses ganze System von Aggressivität und schuldiger Rückwendung, von selbst erfahrenem und anderen zugefügtem Leid, von ewiger Wiedererschaffung in der Übertragung eines sukzessive idealisierten, dann fallengelassenen Objekts, diese ganz erstarrte Dialektik darauf abzuzielen, etwas, das viel unerträglicher ist, auf Abstand zu halten. Mitunter dient das manifeste, lärmende, wiederholte Leiden gar als Schirm gegen den Schmerz. Ist es nicht so, daß einige Formen von Leiden – ich denke dabei vor allem an das sadomasochistische Leiden, bei dem das Subjekt sein eigener Regisseur und Herr seines Szenarios bleibt[9] – die Funktion haben, den psychischen Schmerz zu evakuieren? Viel zu leiden – da, wo es sein muß, und solange es sein muß –, um nicht zuviel und auf ewig zu leiden?

René weiß, wie man nein sagt. Er hat sogar lange Zeit das Gefühl gehabt, allein im Nein zu existieren. Darin lag sein Leiden, aber darin lag auch seine Kraft. Dieser aktive Mensch, der ein spät aufgenommenes Medizinstudium erfolgreich zu Ende hat führen und sich vor allem auf bemerkenswerte Weise mit dramatischen Problemen in der Familie hat auseinandersetzen können, dieser Mensch, dessen Haus immer für diejenigen offen ist, die nach ihm rufen, gesteht sich nicht das Recht zu, zu träumen oder seine Einbildungskraft schweifen zu lassen: er muß aktiv sein, pausenlos. Kein Phantasie*leben* bei ihm, nicht dieses wenige an Leere, was das Spiel von Vorstellungen, den Einbruch und die perspektivische Ausrichtung von Erinnerungen erlaubt: Stets werden dieselben Szenen wieder hervorgerufen, in denen er die Position des ohnmächtigen und wütenden Opfers einnimmt.[10] Wenn er wie der Bergsteiger seine Griffe verliert, fürchtet er, in den Abgrund zu stürzen. Wie soll man sich hierbei nicht an die Verse von D. H. Lawrence erinnert fühlen, die dem Buch von Marion Milner den Titel gegeben haben: »Es ist etwas Furchtbares, dem lebenden Gott in die Hände zu fallen, doch noch viel furchtbarer ist es, aus diesen herauszufallen.«[11]

Wie für Simon kann man, auch wenn das nach ziemlich verschiedenen Modalitäten abläuft, zu Recht auch für René eine blockierte Trauerarbeit anführen: das mütterliche innere Objekt muß

---

9 Beim Sadisten ist es ganz offensichtlich, aber es gilt für den Masochisten noch viel mehr. Vgl. zum Beispiel die ergreifende Krankengeschichte von Michel de M'Uzan, »Un cas de masochisme pervers«, in: *De l'art à la mort*, Paris 1977.

10 »Keiner ahnt was vom andern. Jeder meint, er sei allein das unglückliche Opfer.« Frank Wedekind, *Lulu*. [Lulu in: Erdgeist, 3. Aufzug, 1. Auftritt – A. d. Ü.]

11 »The Hands of God«, aus: *Last Poems. A. d. Ü.*

als Objekt unaufhörlich durch einen Haß wiederbelebt werden, bei dem es allzu deutlich ist (für uns, René hingegen brauchte eine lange und schmerzhafte Zeit, um dies anzuerkennen), daß er bloß die Kehrseite einer tyrannischen Liebe ist. Doch auch hier wird der Schmerz mit der Formel dieser unmöglichen Trauer nicht ausgeschöpft: Der Schmerz besteht wohl eher in der Ahnung, daß dieser »Fremdkörper«, der ihn in solchem Maße überschwemmt hat, daß er ihn dazu brachte, mit dem unaufhörlichen, gegen ihn und seine Abkömmlinge geführten Kampf zu verschmelzen, ihm lebensnotwendig geworden ist: Er beraubt ihn seines eigenen Lebens, stellt aber auch zugleich sein Überleben sicher. Die Erfahrung des Schmerzes hat für René darin bestanden, in der Analyse *in* sich selbst den Tod zu entdecken, nicht die Todeswünsche und -ängste, sondern die »Arbeit des Todes«, in einem Erleben, das dem nahe kommt, welches André Green auf einigen sehr tiefgehenden Seiten als *tote Zeit* beschrieben hat: Abzug der Besetzung von der Zeit, Besetzung der Abwesenheit.[12] Woraufhin eine in außerordentlichem Maße agierende Phantastik der Urszene aufgedeckt und analysiert werden konnte. Die sexuelle Phantasie ist in Wirklichkeit niemals abwesend; vielmehr wird sie von der Hülle des psychischen Körpers verdeckt. Infolgedessen wird der Inzest eher zwischen psychischen Apparaten als zwischen den Geschlechtern begangen. Die Wirksamkeit der reziproken Bemächtigung untergräbt am Ende gar noch die Möglichkeit zu leben; sie ist andererseits verheerender als die Spiele der Verführung. Es kommt nun dazu, daß die Urszene eine paradigmatische Qualität für den Kampf um die Macht gewinnt, ohne sich jemals in ein differenziertes sexuelles Szenario umzuwandeln, wobei jede sexuelle Szene, die daran erinnern könnte, dem Urtrauma nur eine zusätzliche »Schraubendrehung«[13] verleiht. Schmerz: Verkopplung von Draußen und Drinnen, Realität und Phantasie, Vergangenheit und Gegenwart. Dieses Körper an Körper läßt sich schwer nur auflösen.

12 Vgl. André Green, »Le temps mort«, in: *Nouvelle revue de psychanalyse*, 1975, Nr. 11.
13 »Tour d'écrou«, die französische Entsprechung zu *The Turn of the Screw*, einer Erzählung von Henry James.

Eine Frage zum Schluß: wie verhält es sich auf seiten des Analytikers mit der Erfahrung des psychischen Schmerzes? Seine Funktion ist meiner Ansicht nach in den drei Phasen entscheidend: in der gegen diese Erfahrung aufrechterhaltenen Abwehr durch Verleugnung oder Unterdrückung, in seinem Aufkommen und in seiner Überwindung. Er impliziert einen spezifischen Modus der Partizipation und der Intervention, einen spezifischen Typus der Gegenübertragung, dessen Ausrichtung ich oben mitsamt dem, was er von unserer Seite an Illusion voraussetzt, zu umreißen versucht habe: »Den anderen für sich selbst zur Welt kommen zu lassen.« Sagen wir es so: Ein Analytiker, der seinen eigenen psychischen Schmerz nicht kennt, hat keine Chance, ein Analytiker zu sein, genausowenig wie derjenige, der die – psychische *und* physische – Lust nicht kennt, keine Chance hat, es zu bleiben.

Nachweise

La pénétration du rêve [*Das Eindringen in den Traum*], in der Nr. 5 der *Nouvelle revue de psychanalyse* (»L'espace du rêve«) 1972 erschienen.

Faiseurs de rêves [*Träumemacher*], unveröffentlicht. Hervorgegangen aus einer vom Groupe lyonnais de psychanalyse 1973 organisierten Zusammenkunft.

Le rêve, entre Freud et Breton [*Der Traum, zwischen Freud und Breton*], Vorwort zu einem Buch von Sarane Alexandrian, *Le surréalisme et le rêve*, Paris 1974.

Présence, entre les signes, absence [*Anwesenheit, zwischen den Zeichen, Abwesenheit*], in der von *L'Arc* 1972 Maurice Merleau-Ponty gewidmeten Nummer erschienen.

L'illusion maintenue [*Die aufrechterhaltene Illusion*], in der Nr. 4 der *Nouvelle revue de psychanalyse* (»Effets et formes de l'illusion«) 1971 erschienen.

L'insaisissable entre-deux [*Das ungreifbare Zwischen*], in der Nr. 7 der *Nouvelle revue de psychanalyse* (»Bisexualité et différence des sexes«) 1973 erschienen.

L'enfant-question [*Das Kind als Frage*], hervorgegangen aus einem unter demselben Titel veröffentlichten Aufsatz in einer von der Zeitschrift *Critique* Melanie Klein gewidmeten Nummer (Nr. 249, 1968).

Pour introduire à une réflexion sur la fonction de la théorie en psychanalyse [*Zur Einführung in ein Nachdenken über die Funktion der Theorie in der Psychoanalyse*], unveröffentlicht. Die schriftliche Fassung eines Beitrags zu einer vom *Institut français du Royaume-Uni* im April 1970 in London organisierten »Table ronde« von Psychoanalytikern.

Trouver, accueillir, reconnaître l'absent [*Das Abwesende finden, aufnehmen und anerkennen*], Vorwort zu *Jeu et réalité*, der französischen Ausgabe von *Playing and Reality* von D. W. Winnicott, Paris 1975.

Bornes ou confins? [*Innere Schranken oder äußerste Grenzen?*], in der Nr. 9 der *Nouvelle revue de psychanalyse* (»Aux limites de l'analysable«) 1974 erschienen.

Le psychisme comme double métaphore du corps [*Der Psychismus als Doppelmetapher des Körpers*], ebenfalls in der Nr. 9 der *Nouvelle revue de psychanalyse* 1974 erschienen.

A partir du contre-transfert: le mort et le vif entrelacés [*Ausgehend von der Gegenübertragung: Totes und Lebendiges verflochten*], in der Nr. 12 der *Nouvelle revue de psychanalyse* (»La psyché«) 1975 erschienen.

Sur le travail de la mort [*Über die Arbeit des Todes*], erweiterte Fassung eines auf dem vom *Goethe-Institut* in der Salpêtrière im März 1976 organisierten Kolloquium über Freud gehaltenen Beitrags. Erschienen in dem Sammelwerk *Être psychanalyste*, Paris 1976.

Sur la douleur (psychique) [*Über den (psychischen) Schmerz*], unveröffentlicht. Schriftliche Fassung eines auf der im Oktober 1976 in London abgehaltenen *Conference of English-Speaking Members of European Societies* gehaltenen Referats.

Alle bereits veröffentlichten Texte sind gegenüber ihrer Erstpublikation mehr oder weniger umfassend überarbeitet worden. – J.-B. P.